KB181384

이렇게 쉬운 통계학

이렇게 쉬운 통계학

누구나 쉽게 업무에 활용하는 기초 통계

초판 1쇄 발행 2019년 3월 10일
초판 4쇄 발행 2023년 8월 8일

지은이 혼마루 료 / **옮긴이** 안동현 / **펴낸이** 김태헌
펴낸곳 한빛미디어(주) / **주소** 서울시 서대문구 연희로2길 62 한빛미디어(주) IT출판2부
전화 02 – 325 – 5544 / **팩스** 02 – 336 – 7124
등록 1999년 6월 24일 제25100 – 2017 – 000058호 / **ISBN** 979 – 11 – 6224 – 150 – 9 93000

총괄 송경석 / **책임편집** 홍성신 / **기획** 이중민 / **편집** 박지영 / **진행** 이윤지
디자인 표지 · 내지 신종식 / **전산편집** 이경숙
영업 김형진, 장경환, 조유미 / **마케팅** 박상용, 한종진, 이행은, 김선아, 고광일, 성화정, 김한솔 / **제작** 박성우, 김정우

이 책에 대한 의견이나 오탈자 및 잘못된 내용에 대한 수정 정보는 한빛미디어(주)의 홈페이지나 아래 이메일로 알려주십시오. 잘못된 책은 구입하신 서점에서 교환해드립니다. 책값은 뒤표지에 표시되어 있습니다.

한빛미디어 홈페이지 www.hanbit.co.kr / 이메일 ask@hanbit.co.kr

지금 하지 않으면 할 수 없는 일이 있습니다.
책으로 펴내고 싶은 아이디어나 원고를 메일(writer@hanbit.co.kr)로 보내주세요.
한빛미디어(주)는 여러분의 소중한 경험과 지식을 기다리고 있습니다.

이렇게 쉬운 통계학

누구나 쉽게
업무에 **활용**하는 **기초 통계**

혼마루 료 지음 | **안동현** 옮김

한빛미디어
Hanbit Media, Inc.

지은이·옮긴이 소개

지은이 혼마루 료 本丸 諒

요코하마 시립대학교 졸업 후 출판사에 근무하며 과학 분야를 중심으로 여러 권의 베스트셀러를 기획하고 편집했다. 통계학 관련 분야가 전문으로, 입문서는 물론 다변량분석, 통계분석 등의 일반적인 주제를 비롯해 엑셀을 이용한 통계, 회귀분석, 베이즈 통계학, 통계학 용어사전 등을 아우르는 30여 권 이상의 책 출간 작업에 참여했다. 데이터 전문 월간지의 편집장을 역임했다. 독립 후 편집 공방 '시라쿠사'를 설립했다. 과학 도서를 주력으로 하는 프리랜서 편집자로서의 편집력과 더불어 '이과계 주제를 문과계 언어로 초월 번역하는' 과학 전문 라이터로서의 글쓰기 기술로 정평이 나 있다. 일본수학협회 회원이다. 저서로는 『意味がわかる微分・積分』(ベレ出版), 『身近な数学の記号たち』(オーム社), 『マンガでわかる幾何』(SBクリエイティブ), 『すごい！磁石』(日本実業出版社)* 등이 있다.

옮긴이 안동현 i@happystraycat.com

연세대학교 심리학과를 졸업하고 웹 개발 프리랜서를 거쳐 IT 전문 출판사에서 기획과 편집 업무를 담당했다. 번역서로는 『프로그래머, 수학으로 생각하라』, 『처음 만나는 머신러닝과 딥러닝』, 『HTML5 & API 입문』, 『데이터 해석 입문』, 『건강한 프로그래머』(이상 프리렉) 등이 있다.

* 역자주_ 한글 표기하면 『의미를 아는 미분 · 적분』(베레출판), 『친밀한 수학의 기호들』(옴사), 『만화로 이해하는 기하』(SB크리이에이티브), 『굉장해! 자석』(일본산업출판사)입니다.

옮긴이의 말

통계학은 심리학, 사회학 등 변인을 통제한 실험을 수행할 수 없는 다양한 인문사회 과학 분야에서 원인과 결과를 추정하는 데 활용하는 유용한 기법입니다. 역사적으로는 천문학, 측지학, 사회과학, 유전학 분야 등에서 인간의 알고자 하는 욕망을 충족하는 수단으로도 널리 활용되었습니다. 이는 점점 더 발전하고 정밀해져 이 책에서도 잠깐 소개하겠지만 통계학을 통한 증명으로 노벨 물리학상을 받기도 했습니다. 이뿐만 아니라 앞으로 인간이 볼 수 없고 느낄 수 없는 미지의 분야에서 점점 더 많은 고도화된 통계학이 사용될 것입니다.

과학뿐 아니라 일상생활에서도 무의식중에 통계를 이용하기도 합니다. 직관이나 순간적인 결정처럼 과거의 경험을 통해 확률적으로 가장 가능성이 높은 것을 선택하는 경우가 이러한 예라 할 수 있겠지요. 또한, 야구나 축구 등의 스포츠에서 팀이나 선수의 과거 데이터를 기준으로 앞으로의 결과를 예측하는 것도 통계를 활용하는 예라 할 수 있습니다.

이렇듯 통계학은 우리가 일반적으로 생각하는 범위를 뛰어넘는 다양한 역할을 담당하고 있습니다. 그러므로 통계학을 이해하고 활용하는 능력을 기른다면 다양한 상황에서 더 정확한 판단과 예측을 할 수 있으리라 생각합니다.

일반적으로 통계학을 어렵다고들 생각합니다. 물론, 복잡한 이론적 배경을 토대로 한 수학적인 통계학 계산은 외계어만큼이나 어렵습니다.

이럴 때는 과학자의 도움을 받으면 됩니다. 10,000m 상공에서 떨어지는 물건이 땅에 닿는 데 걸리는 시간을 구하고자 지구와 물체의 중력에 의한 중력가속도를 매번 계산하지는 않습니다. 이미 수많은 과학자에 의해 증명되고 확립된 물리법칙인 지구 중력가속도 9.8㎨를 적용하기만 하면 되니까요. 통계학도 마찬가지입니다. 정규분포 등 많은 통계학자가 증명하고 정립해놓은 내용을 활용하면 됩니다. 그 논리나 증명 과정은 잠시 잊고서 말이죠. 그러면 통계학이 쉬워집니다. 경험의 축적을 통한 인류의 진보라 할까요?

이 책은 이러한 경험을 활용하는 방법을 설명합니다. 그리고 이를 통해 통계학이 결코 어렵지 않음을, 얼마나 많은 도움이 되는지를 말하고자 합니다. 이런 저자의 의도를 충분히 전달할 수 있도록 번역하고자 했으나 능력의 한계는 노력도 어찌하지 못하는가 봅니다. 모쪼록 역자의 부족함보다는 저자의 뜻을 이해할 수 있기 바랍니다.

마지막으로 이 책을 기획하고 흔쾌히 번역을 맡겨주신 이중민 님과 부족한 번역을 검토하고 다듬느라 고생하신 박지영 님에게 감사의 뜻을 전하는 바입니다.

2019년 봄, 안동현

들어가며

통계학 연구자 또는 통계를 전문으로 하는 사람이 아닌, 이 책을 통해 통계학을 처음 접하는 독자 여러분을 위해 통계학과 인연을 맺게 된 필자의 개인적인 일화로 이야기를 시작하는 편이 어떨까 합니다.

필자는 비즈니스 분야 출판사의 편집자로 경력을 쌓았으며 통계학에 관한 도서를 지금까지 30권 이상 만들었습니다. 일본의 많은 편집자 중에서도 통계학에 한해서라면 열 손가락 안에 들어갈 것이라 스스로 자부합니다. 통계학, 다변량분석multivariate analysis, 통계분석 등 포괄적인 주제를 비롯하여 엑셀을 이용한 통계, 회귀분석, 베이즈 통계학, 통계학 용어 사전, 통계 데이터에 속지 않는 방법 등에 이르기까지, 통계학의 여러 분야에 관한 책을 만들면서 독자들이 원하는 주제를 찾아 수많은 경험을 쌓아 왔습니다.

그 과정에서 몇몇 생각지 못한 개인적 경험도 겪었습니다. 그중 하나가 '통계학(수학)'과 '통계분석'의 차이에 관한 것입니다. '통계·확률' 등의 입문서를 출간할 때 많은 도움을 받았던 한 대학 교수님에게 "이번에는 통계분석에 관해 써주세요."라고 집필을 의뢰했을 때 거절당한 적이 있습니다. 그 이유는 "편집자님, 통계학이나 통계·확률에 관해서는 쓸 수 있지만, 통계분석은 무리입니다. 그건 수학이 아니거든요."라는 것이었습니다. 그 일은 필자가 '통계학과 통계분석이 어떻게 다를까? '수학이 아니다'라는 말은 도대체 무슨 의미일까?'라고 생각하게 된 계기가 되었습니다.

두 번째 뜻밖의 경험은 '데이터 다루기'와 관련해 필자 자신에게 큰 전환점이 찾아왔던 일입니다. 그때까지 몸담고 있었던 단행본 부서에서 잡지 부서로의 이동이 그것입니다. 그것도 '데이터 전문지(월간지)'로 말이죠. 데이터 전문지는 예나 지금이나 출판계에서는 아주 드문 존재(상품)입니다.

재직기간 7년 중 처음 2년은 수습 편집장으로, 이후 5년간은 편집장으로 근무했습니다. '잡지의 빙하기'라 일컬어지는 힘든 시기도 있었지만 기쁘게도 당시 잡지 발행 부수가 1.5배 정도 늘었습니다(현재는 휴간 중입니다).

이때 처음 접한 것이 '자체 설문조사(앙케이트)'입니다. 매월 일본 전역의 기업을 대상으로 자체적으로 설문조사를 실시하고 특집으로 실었는데, (가뜩이나 그 수가 많지 않았던) 당시 데이터 전문지들의 대다수가 일반 공개된 데이터만을 실었던 것을 생각하면 유독 색다른 경험을 할 수 있었던 기회였습니다.

부끄러운 이야기입니다만, 당시에는 데이터 처리에 관해 전혀 모르는 상태다 보니 다른 편집자가 "이 설문은 다중응답 방식이므로 원 그래프를 사용해서는 안 됩니다."라고 알려주면 "왜 안 된다는 거지?"라고 묻기도 했고, 전문가의 의견을 듣고자 외근을 나간 자리에서 "이 설문에서 이런 형태의 응답이 선택지라고요? 응답할 때의 조건이 부족해요."라고 문제점을 지적받기도 했습니다. 이처럼 설문조사나 그래프 처리 등 이른바 '통계학 이전' 단계에서의 기본적인 내용에 대한 지적을 계속 받아오면서 조금씩 데이터 처리에 관해 구체적으로 이해하게 되었습니다. 그 후에는 개인적인 사정으로 회사를 그만둔 뒤 프리랜서 편집자로 일하면서 동시에 '사이언스 라이터'로서 수학 서적을 중심으로 집필 활동도 하고 있습니다.

과거 편집자로서 오랫동안 통계학을 다루었던 덕분에 유명한 통계학 선생님과 협업할 기회가 있었습니다(이 책을 감수해주셨습니다). 또한, 라이터로서 잡지나 웹 등에 기재할 글을 쓰고자 통계학 분야의 베스트셀러를 집필한 통계 전문가나 통계학회의 중진들과도 만날 수 있었기에 필자가 가졌던 의문점 등도 그 자리에서 직접 확인하는 행운을 누렸습니다. 통계학이 아닌 타 분야의 전문가로부터 통계학에 관한 실무적인 방법을 배울 기회도 있었습니다. 예를 들어 설문조사 전문가에게는 (페르미 추정*과 비슷한) 독자적인 새로운 시장 추정 방법을 배웠고, 우주론 분야에서는 소립자 발견에 사용한 (비즈니스보다 훨씬 엄밀한) 통계학적 방법을 배웠으며, 도요타 관계자로부터는 공장에서 사용하는 귀중한 자료를 받거나 공장을 견학할 기회를 얻을 수 있었습니다. 이처럼 통계학을 접할 기회가 늘어날수록 통계학의 재미와 깊이, 어려움을 직접 체감할 수 있었습니다.

* 역자주_ 페르미 추정(Fermi estimate) 또는 페르미 문제(Fermi problem)라고도 합니다. 어떠한 문제에 대해 기초적인 지식과 논리적 추론만으로 짧은 시간 안에 대략적인 근사치를 추정하는 방법입니다. 이는 이탈리아의 물리학자 엔리코 페르미의 이름을 땄습니다. 게스티메이션(guesstimation)이라고도 하며, 기업 채용 면접에도 종종 등장합니다(출처_위키백과).

| 데이터 분석이 목표가 아닌, 사람을 위한 통계학

세상에는 데이터 분석 자체가 목표인 사람도 있고 연구자처럼 논문을 발표할 때 통계학을 사용하는 사람도 있습니다. 하지만 그 외의 경우라면 어떨까요? 대부분 엑셀을 사용한 적은 있어도 직접 통계학을 이용하여 업무를 하는 사람은 많지 않을 것입니다. 통계학이 자신에게 과연 어떤 도움이 될지 궁금해하는 사람도 꽤 많겠지요.

이런 생각을 하던 중 출판사 편집부로부터 한 가지 제안을 받았습니다. 통계학 도서를 많이 만들어본 경험을 살려서 통계학의 핵심 포인트가 무엇인지, 알기 어려운 부분을 어떻게 하면 쉽게 이해할 수 있는지, 어디까지 이해해야 하는지 등, 통계학 때문에 곤란을 겪는 이들을 위해 통계학의 전체적인 모습을 전달하는 책을 써보지 않겠냐는 제안이었습니다. 그것이 이 책을 쓰게 된 계기입니다.

당연한 이야기지만, 통계학 책을 집필하는 저자로는 수학 전문가가 압도적으로 많으며 필자와 같은 경력을 가진 사람이 쓴 통계학 책은 거의 없었습니다. 그렇다면 편집자 관점에서 누구나 이해하기 쉽게 설명해주는 책을 써볼까, 이것이야말로 '인문계와 자연계 잇기'를 표방하는 한 사람의 사이언스 라이터로서의 역할이 아닐까, 라고 생각했습니다.

하지만 그렇게 속아 넘어간 것이 잘못이었습니다. 실제로 책을 쓰기 시작하자 편집부에서는 "설명이 어려워요!", "대화에 등장하는 후배의 질문 수준이 너무 높아 대화가 안 돼요.", "등장하는 통계 용어가 너무 많아 이해하지 못하고 지나쳐버려요.", "수식은 없었으면 좋겠어요, 시그마(Σ)는 물론이고 가능하면 분수도요(응? 분수까지?)." 등의 요구가 끊이지 않아 그때마다 처음부터 다시 쓰기를 반복해야 했습니다(그 후 다행히도 '분수 이용은 OK'가 되었습니다). '알기 쉽게 쓰기'에는 자신이 있었음에도 결국 그 자신감은 점점 줄어들었습니다.

집필을 무사히 끝낼 수 있었던 것은 이 책의 주제에 열정을 가지고 매번 원고를 읽으며 지적해주고 해결책도 함께 고민해준 후루카와 유이코 님, 그리고 오오니시 히로시 편집부장님의 질타와 격려 덕분입니다. 이 자리를 빌려 고마움을 전합니다.

통계학에 대한 필자의 부족한 지식 때문에 혹시 내용에 잘못된 점이 있다면 독자 여러분께 큰 실례가 될 것입니다. 이를 방지하고자 필자와 함께 오랜 기간 꾸준히 통계학 서적을 출간해온 통계 전문가에게 부끄러움을 무릅쓰고 이 책의 검수를 부탁했습니다. 바쁘신 와중에도 적지 않은 시간을 내주시고 자세하게 봐주신 덕분에 많은 의견을 얻었습니다. 사이타마 대학교의 오카베 츠네하루 명예교수님도 많은 의견을 주셨으며 하세가와 마나미 님은 이 책을 꼼꼼하게 교정해주셨습니다. 그런데도 이 책에 무언가의 오류나 잘못이 남아있다면 이는 전적으로 필자의 탓입니다.

이 책은 독자 여러분이 통계학의 각 내용을 전체적으로 이해하는 것에

중점을 두고 집필했습니다. 그리고 '통계학이란 한 마디로 말해 결국 무엇인지?'를 필자 나름의 방식으로 설명하고자 했습니다. 이 책이 말 그대로 독자 여러분이 통계학을 시작하기 위한 '첫걸음'이 된다면 '인문계와 자연계 잇기'를 표방하는 사이언스 라이터로서 그 이상의 기쁨은 없을 것입니다.

2018년 초봄, 혼마루 료(本丸 諒)

목차

4장 정규분포 체감하기

5장 표본을 이용하여 모집단의 특징 추정하기

6장 가설을 세우고 올바른 가설인지 확률로 판단하기

에필로그 '사람의 직감'은 의외로 믿을 수 없다?

Note

프롤로그

쓰레기 데이터로는 쓰레기 분석밖에 나오지 않는다!

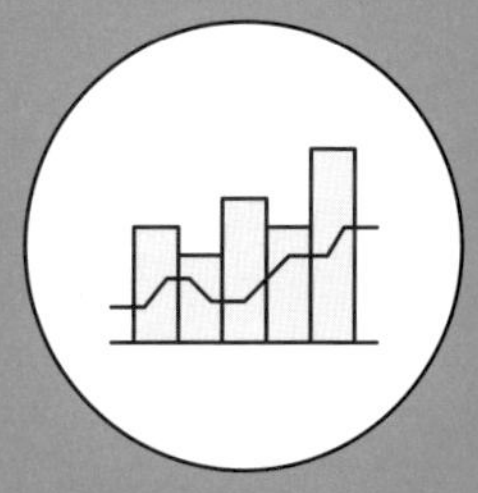

대부분의 통계학 책은 **평균**이나 **분산** 등에서부터 이야기를 시작합니다. 이때 사례로 등장하는 데이터에는 보통 아무런 의문도 품지 않습니다만, 실제로 데이터를 접할 때는 어떤 배경에서 비롯된 데이터인지 조금은 생각해보는 것이 좋습니다. 우선 이를 두 사람의 대화 형식으로 나타내보았습니다.

한 가지 더, 데이터 분석을 업으로 삼지 않는 사람이라도 통계학을 공부하면 많은 도움이 된다는 사실을 세 가지 통계 퀴즈를 이용해 알아보겠습니다.

겨우 900가구의 데이터만 있으면 OK?

일단 통계학 세계에 발을 들이면 데이터가 생기는 과정 자체에는 별다른 관심을 갖지 않게 됩니다. 이번 프롤로그에서는 시작의 의미로, 데이터 자체가 어떻게 만들어지는지를 다음과 같은 두 사람의 대화로 살펴봅니다.

선배는 통계학을 공부한 경험이 얼마나 되세요?

정규 교육은 받은 적이 없어. 보통 통계학은 학교에서 잘 안 배우잖아? 그래서 직장인도 학생도 독학으로 '통계학'을 열심히 공부하곤 하지만 좀처럼 익숙해지지 않지. 평균은 이해할 수 있어도 다음 단계인 분산, 표준편차에 이르면 머리가 복잡해져. 게다가 추측 통계학까지 나가면 더 어려워지고.

그럼 통계학에 관심을 두게 된 계기는 뭐였어요?

출판사에 취업해 수학 관련 도서를 여러 권 만들면서부터지. 편집장이 "다음은 다변량 분석 책이 어때요?"라고 말하면 처음에는 "다변량 분석? 그게 뭐지?" 정도였지. 그래도 아는척하며 "생각해보겠습니다."라고 대답만 하고는 팽개쳐 두곤 했지.

너무 심했네요. 결국, 자신이 잘 알지 못하는 내용이라 관심이 없었다는 거네요? 그럼 그 다음 계기는요?

단행본 부서에서 잡지 부서로 이동한 뒤 7년간 데이터 월간지를 담당했었지. 그 잡지를 통해 자체적으로 설문조사를 실시해서 오리지널 데이터를 만드는 좀처럼 드문 경험을 했지. '통계학과의 인연'이라 하면 그 정도일까?

아, 주로 설문조사를 만드셨군요. 그럼 설문조사의 대상은 누구였어요? 과정은요?

기업 대상의 잡지였으니까 전국의 중견/중소기업 중에 조사 대상을 선정해서 설문을 보냈지. 먼저 기획을 하고 설문을 작성한 다음, 해당 월에 발송할 기업 대상과 수를 정하여 설문을 보내는 거야. 회신된 응답을 집계하고 이를 원그래프나 막대그래프로 나타내지. 마지막으로 전문가에게 이를 보여주고 의견을 구한 다음, 그들의 분석을 기초로 원고를 작성하는 업무였어.

그때나 지금이나 자체 설문조사 결과를 매월 게재하는 데이터 전문지는 없었으니깐. 그렇지만 내가 편집장을 그만둔 뒤로 오리지널 데이터보다는 공개 데이터*를 주로 다루게 되었지. 지금은 휴간 중이야. 출판사에서 '휴간'이라고 하면 사실상 폐간을 뜻하지.

데이터 잡지라니 따분하네요. 그 설문조사를 보낸 회사는 몇 개나 되었나요? 응답률은요?

한 번에 3,000개사 정도 대상으로 보내면 응답이 돌아오는 건 350~800개사 정도? 설문 주제에 따라 회수율에 큰 차이가 있었지.

350~800개사라고요? 대략 400개사라 치면, 그렇게 적은 수의 데이터로 분석해도 중소기업 전체의 상황과 비교했을 때 큰 오차는 없었나요?

그림 0-1 400만 개 회사 중 400개사의 데이터만으로 괜찮을까?

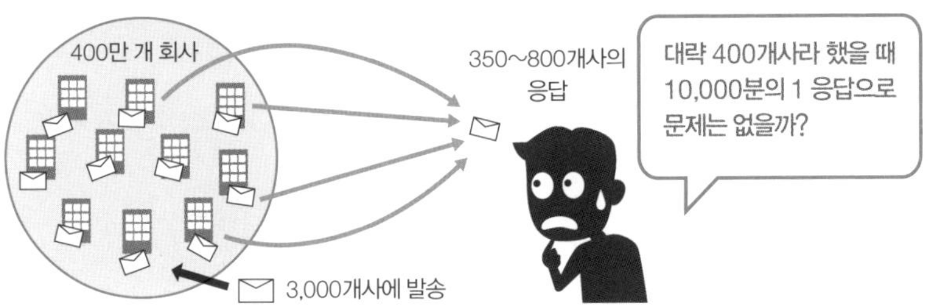

* 저자주_ 필자가 자체 조사한 것은 '오리지널 데이터'라 하고, 국가나 기업 등 타사에서 발표한 데이터를 사용할 때는 이를 '공개 데이터'라 하여 둘을 구분했습니다.

'어느 정도의 응답이 있어야 충분할까?'에 관한 문제는 당시 나도 꽤 고민했던 것이었지. 당시 일본 전역의 중소기업 수는 약 400만 개 정도였으니 응답이 400개사라면 **1만 개 중 1개 비율**이 되지. 결론부터 말하면 **표본 추출**sampling만 제대로 한다면 400개의 표본이라도 큰 차이는 없다고 생각해.

TV 시청률을 예로 들면, 일본 관동지방에는 약 1,800만 가구가 있는데 그중 900가구에 시청률 측정기가 설치되어 있어. 그렇다는 것은 2만 가구당 1가구의 비율이지.

그림 0-2 TV 시청률은 관동지방 1,800만 가구 중 900가구 기준?

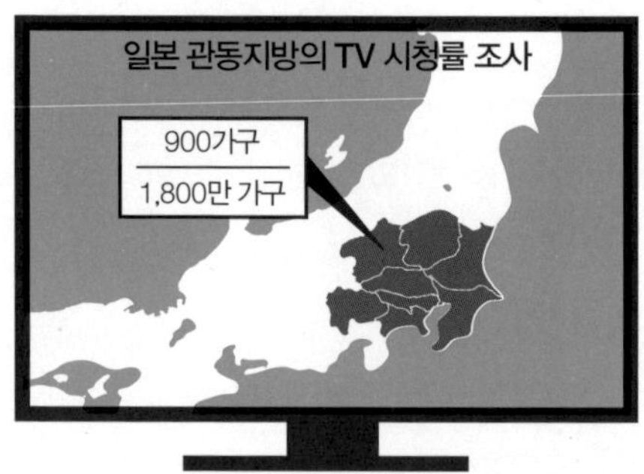

1만 개사에 1개사 비율이나 2만 가구에 1가구 비율로도 어느 정도는 조사가 된다는 말이네요?

반드시 비율 기준이라고는 할 수 없어. **'몇 개의 데이터가 있어야 충분한가?'**가 중요한데, 이에 대해서는 나중에 살펴볼 거야.

02 그 데이터, 믿을 수 있을까?

책상에 앉아 통계학을 공부할 때는 '데이터의 신뢰성'에 의문을 갖지 않지만, 현장에서는 '어떻게 해서 만들어진 데이터인가?'에도 신경을 써야 합니다. 의미 없는 데이터는 분석해도 전혀 도움이 되지 않기 때문입니다.

설문조사 이야기는 이 정도로 마무리할게. 다만, 데이터를 분석할 때 '설문 단계'는 곧 '첫 데이터의 시작'이라는 의미에서 아주 중요해. 즉, 다음과 같은 말이지. 'Garbage in, garbage out.'

아, 컴퓨터 책에서 본 적이 있어요. 아마 **'쓰레기 데이터에서는 쓰레기와 같은 결과만 나온다.'**라는 의미였던 걸로 기억해요.

그렇지. 정확하지 않은 데이터를 입력하면 정확하지 않은 출력만 나오게 돼. 문제는 데이터가 정확하지 않아도 엑셀 등에 입력하면 '그럴싸한 분석 결과'가 나온다는 것이지. 그러므로 설문조사 등에서는 **어떻게 해서 데이터를 얻을 것인지**가 이후에도 영향을 주는 아주 중요한 출발점이야.

통계학 책을 읽었을 때는 잘못된 데이터에 대한 내용은 없었는데 말이죠. 선배님, 혹시 데이터 수집 방법이나 처리 과정에서 실패하신 적이 있었던 건가요?

이런, 들켜버렸나? 사실은 다중응답임에도 원그래프로 처리했더니 다른 편집자가 "다중응답 설문일 때는 원그래프를 사용해서는 안 되는데, 몰랐어요?"라고 지적한 적이 있지. 그때는 이유를 몰랐어.

예? 저도 모르겠는데요? 그것보다 '다중응답'이 대체 뭐죠?

예를 들어, 다섯 개의 선택지가 있는 설문이 있다고 할 때 '하나만 선택'하는 것을 **단일응답방식**이라 부르지. 그러나 때에 따라서는 '해당하는 모든 사항을 선택하세요.'라든가 '3개까지 고르시오.'라는 설문도 있지. 바로 이를 **다중응답방식**이라 해.

그렇구나! 전 몰랐어요. 그럼 어떤 그래프로 그리면 돼요?

그림 0-3 다중응답 설문에서는 원그래프 사용 금지

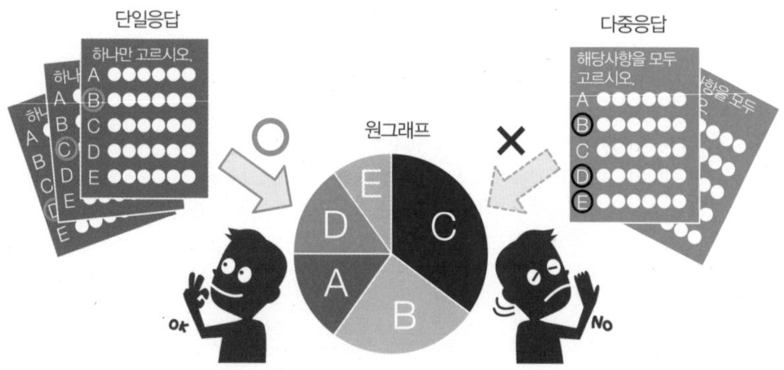

다중응답 설문을 할 때는 원그래프가 아니라 막대그래프를 써야 해. 건수나 비율을 막대그래프로 처리하는 거야.* 원그래프는 안 돼. 뿐만 아니라 데이터 처리를 실패한 경험도 있지. 데이터를 그래프 처리한 다음 전문가에게 그 그래프를 보여주고 의견을 구할 때가 있어. 요컨대 '데이터를 보며 분석'하는 것이지.

'데이터 분석'이란 통계학적인 분석이라는 말인가요? 예를 들면 평균, 분산, 표준편차 등과 같은? 으음, 이 이상의 통계학 용어는 모르겠어요.

* 저자주_ 비즈니스에서는 프레젠테이션 등에서 원그래프나 막대그래프를 자주 사용합니다만, 통계학에서는 정규분포곡선 등 확률분포라 불리는 곡선을 자주 사용합니다. 이 낯선 곡선이 통계학을 더욱 어렵게 느끼게 합니다. 이 외에도 '상자수염그림(box-and-whisker plot)'이라는 그래프를 사용할 때도 있습니다.

평균이나 사분위수quartile 등의 지표를 포함할 때도 있지만, 분산 등은 포함하지 않지. '데이터 분석'이라 해도 그 목적은 통계학적인 데이터 분석이 아니야. 전문가가 봤을 때 '응답 내용이나 데이터를 어떻게 읽어낼 것인가?'와 같은 의견이 목적이니까.

처음에는 응답자로부터 불평도 들었어. "이러한 설문에서 이러한 선택지라면, 결과를 보고 어떤 의견인지를 물어와도 제대로 답할 수가 없어요."라고 말이야. 그때 '그렇구나! 설문조사에서는 응답자가 선택지를 고를 때 "이 조건은 어떤 의미지?"라는 식으로 망설이지 않도록 명확한 설문을 준비해야 하는구나!'라고 느꼈지.

조건이라는 게 뭐예요? 질문할 때 무언가 조건이 필요한가요? 바로 와닿지 않네요.

어느 신문에 나온 내용인데, '일주일간 지하철 ○호선을 몇 번 이용하셨습니까?'라는 지하철 회사의 설문조사에 응답하려고 문득 생각해봤다고 해. 보통 목적지로 이동할 때 특정 호선을 이용하면 돌아올 때도 같은 호선을 이용하는 경우가 많지. 이 왕복을 1번이라 셀 것인가 2번이라 셀 것인가? 그래서 주변 사람에게 물었더니 받아들이는 방식이 모두 제각각이었대. 이를 집계하면 어떻게 되겠어?

그림 0-4 조건을 명확히 하여 데이터 수집하기

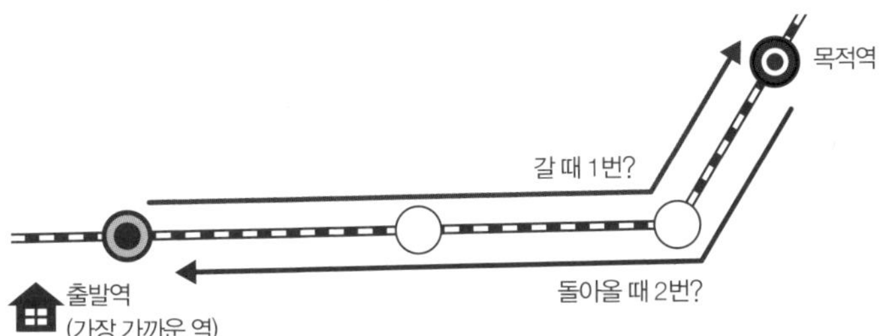

데이터의 신뢰성이 없어지겠네요. '왕복일 때는 2번이라 센다.'라든가, 그 밖에도 이것저것 의문이 들 수 있는 사항은 미리 없애 두어야겠네요. 뒤죽박죽 데이터가 되어서는 안 되니까요.

데이터가 만들어질 때까지는 여러 가지 일이 생기지. 통계학을 공부할 때는 '데이터는 올바른가?'를 의심할 필요가 없지만, 실제 현장에서 데이터를 다룰 때는 '이 데이터는 어떤 질문 방식에 따라 만들어진 것인가?', '조건은 명확한가?' 등을 고려해야 해.

통계학, 어디에 쓰는 물건인고?

'지금 비즈니스 세계에서 통계학이 화제가 되고 있으니 조금 배워둘까?'라고 생각해도 통계학을 익히기는 좀처럼 쉽지 않습니다. 애당초 통계학을 공부하면 어떻게 도움이 될까요?

통계학 업무란 정말로 매력적일까?

한때 비즈니스 업계에서 화제가 되었던 할 배리언Hal Varian의 "이후 10년간 가장 매력적인 직업은 통계학자일 겁니다. 그리고 이건 농담이 아닙니다."*라는 말이 계기가 되어 통계학에 대한 주목도는 더욱 높아졌습니다.

그림 0-5 통계학 업무는 매력적이다?

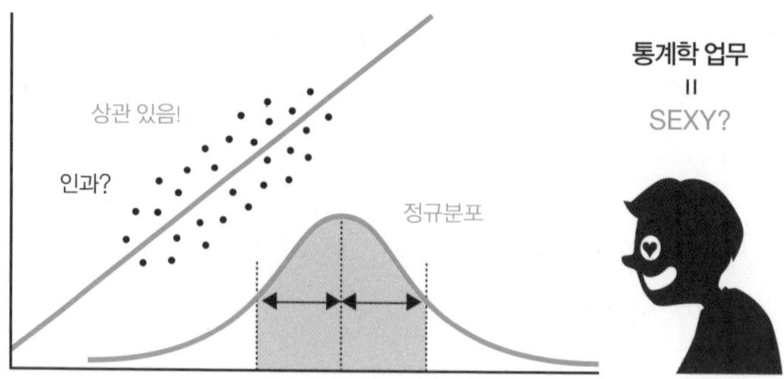

* 저자주_ "I keep saying that the sexy job in the next 10 years will be statisticians. And I'm not kidding." _할 배리언(Hal Varian), 구글 수석 이코노미스트.

그러나 대부분의 사람들, 예를 들면 비즈니스맨의 상당수는 통계학자가 되지도 않을 뿐더러 데이터 분석을 본업으로 하는 사람의 비율도 높지 않습니다. 그렇다면 일반인이 볼 때 통계학을 공부하는 의미는 어디에 있는 것일까요? 힘들여 통계학 책을 읽고 공부하는 이상 무언가 현실적인 도움이 되면 좋겠지요. 필자가 생각하기에 통계학을 공부했을 때의 이점은 **통계학으로 '성공 확률을 높이는 방법'을 몸에 익힐 수 있다**는 것입니다. 구체적으로 이야기하면 다음과 같습니다.

- **추측(추리)력 향상**
- **근거 있는 설명과 논의 가능**

하나를 들으면 열을 안다

통계학이란 '하나를 들으면 열을 아는 방법'입니다. 이것이 '추리력 향상'으로 이어집니다. 예를 들면 셜록 홈즈는 아무런 정보도 없는 초면의 사람을 만나더라도 보는 순간 추리를 통해 '아프가니스탄에서 막 돌아온 듯하군요.'라는 식으로 상대의 허를 찌르곤 합니다(홈즈가 왓슨을 처음 만났을 때 한 말입니다).

그림 0-6 처음 만나는 사람의 상황을 한눈에 알아내는 셜록 홈즈

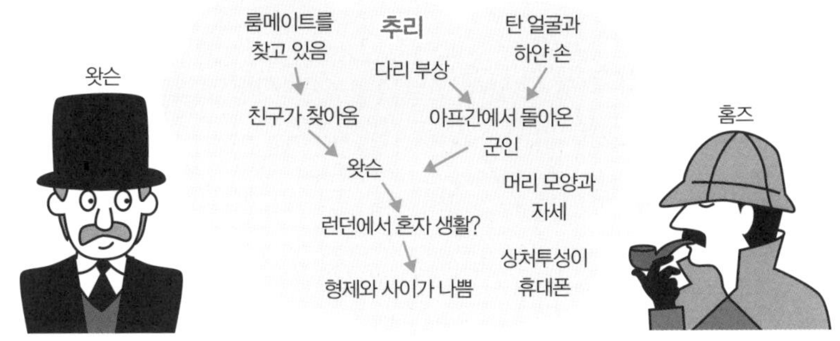

이처럼 홈즈는 첫 대면임에도 성격과 직업, 놓인 상황 등을 정확하게 알아내지만, 수수께끼 풀이 과정을 막상 상대방에게 설명하면 "뭐야, 알고 나니 간단한 이야기잖아."라는 반응에 약간은 기분 상해한다, 라는 식으로 내용이 이어집니다. 이때 항상 공통된 것은 '겉모습 몇 가지만으로 그 사람의 경력, 태생, 성격 등을 재빠르게 알아낸다.'라는 점입니다. 어디까지나 추측인 이상 빗나갈 가능성도 있습니다만, 높은 확률로 (빗나가지 않고) 맞히려면 어떻게 하는 것이 좋을까요?

통계학에서도 사정은 아주 비슷합니다. 모든 데이터(상태의 상세 정보)가 갖추어진 것은 아니지만 몇 가지 (눈앞에 있는 상태의 모습에 관한) 표본 데이터는 있습니다. 해당 데이터를 이용하여 높은 확률로 '이 데이터에는 어떤 특징이 있는가(상대가 어떤 사람인가)?'를 맞힐 수 있습니다. 그것도 지레짐작으로 하는 것이 아닙니다.

즉, '과학적인 순서를 따르면 높은 확률의 추리가 가능한(맞힐 수 있는)' 것이 통계학(추측 통계학)의 역할입니다. 통계학을 사용하면 '원래의 모습(모집단)'을 적은 양의 데이터만으로도 이끌어낼 수 있습니다. 생각해보면 홈즈의 추리 방법과 많이 닮았습니다.

추측력이나 추리력 같은 것은 분명히 오랜 기간의 경험이나 감각에서도 생깁니다. 그러나 이것만으로는 선입견이 들어갈 수도 있고 때로는 눈을 흐리게 할 때도 있습니다. 게다가 '감각'만으로는 다른 사람을 설득하기가 어려운 법입니다.

이럴 때 '수치'나 '확률'과 함께 설명하면 주위 사람에게도 설득력을 가질 수 있습니다. 또한, 여러분의 상사로부터 "내 경험으로는 말이야~"라는 권위적인 한 마디를 듣는 경우에도 수치나 확률적인 사고를 이용하면 감정적인 충돌도 큰 어려움 없이 피할 수 있을 것입니다. 이처럼 마음 든든한 내 편이 되어주는 것이 바로 통계학입니다.

그림 0-7 높은 확률로 추측하려면?

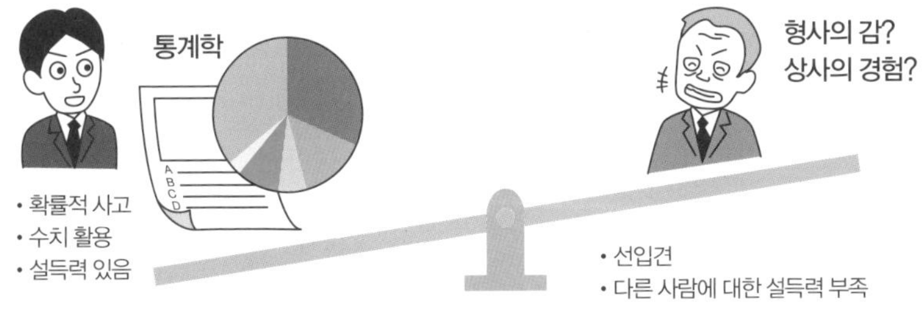

유용함을 알기 위한 3가지 통계 퀴즈

구체적인 유용함을 느끼는 데 도움이 되는 3가지 퀴즈를 준비했습니다. 이 퀴즈를 통해 "그렇구나, 이럴 때 유용하구나!"라고 느낄 수 있습니다.

홍차부인의 진위를 어떻게 판별할 것인가?

지금부터 살펴볼 3가지 퀴즈는 통계학에서도 유명한 일화에 기초를 둔 것입니다. 여러분이라면 어떻게 생각하고 대처하겠습니까?

통계 유용성 퀴즈 1

영국에서 티 파티가 열렸다. 홍차를 좋아하는 어느 귀부인이 '먼저 홍차를 넣고 그다음 우유를 넣은 것인지?', 아니면 '먼저 우유를 넣고 그다음 홍차를 넣은 것인지?'에 따라 맛에 차이가 있으며 이를 알아맞힐 수 있다고 했다. 이 귀부인의 말이 참인지 거짓인지를 어떻게 알아내면 좋을까? 판단하는 방법을 생각해보자.*

* 저자주_ 이 '홍차부인' 일화는 영국의 통계학자 로널드 A. 피셔(1890~1962)의 『The Design of Experiments(실험계획법)』이라는 책에 소개된 내용입니다. 그 후 2003년 영국의 왕립화학협회가 정식 언론 보도자료에서 "(성분) 맛이 다르다."라고 공표했다는 이야기도 있습니다만(지금은 홈페이지에서 삭제), 이에 관해서는 농담이라는 의견도 있어 지금으로는 진위를 확인할 수 없습니다.

그림 0-8 홍차부인의 말은 참? 거짓!?

그 자리에 있던 사람들은 "밀크티는 밀크티지. 일단 한번 들어가면 우유가 먼저든 나중이든간에 그깟 순서의 차이로 맛에 차이가 날 리 없어." 라며 웃어넘겼을지도 모릅니다. 그렇지만 그 누구도 알아채지 못할 뿐, 사실은 어느 쪽을 먼저 넣느냐에 따라 우유의 온도 변화 등으로 인해 맛이 달라진다는 귀부인의 주장이 옳을 가능성도 있습니다. 혹은 새빨간 거짓말일까요? 여러분이라면 어떻게 확인할지를 묻는 문제입니다.

"그 귀부인은 맛의 차이를 판단할 수 없다(즉, 거짓말을 했다)."라고 말하는 것은 간단합니다만, 이것만으로는 다른 사람을 이해시킬 수 있는 설명이나 근거가 없습니다. **'귀부인에게 어떤 테스트를 해야 객관적인 판단을 할 수 있을까?'**라는 점이 포인트입니다.

거짓말이라 해도 '행운'이나 '우연' 등에 힘입어 2분의 1 확률로 맞힐 가능성이 있습니다. 2번 연속해서 맞힌다 해도, 그 정도라면 아무렇게나 대답하더라도 '우연'히 맞아들어갈 수 있습니다(1/4의 확률). 그렇지만 3번 연속이라면? 4번 연속이라면? 5번 연속으로 맞힌다면 어떨까요? 아무래도 5번 연속(확률은 1/32≒3%)이라면 '잠깐, 우연이 아닐지도. 정말로 아는 것인지도 모르겠는걸?'이라는 생각이 들 것입니다.

이 이야기의 테스트 방법에 대해서는 뒤에서 번외편으로 따로 다루겠습니다만, 결국 '확률을 근거로 하여 판단하는 방법을 생각한다.'는 것입니다. 이것이 통계학이 확률을 기반으로 사고하는 이유입니다. 다만, 이는 높은 확률일 뿐으로, 항상 빗나갈 가능성이 있다는 점을 잊어서는 안 됩니다. 통계학은 신의 판단이 아닙니다.

누구를 스탠퍼드 대학교로 유학 보내야 할까?

통계 유용성 퀴즈 2

지금 X 사에 2명의 우수한 사원이 있다. 한 사람은 영업부에서 높은 업적을 올린 A 씨이고 또 한 사람은 연구개발에서 우수한 제품을 개발해 온 P 씨이다. 이번에 회사에 가장 공헌한 사람을 미국 실리콘밸리의 스탠퍼드 대학교에 1년간 특별 유학생으로 보내기로 했다. A 씨와 P 씨 중 누구를 선택하면 좋을까? 이 방법에 대해 생각해보자.

이 퀴즈의 포인트는 '두 사람의 부서가 다르므로 직접 비교할 수는 없다. 따라서 별도의 방법을 이용하여 '같은 조건'하에서 비교한다.'라는 점에 있습니다. '같은 조건'으로 하면(다소 억지스럽지만) 영업부도 연구개발부도 납득할 것입니다.

서로 다른 집단의 비교이므로 각각에 속한 구성원의 공헌도를 나타낸 분포(그래프) 역시 다를 것입니다. 이 다른 분포(그래프)를 어떻게든 공통으로 만들 수 없을지 생각해봅시다.

현실에서도 흔히 찾아볼 수 있는 이러한 경우에도, 통계학의 유명한 분포를 사용하면 두 사람의 공헌도를 객관적으로 비교하여 우열을 가릴 수가 있습니다. 이를 통해 '두 개의 서로 다른 집단 사이의 비교가 가능' 해집니다.

그림 0-9 영업 톱 vs. 연구 톱: 어떻게 하면 비교할 수 있을까?

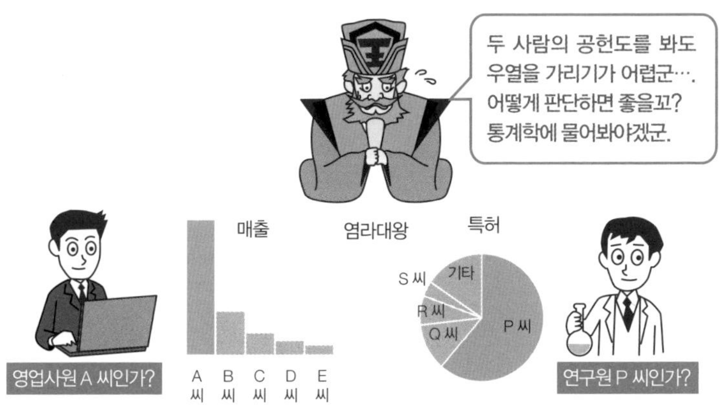

가설을 의심하고 제3의 길을 찾아라!

통계 유용성 퀴즈 3

지금 당신은 메이저 리그의 감독 후보로, 구단주와 면접을 보고 있다. 구단주는 "무사 1루 상황에서 가장 득점 효율이 높은 방법을 생각해냈으면 한다. 단, 주자는 주력, 타자는 타율, 지금이 종반인가 초반인가 등은 생각하지 않아도 된다."라고 요구한다. 당신이라면 어떻게 생각하여 답을 찾을 것인가?

야구 전문가가 읽으면 "비현실적인 상황 설정이야. 야구를 너무 모르는데?"라며 꾸짖을 듯합니다만, 여기서는 어디까지나 퀴즈의 하나로

너그러이 봐주세요.

야구에서 무사 1루가 되면 보통은 ①번트 작전, ②강공 작전(히팅)으로 갈 것입니다. 필자도 고교 시절 약팀이긴 하나 어쨌든 야구부였던 바, 이 장면에서는 번트가 정석입니다.

번트 작전을 쓰면 성공했을 때 득점권 안에 주자를 보낼 수 있습니다만 이에 대해 스스로 원 아웃을 상대에게 주게 됩니다. 야구는 스리 아웃이 되면 공격이 끝나므로 귀중한 원 아웃을 조건 없이 상대팀에 주는 것이 과연 좋은 방법일까요, 아닐까요?

머릿속에는 여러 장면이 떠오릅니다. 만약 2루에서 아웃이 되면 주자와 타자를 바꾸기만(원 아웃이 늘어나기만) 하는 것이고, 번트 후 상대가 폭투라도 해준다면 대량 득점으로 이어질지도 모릅니다.

그림 0-10 번트 작전으로 '원 아웃을 그냥 주는' 것이 정말로 좋은 방법일까?

생각지 못했던 방법을 통계학에서 찾아낸다?

아니, 사실은 그렇게 여러 가지 장면을 고민하지 않아도 됩니다. 여기서 생각해야 할 것은 '**득점률이 높이는 방법은 무엇일까? 그 데이터를 조사**

한다.'라는 것뿐입니다. 구단주에게는 다음과 같이 답하면 됩니다. "이 팀의 과거 시합에서 ① 무사 1루에서 번트를 했을 때, ② 무사 1루에서 번트를 하지 않았을 때의 두 가지에 대해 '그 후의 득점률'을 조사한 다음 판단하겠습니다."라고요. 가능하면 타석에 투수가 들어섰을 때, 홈런 타자가 들어섰을 때, 이닝 중반일 때 등과 같은 조건에서의 데이터도 함께 조사해야 하겠죠.

어떻든 과거 데이터를 조사하면 번트 작전도, 강공(히팅)도 아닌 제3의 방법을 발견할 가능성이 있습니다. 예를 들어 '포볼을 노린다.'라는 작전**입니다. '무사 1루' 장면에서

- **주자는 리드를 크게 하여 상대 투수를 흔든다.**
- **주자를 경계하도록 하여 타자에게 빗나가는 공(볼)을 많이 던지게 한다.**
- **타자는 '치기'보다는 '볼에는 휘두르지 않기'에 집중한다.**

등의 방법을 통해 타자가 포볼을 노리는 것입니다. 주자를 늘린다는 의미에서는 안타나 포볼이나 마찬가지입니다.

만약 '포볼 작전'을 팀에서 추진하고 이를 통해 주자를 늘릴 수 있다면, 1구째에 안타를 치는 것보다는 상대 투수를 (투구 수를 늘리거나 신경을 건드리는 식으로) 더 괴롭힐 수 있습니다 . 결과적으로 선발 투

** **저자주_** 메이저리그의 아메리칸 리그 서부지구 오클랜드 애슬레틱스(Oakland Athletics)의 사례가 있습니다. 이 팀의 빌리 빈(William Beane) 단장은 그때까지의 데이터를 다시 정리하여 통계학적인 방법을 도입함으로써 도루, 번트, 타율 등의 평가 기준을 새로이 하고 출루율을 중시하는 방향(득점으로 연결되는 행동을 중시하는 것)으로 전환했습니다. 그 결과 선수의 연봉 총액이 낮더라도(즉, 약팀이더라도) 양키스 등 강팀에 지지 않는 팀을 만드는 방법을 고안하고 이를 실증했습니다. 그중에는 '무사 1루에서는 포볼을 노려라.'라는 작전도 있었습니다. 브래드 피트 주연의 영화 〈머니볼〉은 마이클 루이스의 소설 『머니볼』이 그 원작으로, 당시의 일화를 기반으로 한 것입니다.

수를 조금이라도 빨리 강판시킬 수 있다면 시합은 그만큼 유리해집니다.

그 밖에도 '내야 땅볼이 아니라 뜬공을 쳐라!'라는 종래의 야구 상식을 뒤집는 (플라이볼 혁명) 방법도 데이터 야구***로부터 생겼습니다. '포볼을 노려라.'나 '뜬공을 쳐라!' 등의 작전은 종래의 야구 상식에서 보면 기이한 작전으로 보일 수도 있습니다만, 통계학이 알려준 생각지 못한 (성공확률이 높은) 작전이었습니다.

최근 우리 자신도 일상생활에서 이러한 '생각지 못한 경험'을 하는 경우가 늘지는 않았나요? 예를 들어 스마트폰 앱으로 버스나 지하철 등의 경로를 검색하다 보면 '이런 경로가 있었어? 여기서 갈아타는 것이 더 빠르고 요금도 저렴하네.'라는 식으로 생각지도 못했던 경로를 알게 될 때가 있습니다.

즉, 앞서 살펴본 야구 사례에서처럼 번트 작전과 강공 작전이라는 2가지 선택지에 해당하는 '과거의 정설'에 무조건 따르기보다는 **'성공하는 데 가장 확률이 높은 작전은 무엇인가?'**를 생각하자는 것입니다. 이를 위해서 통계학을 공부하고 그 사고방식을 이해한다면 통계학은 분명히 여러분에게 '업무나 일상생활을 잘해나갈 확률이 높은 방법'을 알려줄 것입니다.

그렇습니다. 통계학을 배워 '분산'이나 '추정' 등의 통계 방법을 익히는 것도 물론 중요합니다만, 이것만으로는 업무에 바로 도움이 되지는 않습니다. 그보다는 **많은 사람이 '확률적으로 사물을 생각하는 습관'에 익숙해지는 것**, 이것이야말로 통계학을 배웠을 때 얻을 수 있는 선물이

*** 저자주_ 2017년 휴스턴 애스트로스(Houston Astros)는 월드시리즈를 제패했습니다. 연간 100패의 약팀이 통계학자, 물리학자를 동원한 데이터 야구를 통해 완전히 다른 팀으로 변했다고 합니다.

라고 생각합니다. 마법 램프의 요정처럼 통계학은 여러분에게 강력한 아군이 되어줄 것입니다.

그림 0-11 생각지 못한 작전과 새로운 득점 획득 방법

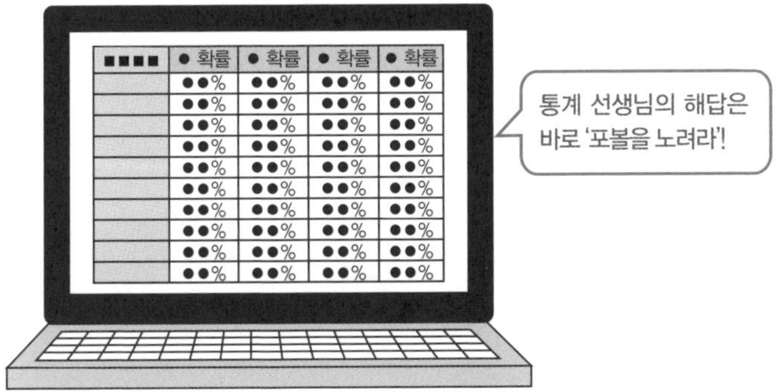

Note

1장

급할수록 서두르자, 통계학 훑기

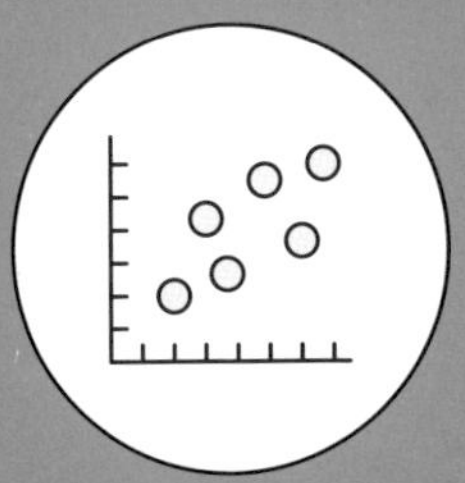

'통계학의 길은 길고 험한 길'이며 어려운 개념과 계산과의 끝없는 싸움입니다. 결국 도중에 좌절하고 포기하기도 쉽습니다. 그렇다면 차라리 겉핥기라도 좋으니 '통계학 전체의 모습'을 한번 살펴봅시다. 자세한 내용은 뒤로 미루고 '급할수록 서두르자!' 정신으로 일단 통계학의 전체적인 윤곽을 훑어봅시다. 이야기는 거기서부터입니다.

'통계학 지도'를 머릿속에 넣어두기

먼저 '통계학 전체 모습'을 나타내는 지도를 여러분의 머릿속에 넣어두세요. 이를 통해 '지금 자신이 어디 있는가?'도 알 수 있습니다.

통계학을 공부하다 보면 '통계학, 다변량분석, 통계분석'*등 비슷한 용어가 등장하는 바람에 결국 이해하지 못한 채 넘어가기 쉽습니다. 이에 가장 먼저 용어도 정리할 겸 **통계학 지도**를 머릿속에 넣어두도록 합시다.

고등학교 때 배웠던 방정식, 미분·적분 등을 '순수 수학'이라 하고 이에 대해 통계학은 '응용 수학'이라 부릅니다(범위가 고정된 것은 아닙니다).

그림 1-1 통계학 지도

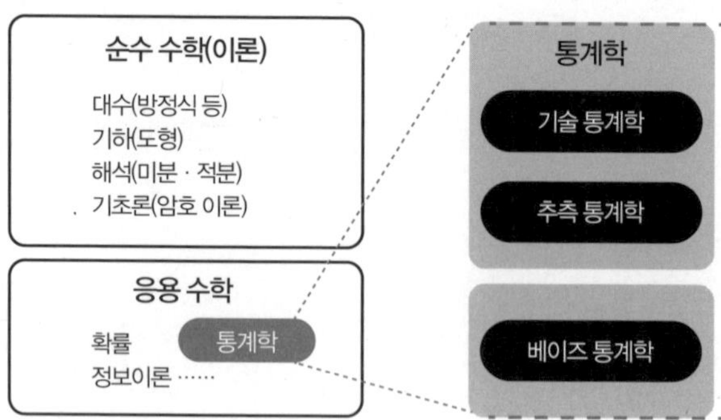

* **저자주_** 통계학, 다변량분석, 통계분석 등의 구분은 사람에 따라 달라집니다. 또한, 서점에서 판매하는 책에서는 서로 겹칠 때가 많습니다. 그 이유는 제목이 '통계분석'이라도 기본이 되는 기초 통계학에 대해서도 다루어야 하는데, 그 정도가 저자마다 다르기 때문입니다.

이러한 통계학은 크게 **기술 통계학**, **추측 통계학**, **베이즈 통계학**으로 다시 나눌 수 있습니다. 한 가지 더, 2개 이상의 변량을 다루는 **다변량분석**이라는 것도 있습니다. 이상의 네 가지를 기초 논리편이라고 한다면 **통계분석**은 실제 업무에 사용하는 응용편이라 할 수 있습니다.

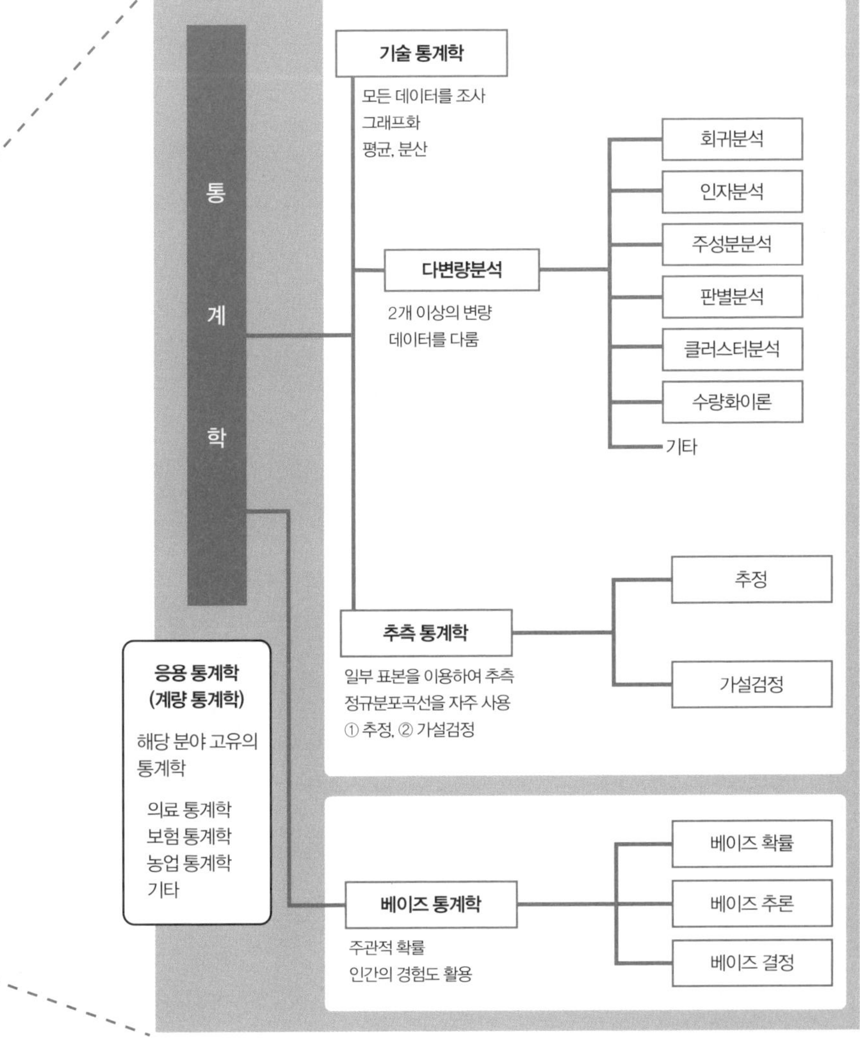

원시 데이터를 1개의 대푯값으로: 기술 통계학 ①

데이터 전체의 중심은 어디인지, 데이터 분포의 불규칙성은 어느 정도인지, 이를 그래프로 나타내면 어떻게 되는지 등을 다루는 '기술 통계학'이 20세기 초까지는 통계학의 중심이었습니다.

오히려 원시 데이터가 더 어렵다?

통계학이라 하면 우선 **기술 통계학**descriptive statistics에서 시작합니다. 기술 통계학이란 조사 대상(모집단)에 대해 전수 조사를 기본으로 하여 그 특징을 기술하는 통계학입니다. 19세기 말~20세기 초까지는 통계학이라 하면 이 '기술 통계학'을 가리켰습니다.

기술 통계학의 포인트는 두 가지입니다. 첫 번째는 대상이 되는 '집단'이 학급이나 회사와 같이 비교적 작고 **전체 데이터를 모으기 쉽다**는 점입니다.

예를 들어 중학교의 가을 학예회 공연으로 학급에서 '합창, 연극, 콩트' 3가지 중 하나를 고를 때 반 전체 투표 결과(데이터)를 얻는 것은 그리 어려운 일이 아닙니다. 회사도 마찬가지입니다. 노동조합이 모든 종업원을 대상으로 여름 상여금에 관한 설문조사를 실시하고 회사에 상여금 요구액 등을 제출할 때는 먼저 기초 데이터를 만듭니다. 대부분의 경우 모든 종업원으로부터 데이터를 모을 수 있습니다.

그림 1-2 기술 통계학의 특징은 '모든 데이터 수집'과 '그래프화'

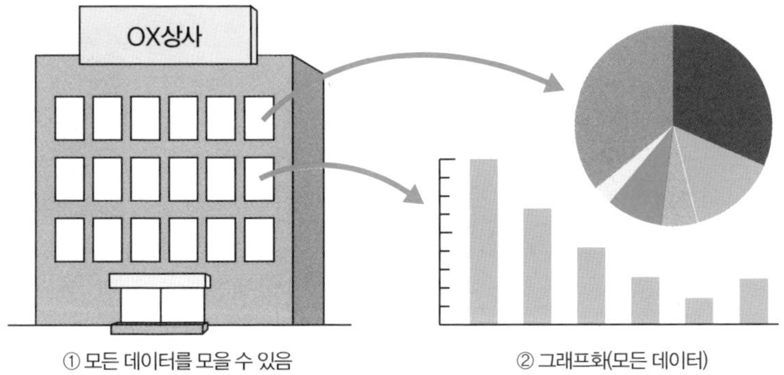

두 번째는 해당 데이터를 이용하여 그래프를 만들고 데이터를 시각화(기술)한다는 점입니다. 그래프로 만들면 데이터의 특성이나 규칙성 등을 쉽게 발견할 수 있습니다. 예를 들어 학교 학예회라면 막대 그래프나 원그래프로 만들면 다수 의견을 한눈에 알 수 있으며, 회사라면 불량품 발생을 그래프화(시각화)하면 그 경향 등을 직감적으로 파악하는 데 도움이 됩니다.

그런데 '데이터는 많으면 많을수록 좋다.'라고 생각하기 쉬우나, 원시 데이터 그대로 모으면 모을수록 이에 반비례하여 모집단의 경향, 문제점 등을 파악하기가 어려워집니다. 예를 들어 어떤 회사의 영업1팀 소속 10명의 1개월간 총 야근시간을 다음 그림과 같이 카드에 적어 나열할 경우, 겨우 10명의 잔업 데이터임에도 여기에서 무언가의 특징이나 경향을 한 눈에 파악하기는 쉽지 않습니다.

그림 1-3 원시 데이터만 모아두면 오히려 다루기 어려움

원시 데이터 그대로보다는 하나의 대푯값을!

이때 만약 10명의 원시 데이터가 아니라 '10명을 대표할 수 있는 1명의 데이터'만 있다면 한눈에 전체 모습을 파악할 수 있으므로 무척 편리할 것입니다. 그 한 예가 **평균(평균값)***입니다.

이처럼 하나의 데이터로 전체를 대표하는 값을 **대푯값**이라 부릅니다. 보통 이런 데이터는 일정 부분에 많이 모여 있으며 이를 중심으로 데이터가 아래위로 흩어져 있는데, 그 중심 경향을 나타내는 것이 대푯값입니다. 대푯값으로는 평균, 중앙값, 최빈값이 잘 알려졌습니다.

* **저자주_** 아돌프 케틀레(Adolphe Quetelet, 1796~1874)가 제창한 개념 중 평균인(l'homme moyen)이라는 것이 있습니다. 이는 '사회적으로 정규분포의 중심에 있는 사람'이라는 의미입니다. 정규분포의 중심은 '평균(평균값)'이므로 글자 그대로 '전형적인 사람'이라 생각해도 됩니다(실제로는 평균인에 딱 들어맞는 사람은 적을 수 있습니다만). 또한, 케틀레는 인구 총조사 등을 통해 사람의 이상적인 '키와 몸무게'의 관계를 수치화했습니다. 현대에도 사용하는 BMI 지수(몸무게 w킬로그램, 키 h미터)는 BMI=w÷h^{2}으로 나타내는데, 이는 케틀레의 주장에 따른 것으로 건강 측면의 공헌도 역시 큽니다. 덧붙여 나이팅게일은 케틀레를 무척 존경하였으며 나이팅게일 자신도 통계학 분야에서 큰 공적을 올렸습니다.

그림 1-4 '1개의 숫자=대푯값'이라면 알기 쉬움

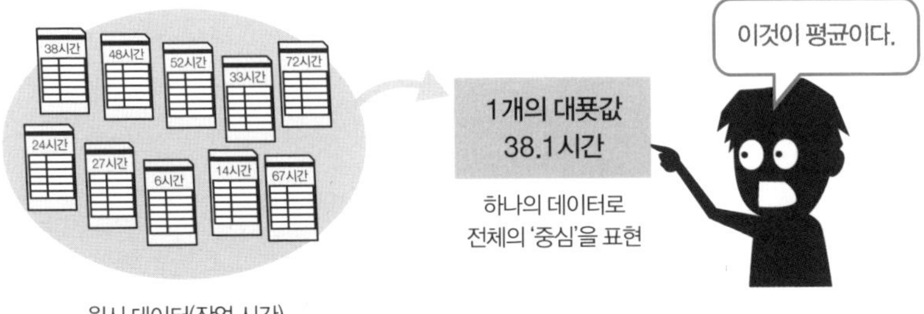

이 평균 하나만 있어도 **다른 부서와 쉽게 비교**할 수 있습니다. 만약 영업1팀 10명의 5월 평균 잔업 시간이 38.1시간, 영업2팀이 27.6시간이라면, 둘을 비교함으로써 '1팀의 38.1시간이라는 잔업 시간은 2팀보다 10.5시간 많군. 업무량이 한 쪽으로 치우친 건 아닌가? 혹은 계절적인 이유인가? 아니면 단순한 우연인가?'와 같이 1팀의 긴 잔업 시간을 객관적으로 살펴보고 원인을 찾는 계기가 됩니다.

다른 부서와의 비교뿐 아니라 **과거와도 쉽게 비교**할 수 있습니다. 만약 3년 전부터 같은 달의 평균 잔업 시간이 15.6시간, 18.2시간, 21.3시간이라면 영업1팀의 38.1시간이라는 이번달 잔업 시간은 특정 이유로 인해 급증했다고 판단할 수 있으므로 이에 대한 대책이 시급함을 알 수 있습니다.

그림 1-5 과거 3년 전, 2년 전, 1년 전과의 비교

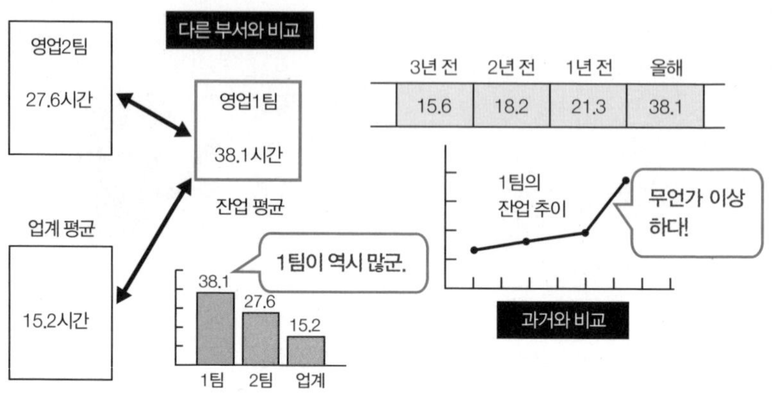

세 종류의 대푯값

그러므로 데이터를 모을 때 가장 먼저 할 일의 하나는 '**데이터 전체를 1개로 나타내는 대푯값**'을 알아내는 것입니다. 앞서 이야기한 것처럼 대푯값이란 '데이터 전체의 중심 경향을 나타내는 값'을 말하며 다음 3가지가 유명합니다.

- **평균**

  전체의 수를 더하고 이를 데이터 수로 나눈 값. 데이터 전체의 중심에 해당

- **중앙값**

  데이터를 작은 값부터 순서대로 나열했을 때 한가운데 위치에 있는 값

- **최빈값**

  데이터 중에서 가장 많이 나타나는 값

덧붙여 이들 3가지 대푯값에 대해서는 다음 그림도 함께 참조하세요.

그림 1-6 세 가지 대푯값인 '평균, 중앙값, 최빈값'

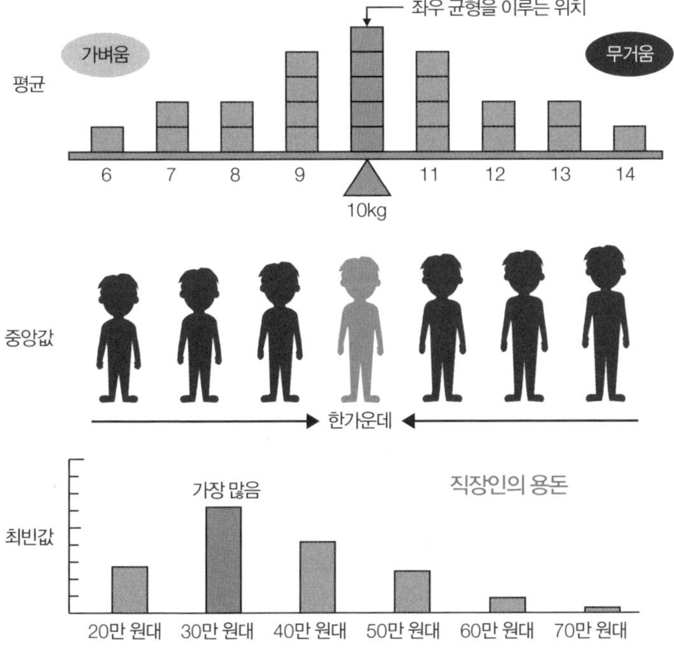

대푯값이란 '중심적인 값'이라 했는데 왜 3종류씩이나 있는 것일까요? 이는 앞에서도 본 대로 '중심'이라 했을 때 그 뉘앙스가 조금씩 다르기 때문입니다.

통계학에서는 이 3가지 대푯값 중에서 '대푯값 중의 대푯값'인 평균을 가장 자주 사용합니다만, 이 3가지 대푯값은 다음과 같이 모집단 데이터 분석 방식에 따라 여러 가지 경우가 발생합니다. 이에 관련해서는 3장에서 살펴보도록 하겠습니다.

- **평균 ≒ 중앙값 ≒ 최빈값**
- **평균 > 중앙값 > 최빈값**
- **최빈값 > 중앙값 > 평균**

데이터의 흩어짐 정도: 기술 통계학 ②

이제 대푯값이라는 도구를 손에 넣었습니다만, 이 중심 데이터만으로는 데이터 전체를 제대로 나타낼 수 없을 때가 있습니다.

대푯값을 보완하는 '흩어짐' 데이터

대푯값은 단 하나로 데이터 전체의 '중심 경향'을 나타내는 무척 편리한 지표입니다. 그럼에도 큰 문제가 있습니다. 바로 **데이터 전체가 어떻게 퍼졌는지, 흩어짐은 어느 정도인지에 관해** '대푯값'만으로는 확실히 알 수 없다는 점입니다.

그림 1-7 폭*은 같아도 흩어짐 상태는 다양함

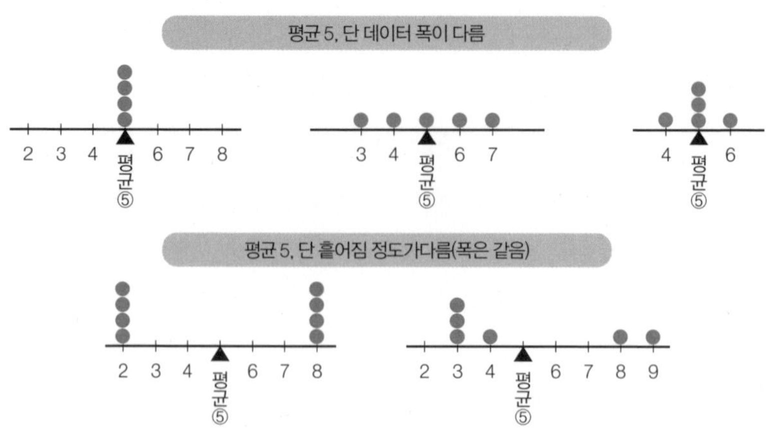

* 역자주_ 데이터가 분포하는 최솟값과 최댓값의 넓이를 '폭'이라 적겠습니다.

예를 들어 [그림 1-7]에서 평균은 모두 같으나 이들 5개 집단이 서로 '같은 특징을 가진다.'라고 말하기는 어렵습니다.

그렇다면 '데이터 범위는 어디부터 어디까지인가?'를 가리키는 데이터 폭, 또는 데이터의 흩어짐 상태도 알고 싶을 것입니다. 이때 데이터의 폭이나 흩어짐 상태를 나타내는 것이 **산포도**dispersion라 불리는 다음 세 개의 값입니다.

① **분산(표준편차)**

데이터의 흩어짐 정도를 나타내는 값 중 하나. 분산variance과 표준편차standard deviation는 원래 같은 내용이므로 거의 동의어로 사용함(값은 다름).**

② **사분위범위**interquartile range

아래에서 셌을 때 1/4 위치에 있는 값인 제1 사분위수(25번째 백분위수)부터 3/4 위치에 있는 값인 제3 사분위수(75번째 백분위수)까지의 폭을 말함. 중심 근처의 데이터 흩어짐 정도를 보는 지표. 덧붙여 제2 사분위수는 중앙값과 같음(유의어: IQR).

③ **범위**range

데이터가 위치하는 폭(최대-최소)을 나타내는 값

** **역자주_** 편차(deviation)는 관측값에서 평균 또는 중앙값을 뺀 것입니다. 분산(variance)은 관측값에서 평균을 뺀 값을 제곱하고, 그것을 모두 더한 후 전체 개수로 나눠서 구합니다. 즉, 차이값의 제곱의 평균입니다. 관측값에서 평균을 뺀 값인 편차를 모두 더하면 0이 나오므로 제곱해서 더합니다. 표준 편차(standard deviation)는 분산을 제곱근한 것입니다.

분산

분산(표준편차)에 대해서는 3장에서 자세히 설명하므로 여기서는 우선 어떤 것인지만 간단히 살펴보겠습니다.

분산은 다음 [그림 1-8]과 같이 '각 데이터와 평균의 차이(편차)'를 각각 제곱하여 모두 더한 다음, 이를 데이터 수로 나눈 것입니다. 글로 표현하면 어려운 듯하지만 그림으로 보면 쉽게 이해할 수 있습니다.

그림 1-8 그림으로 살펴보는 분산(표준편차)

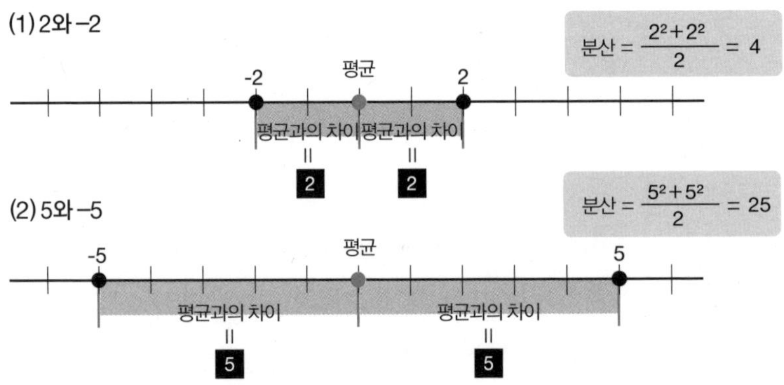

앞의 그림과 같이 2개의 수직선 (1), (2)가 있을 때 각각의 2개 데이터(2와 −2, 5와 −5)의 평균은 모두 0으로 같습니다. 그렇지만 수직선 (1)에서 '각 데이터 − 평균'의 차이는 2(정확히는 ±2)이고, 수직선 (2)는 5(마찬가지로 ±5)입니다.

따라서 평균은 같지만 (1)과 (2)의 평균과의 차이는 각각 다릅니다. 이때 수직선 (2)와 같이 흩어짐의 정도가 크면 분산값은 (1)에서 4, (2)에서 25가 되어(자세한 계산 방법은 3장 참고) 순식간에 커집니다.

표준편차란 단순히 이러한 분산의 제곱근을 구한 것입니다. (1)은 분산값이 4이므로 표준편차는 $\sqrt{4}$=2가 되고 (2)에서는 분산이 25이므로 표준편차는 $\sqrt{25}$=5가 됩니다.

$$\text{분산} = (\text{표준편차})^2 \quad \leftrightarrow \quad \text{표준편차} = \sqrt{\text{분산}}$$

분산 또는 표준편차는 중요한 개념이지만 결코 어렵지는 않습니다. 단, 설명할 때 분산과 표준편차를 번갈아 가며 사용할 수 있으므로 이 점은 양해 바랍니다. 또한 표준편차(또는 분산)를 평균과 함께 조합한, 다음 그림과 같은 '정규분포'라 불리는 그래프를 자주 보게 될 것입니다.

그림 1-9 표준편차와 평균의 관계

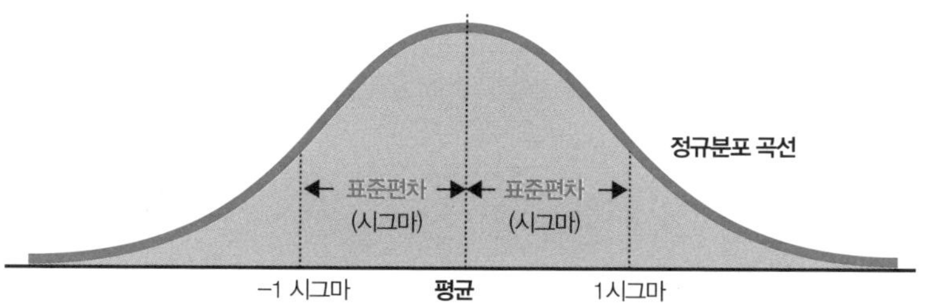

키나 몸무게와 같은 데이터를 많이 모으다 보면 평균 키(평균 몸무게)에 근접한 사람의 데이터가 많아지고, 평균에서 멀어질수록 적어지는 종 모양의 곡선이 그려집니다. 이때 평균에서 ±1 표준편차 안에는 약 68%의 사람이 포함되며 ±2 표준편차 안에는 약 95%가 포함된다고 알려졌습니다. 그러므로 평균과 표준편차(혹은 분산)는 한 쌍으로 흔히 사용되는데요, 이때 표준편차는 하나의 거리(단위)와 같은 것입니다.

사분위수와 최댓값, 최솟값

다음으로, 앞에서도 한번 살펴본 사분위수로 나타내는 **사분위범위**(IQR)***와 최댓값·최솟값을 이용한 **범위**range에 대해 간단히 살펴보겠습니다.

여기 19개의 데이터(1~23)가 있고 이를 다음 [그림 1-10]과 같이 수직선 위에 배치했다고 합시다.

그림 1-10 그림으로 보는 사분위수

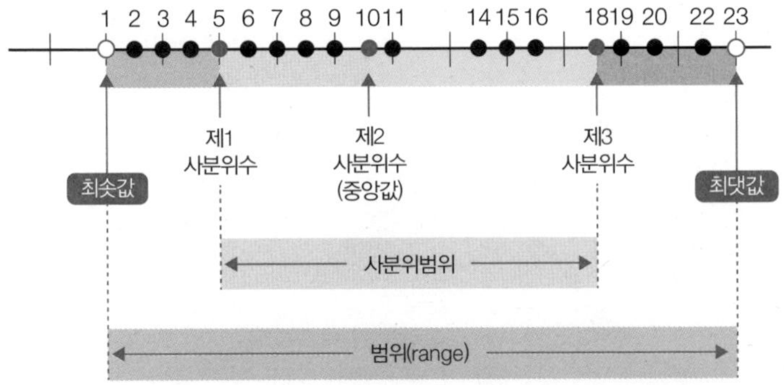

이 19개의 데이터 중 가장 작은 데이터가 **최솟값**이므로 여기서는 '1'번째 데이터인 1이 이에 해당합니다. 그리고 가장 큰 데이터인 **최댓값**은 '19'번째 데이터인 23입니다. 여기서 **사분위수**는 앞서 사분위범위에서도 설명한 것처럼 모든 데이터 중 아래에서부터 세었을 때 각각 다음과 같은 명칭으로 부릅니다.

*** **저자주_** 삼분위수나 오분위수, 십분위수라는 것도 있으나 통계학에서 널리 사용되는 것은 사분위수입니다. 사분위수는 '힌지'나 '사분위점'이라 부르기도 하는데 제1 사분위수를 'Q1, 25번째 백분위수, 하측 힌지', 제3 사분위수를 'Q3, 75번째 백분위수, 상측 힌지'라 부르기도 합니다. 덧붙여 힌지(hinge)는 경첩이라는 뜻입니다.

- 1/4 위치에 있는 데이터 …… 제1 사분위수
- 2/4 위치에 있는 데이터 …… 제2 사분위수(중앙값)
- 3/4 위치에 있는 데이터 …… 제3 사분위수

중앙값인 제2 사분위수는 '10'번째 데이터인 10이며, 제1 사분위수는 중앙값보다 적은 9개 숫자 중 한가운데에 위치한 값인 5, 그리고 제3 사분위수는 '15'번째 데이터인 18이 됩니다. 이 제1 사분위수부터 제3 사분위수까지의 폭이 앞서 이야기한 **사분위범위**입니다. 또한, 최댓값부터 최솟값까지의 폭을 **범위**라 부릅니다.

사분위수나 최댓값·최솟값은 분포 그래프뿐 아니라 **상자수염그림**box-and-whisker plot이라 불리는 다음 그림과 같은 그래프와도 함께 사용합니다.

그림 1-11 상자수염그림

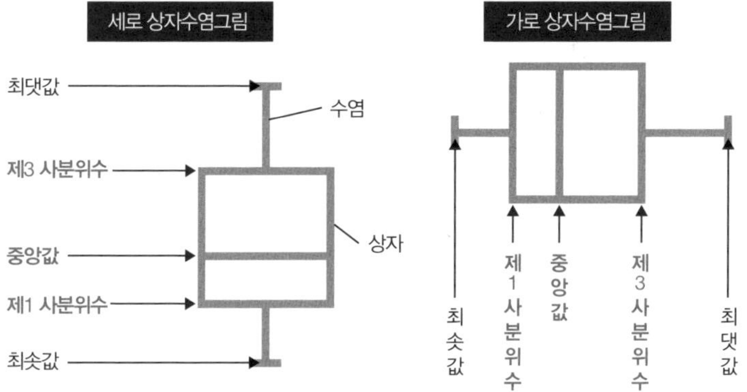

표본으로 생각하기: 추측 통계학 ①

엄청나게 큰 데이터(모집단)라면 모든 데이터를 얻지 못할 수 있습니다. 이럴 때 강력한 도구가 추측 통계학입니다.

모든 데이터를 모을 수 없다면?

데이터양이 적다면 모든 데이터를 모아 그래프로 만들고 평균 등도 계산해가며 문제점을 발견하고자 할 것입니다. 그러나 예를 들어 '국내에 거주하는 모든 직장인의 점심 식대의 평균 금액'을 알아야 한다고 할 때 모든 직장인의 데이터를 모으기란 사실상 불가능합니다. 이때는 직장인 집단에서 수백~수천 명의 샘플 데이터를 뽑아 모든 직장인을 대신하는 것이 현실적인 대응일 것입니다.

이때 대상이 되는 모든 데이터를 통계학에서는 **모집단**이라 부릅니다. 그리고 모집단에서 뽑은 샘플 데이터를 **표본**이라 부릅니다.

그림 1-12 전체 데이터 수집이 어렵다면 표본을 활용

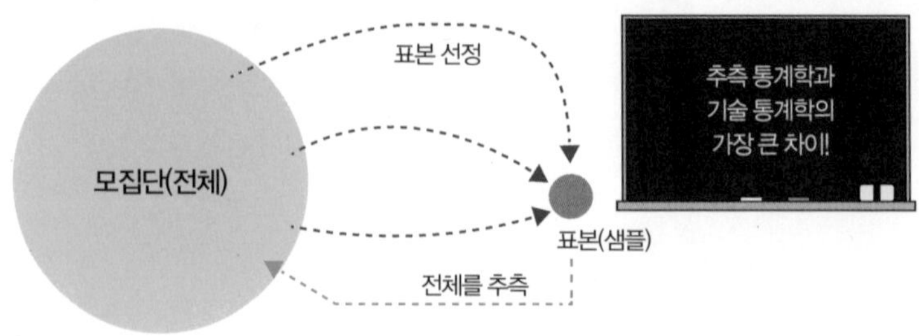

이처럼, 본래는 모든 데이터를 모은 다음 그로부터 평균이나 최댓값, 최솟값 등을 구하고 싶지만, 샘플 데이터(표본)밖에 얻을 수 없을 때는 가능하면 이 샘플을 이용하여 '전체 모집단'을 추측하고 싶을 것입니다. 이런 희망을 이루어주는 것이 추측 통계학입니다.

기술 통계학에서 추측 통계학으로

19세기 말~20세기 초까지의 (전체 데이터 수집을 기본으로 하는) 통계학이 '기술 통계학'이라면 20세기 들어 이를 계승, 발전시킨 것이 추측 통계학inferential statistics*입니다. 영국의 로널드 A. 피셔가 추측 통계학의 창시자로 여겨집니다. '발전시켰다'라는 표현에서 알 수 있듯이, 이들 통계학은 서로 다른 것이라기보다는 포함 관계로 보는 편이 좋을 것입니다. 추측 통계학의 가장 큰 특징은 모집단이 너무 커서 표본밖에 모을 수 없을 때도 샘플 데이터로부터 전체 모집단의 성질을 추측하는 방법을 확립했다는 데 있습니다.

그림 1-13 '포함 관계'인 기술 통계학과 추측 통계학

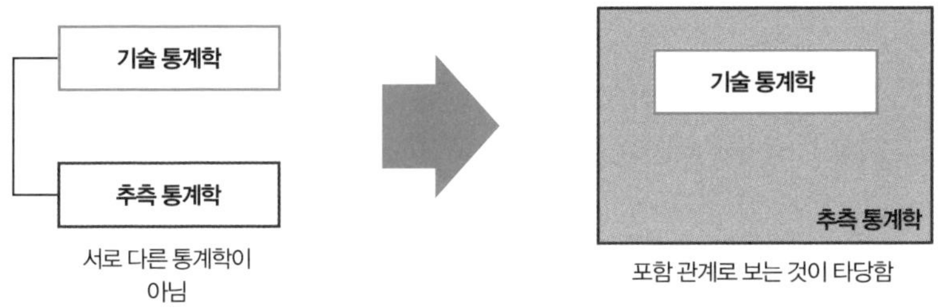

* 저자주_ 모집단에서 무작위 추출한 표본을 이용하여 원래 모집단의 성질(평균 등)을 추측하는 통계학을 말합니다.

셜록 홈즈처럼 추리하기: 추측 통계학 ②

추측 통계학의 두 기둥으로 추정과 가설검정이 있습니다. 먼저 '추정'은 표본을 이용하여 원래 집단(모집단)의 평균 등의 특징을 조사하는 것입니다.

통계학의 두 기둥인 '추정'과 '가설검정'

이 세상에는 모든 데이터를 다 모을 수 없는 경우가 많습니다만, 그럴 때라도 표본 데이터는 모을 수 있습니다. 문제는 소수 표본 데이터의 평균이나 분산을 계산한다 해도 이는 어디까지나 표본의 평균이나 분산으로, 전체(모집단)의 평균이나 분산과 반드시 일치하지는 않는다는 점입니다. 기본적으로 표본 데이터의 평균은 표본을 추출할 때마다 매번 달라집니다.

그러면 어떻게 해야 할까요? 합리적으로 판단하려면 다음과 같이 그 방법과 순서, 결과를 생각해야 합니다.

- (치우치지 않으려면) 어떻게 표본을 추출하면 좋을까?
- 어느 정도의 표본 수가 필요한가?
- 어떤 방법으로 표본에서 전체(모집단)를 추리할 것인가?
- 이때 오차는 어느 정도인가?

이들 사항을 고려하면서, 전체 데이터(모집단)의 평균 등이 95%나 99%의 확률로 '일정 구간에 속하는' 추측 방법을 확립했습니다. 이에 따라 지금은 통계학이라 하면 일반적으로 '추측 통계학'을 가리키게 되었습니다.

추측 통계학의 기둥은 다음 두 가지입니다.

- **추정(통계적 추정)**

  소수의 표본 데이터에서 전체 집단(모집단)의 특징을 추측

- **가설검정(검증)**

  전체 집단에 대해, 특정 가설의 검정을 일정 확률로 검정

'추정'은 셜록 홈즈의 추리와 유사

추측 통계학의 기둥 중 하나인 **추정**은 정식으로는 '통계적 추정'이라 부릅니다만 줄여서 '추정'이라고도 합니다. 추정은 프롤로그에서도 설명했듯이 셜록 홈즈의 추리와 매우 비슷합니다. 즉, 이제 막 처음 만난 사이로 거의 정보가 없음에도 약간의 단서를 이용하여 논리적인 추리를 수행하는 방법입니다.

전체 데이터(모집단)를 얻을 수 있다면 그로부터 평균 등의 '대푯값'을 구할 수 있습니다. 그러나 엄청난 양의 전체 데이터를 얻는* 일은 시간적으로도 비용적으로도 쉽지 않습니다. 이럴 때야말로 '표본을 추출하여 생각하는' 것이 현명한 방법입니다.

구체적으로는 원래의 전체 데이터인 모집단의 대푯값(평균 등)이나

* **저자주_** 전 국민의 데이터를 모으는 예로는 5년마다 이루어졌던 '인구주택총조사'가 있습니다. 조사원이 각 가정을 방문해 53개 항목을 직접 묻던 이러한 조사에는 많은 인력과 막대한 경제적, 시간적 비용이 들었습니다. 이처럼 '국가 단위로 전체 데이터를 모으는' 것은 매우 어려운 일입니다(참고로 2015년부터는 1년 단위로 국가 이미 수집한 행정자료를 활용하여 조사하는 방식으로 바뀌었습니다).

흩어짐 정도(분산, 최댓값, 최솟값 등)를 표본 데이터에서 추정해 나갑니다. 추정에 관한 더 자세한 내용은 5장에서 자세히 설명합니다.

그림 1-14 추측 통계학의 첫 번째 기둥인 '추정'

가설 세워 검증하기: 추측 통계학 ③

표본 데이터를 이용하여 전체 데이터에 대해 특정 '가설'을 세운 뒤 받아들여질 수 있는 가설인지를 검증할 수 있습니다. 이것이 추측 통계학의 두 번째 기둥인 가설검정입니다.

가설을 세워 추측하는 '가설검정'

추측 통계학의 또 하나의 기둥은 **가설검정**으로, 줄여서 그냥 **검정**이라고도 부릅니다. 가설검정은 예를 들어 '소비자의 소비 심리는 10,000원이라는 가격을 기준으로 크게 달라지는 게 아닐까?', '남녀의 디자인 감각에는 차이가 있지 않을까?' 등의 가설이 있을 때 '옳고 그름'을 일정한 신뢰도 기준(95%나 99%의 확률)을 이용하여 판단합니다.

그림 1-15 추측 통계학의 두 번째 기둥인 '가설검정'

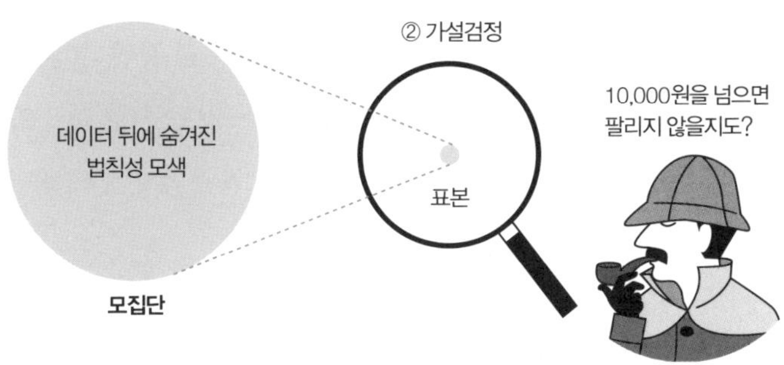

가설검정은 어떤 가설의 진위를 판단하고 싶을 때 다음과 같은 순서로 가설의 진위를 조사합니다. 이러한 가설검정 방법을 사용하면 '새로

개발한 약이 효과가 있는지 없는지' 등도 검증할 수 있습니다.

① '거짓'이라 생각하는 가설을 일부러 세움

② 데이터를 이용하여 '거짓'이라 생각하는 가설을 판단/기각

데이터 분석을 전문으로 하지 않는 일반 직장인이라도 이러한 가설검정 사고방식을 몸에 익혀두면 일상적인 업무에 많은 도움이 됩니다. 예를 들면 회의나 프레젠테이션에서 어떤 의견을 발표할 때 개인의 직감이나 경험만으로 자신의 의견을 옳다고 주장하기는 어렵습니다. 이때 해당 주장의 근거(증거)를 제시하면서 이 '가설검정' 원리나 논법을 사용한다면 설득력이 한층 높아질 것입니다.

이러한 가설검정에서는 별난 방법을 이용합니다. 처음에 'A가 아닐까?'라고 생각한 A 가설을 그대로 검증(입증)하는 대신, 그와 반대인 가설 B를 '가설'로서 세우고 판단하는 것입니다. 가설 B는 검증 후 기각될 것을 미리 기대하고 세우므로 '무로 돌아간다'는 뜻의 **귀무가설**null hypothesis이라 부르며(영가설이라고도 합니다), 원래 입증하고자 했던 가설 A를 **대립가설**alternative hypothesis이라 부릅니다.

그리고 '가설 B가 기각되었으므로 가설 A가 간접적으로 증명되었다.'라는 에둘러 가는 방법을 이용합니다. 번거로워 보이기도 합니다만, 익숙해지면 어려움 없이 진행할 수 있습니다. 이러한 **가설검정**에 대해서는 6장에서 더 자세히 살펴보겠습니다.

그림 1-16 가설 B를 기각하고 가설 A를 채택하는 과정

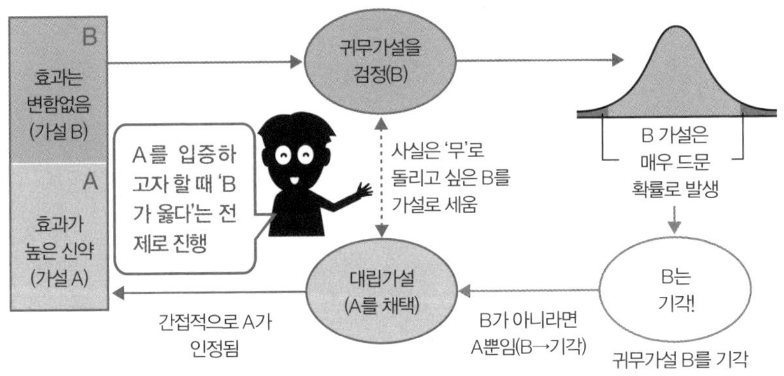

추측 통계학에서는 '정규분포' 등을 사용

일반적인 통계학인 추측 통계학에서는 **정규분포** 등의 확률분포를 사용하여 모집단의 평균을 추정(통계적 추정)하거나 특정 가설의 타당성을 판단합니다.

그림 1-17 정규분포곡선

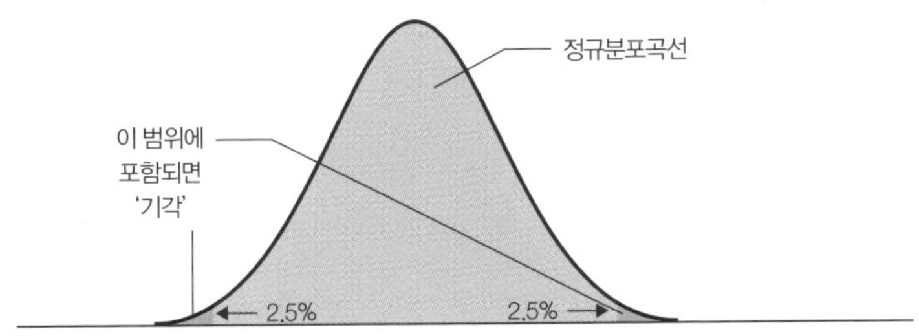

그러면 판단 기준은 무엇일까요? 통계학에서는 95% 또는 99%라는 확률로 선을 긋고 그 타당성(옳음)을 판단합니다. 그러나 95% 또는 99%라는 수치는 '가설이 옳다고 생각했는데 아주 드문 사건(예를 들어

5% 이내 확률의 사건)이 일어났다. 이는 가설이 틀렸기 때문이다.'라는 판단의 확률 범위일 뿐입니다. 이는 신뢰도 95%의 판단으로, 절대적으로 옳다고 할 수는 없습니다. 따라서 판단이 틀릴 때도 있는데, 이 5%의 위험을 **위험률***이라 부릅니다.

자연계에는 정규분포가 많다?

그런데 추측 통계학에서 정규분포곡선을 이용하는 이유는 무엇일까요? 키나 몸무게 등을 계측하면 해당 표본 데이터의 분포가 '평균을 중심으로 좌우로 깔끔한 종 모양의 정규분포곡선을 이룰 때가 많은' 점을 이용하기 때문입니다. 다음 [그림 1-18]의 히스토그램**에서 이를 유추할 수 있습니다.

* 저자주_ 정확성을 최대한으로 요구하는 분야에서는 '빗나갈 위험성'을 고려하여 위험률 5%보다 훨씬 고도의 검정을 수행합니다. 2015년 노벨 물리학상을 수상한 카지타 타카아키 씨의 '중성미자는 질량을 갖는다.'라는 내용의 발표에서는 위험률(우연 확률)을 0.0000000003%까지 낮췄습니다. 이처럼 다양한 분야에서 통계학이 활용되고 있습니다.

** 저자주_ 히스토그램은 도수분포도 또는 기둥모양 그래프라고도 불리는 막대 그래프입니다. 히스토그램을 보면 데이터 전체의 중심이 어디에 있는지, 데이터의 흩어짐 정도는 어떤지, 봉우리가 1개인 단봉형인지 2개인 쌍봉형인지 등 데이터 전체 분포 상황을 시각적으로 확인할 수 있으므로 여러 가지 통찰을 얻을 수 있습니다. histo(직립)와 gramma(그리기)의 합성어로, 영국의 통계학자 칼 피어슨(1857~1936)이 창안한 용어라 합니다.

그림 1-18 종 모양에서 정규분포곡선으로의 변화

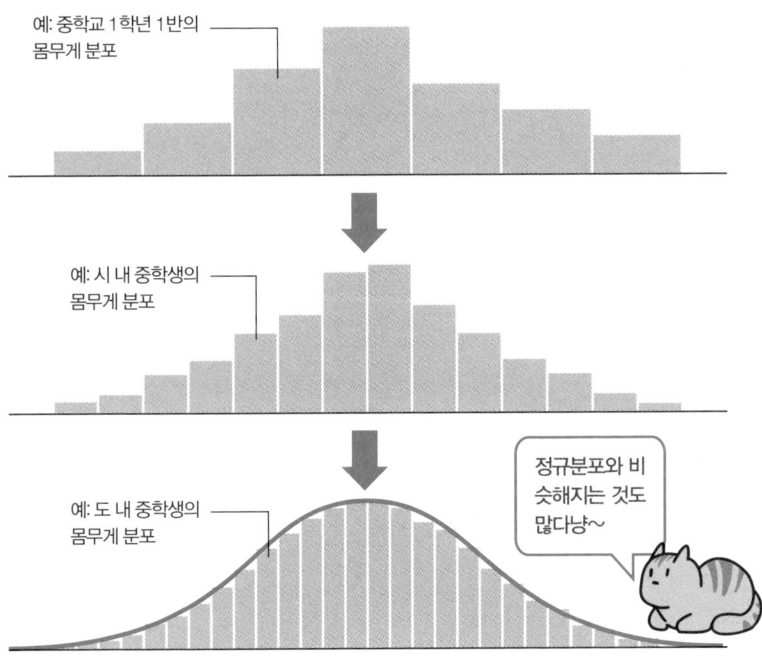

물론 모든 데이터가 정규분포에 가까워지지는 않습니다. 가정의 저축 잔액, 회사의 상품별 매출 동향 등을 살펴보면 보통 [그림 1-19]과 같이 오른쪽으로 갈수록 줄어드는 그래프가 됩니다. 이를 **지수분포**exponential distribution라 부릅니다.

이는 예를 들어 가로축이 상품 수이고 세로축이 매출인 경우의 그래프 분포를 가리킵니다. 잘 팔리는 상품은 왼쪽 끝에 위치하며 큰 매출을 올리지만, 잘 팔리지 않는 상품군은 오른쪽에 위치하고 매출(높이)도 거의 없어 '긴 꼬리를 끄는 모양'이 됩니다. 이 긴 꼬리와 같은 부분을 롱테일long tail이라 부르는데, 이러한 상황을 나타내는 그래프로 '지수분포'가 쓰입니다.

그림 1-19 지수분포, 정규분포 그래프

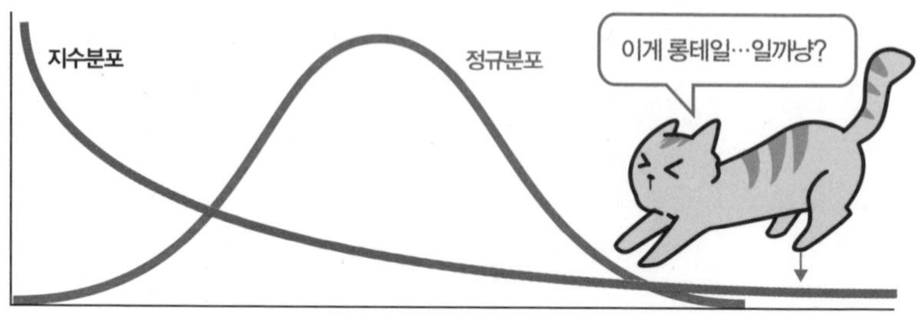

그 밖에도 주사위를 던졌을 때 나오는 눈은 1~6까지 서로 같은 1/6씩의 확률을 가집니다. 이를 그래프로 그리면 일직선의 '**균등분포**'가 되므로 이 역시 종 모양의 정규분포를 만들지는 않습니다.

그림 1-20 같은 확률로 이루어진 '균등분포' 그래프

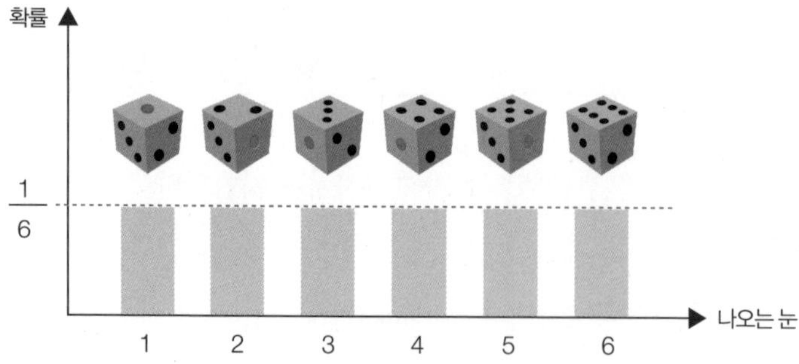

지금까지 살펴본 정규분포, 지수분포, 균등분포 이외에도 이항분포, 푸아송분포 등 다양한 분포가 있습니다. 그리고 앞의 주사위 사례(균등분포)에서 1부터 6까지의 눈(비연속량)은 각각 1/6씩의 확률로 나오고 모두 더하면 '1'이 되므로 '확률분포'라 불립니다.

또한, 몸무게와 같은 연속량은 정규분포가 되지만 이 역시 비연속량과 마찬가지로 확률을 나타낸 곡선으로 생각할 수 있습니다. 즉, 이러한

확률분포 그래프와 가로축으로 감싼 면적을 모두 더하면 '1'이 되므로 일정 폭의 면적은 '확률'을 나타낸다고 볼 수 있어 이 역시 확률분포라 할 수 있습니다.

그림 1-21 둘러싼 면적의 합 = 1

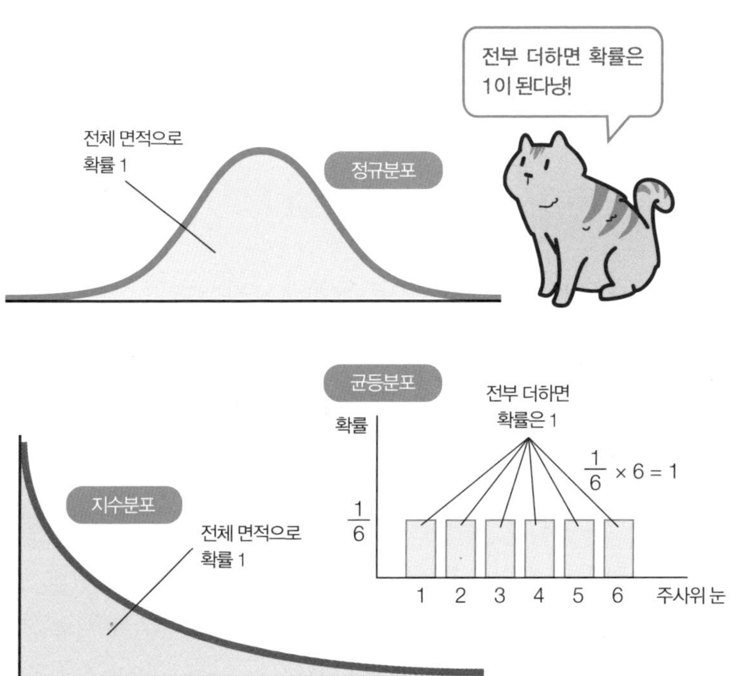

통계분석, 다변량분석이란?

통계학 분야 중 어려운 것이 다변량분석multivariate analysis**과 통계분석입니다. 다변량분석의 '다변량'이란 2개 이상의 변량을 동시에 다루는 것을 말합니다.**

다변량분석을 이용한 '예측'

통계학이 대상으로 하는 데이터로는 다음과 같이 다양한 사례가 있습니다.

- 1변량: (예) 매출의 변화, 키의 변화
- 2변량: (예) 키와 체중의 상관관계, 공부 시간과 성적의 상관관계

이중 2변량(변수) 이상을 다루는 분야를 **다변량분석**이라 합니다. 예를 들어 방금 언급한 '2변량' 사례와 같이 '키와 몸무게'의 관계는 초등학생 무렵까지는 명확한 상관이 있다고 말할 수 있습니다. 그렇다면 그 1년 후, 2년 후를 어느 정도 '예측'할 수도 있겠지요. 이처럼 다변량분석 중에는 '예측' 도구로 사용할 수 있는 것도 있습니다.

그림 1-22 특정 상관관계에서 무언가를 예측할 수 있을까?

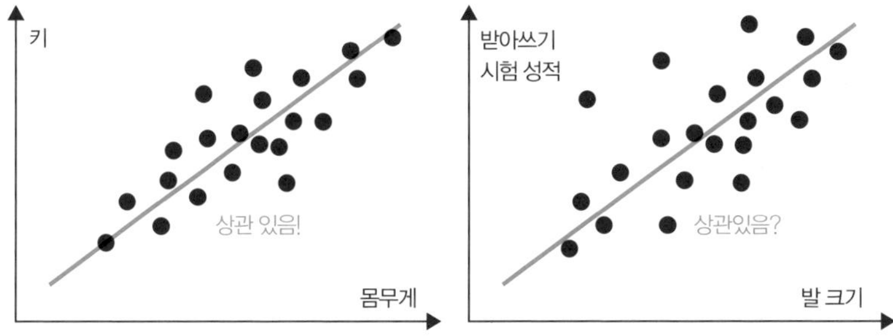

그러나 [그림 1-22]의 오른쪽처럼 초등학생의 발 크기와 받아쓰기 시험 성적을 비교할 경우, 얼핏 보기에 마치 상관이 있는 듯 보인다고 해서 '발이 큰 아이일수록 성적이 우수하다'고 말할 수 있을까요? 오히려 이는 학년에 따른 차이라 생각해야 할 것입니다. 이처럼 서로 어느 정도 상관은 있지만 인과관계는 없을 때도 있으므로(**유사상관**이라고 함) 주의가 필요합니다.

다양한 분석 방법

한 가지 더, '통계분석'이란 말을 쓸 때가 있습니다. 이 말이 가리키는 범위에 대해서는 사람에 따라 그 해석이 다른 듯합니다.

일반적으로 통계학이라 하면 그 범위는 명료합니다. 평균이나 분산, 나아가 추정, 가설검정 등과 같은 기술 통계학, 추측 통계학, 베이즈 통계학의 범위라 할 수 있습니다. 그리고 2변량 이상을 다루는 것이 다변량분석입니다.

이러한 통계학 방법을 사용하여 다양한 데이터를 분석한 후 비즈니스 등에 도움을 주려는 것을 **통계분석**이라 합니다. 통계학이 통계 전반에 걸쳐 도움이 될 기초 논리를 제공하는 것이라면, 통계분석은 각 업계와 응용 분야에 도움을 주는 방법 모두를 일컫습니다.

단, 통계분석이라는 이름으로 출간된 서적의 상당수는 분석 부분에만 초점을 두기보다는 평균, 분산 등의 설명부터 시작하는 실정이므로 '구분'이라는 의미에서는 모호한 측면이 있습니다.

기존 통계학 vs. 베이즈 통계학

이전에는 '통계학'이라 하면 기술 통계학과 추측 통계학이 전부였습니다. 그런데 20세기 후반부터 '베이즈 통계학'이라 불리는 통계학이 알려지기 시작하면서 통계학의 세력 지도가 바뀌어 가고 있습니다. 새로운 베이즈 통계학과 비교하는 의미로 지금까지의 통계학을 빈도론frequentism 또는 전통적 통계학이라 부르기도 합니다.

표본 데이터가 없어도 예측한다?

'빈도론'이라 부르는 기존의 전통적 통계학과 비교해 새롭게 등장한 것이 베이즈 통계학입니다. 단, 특별한 언급 없이 '통계학'이라 하면 베이즈 통계학이 아닌 지금까지 설명한 추측 통계학을 일컫습니다. 빈도론이라는 단어는 어디까지나 베이즈 통계학과의 비교를 위해 쓰입니다.

그림 1-23 통계학의 두 가지 흐름

기존 통계학(빈도론)은 발생 빈도를 예측할 수 있는 경우에 사용했습니다. 거꾸로 말하면 데이터가 적거나 애초 데이터가 없다면 추측이 어렵다는 측면이 있었습니다. 이에 비해 베이즈 통계학은 표본 데이터가 적더라도 추정할 수 있는, 극단적으로는 아직 한 번도 일어난 적이 없는 사건(데이터 0)이라도 그 발생 확률을 추정할 수 있다는 특징이 있습니다.

정보가 갱신되면 확률도 변한다

베이즈 통계학의 또 하나의 장점은 **무언가 새로운 정보가 들어올 때마다 추측하는 확률도 변해간다(정밀도가 높아진다)**는 데 있습니다. 이를 **베이즈 갱신**이라 부릅니다. 예를 들어 다음과 같은 장면을 생각해보면 이해에 도움이 될 것입니다.

어제 저녁 당신이 3곳의 주점 A, B, C를 방문한 후에 특정 시점에서 택시 D에 승차했지만, 기억이 사라져 이들 순서조차 기억하지 못합니다. 그리고 집으로 돌아온 다음 가방을 어딘가에 두고 왔다는 사실을 깨달았다고 가정합시다. 그러면 3곳의 주점 어딘가 또는 택시 안에 가방을 두고 왔을 것이므로 각각의 확률은 이 단계에서는 1/4씩입니다(순서는 알 수 없음). 달리 다른 정보도 없으므로 '1/4인가?'라고 추측할 수밖에 없습니다.

그림 1-24 확률은 1/4인데 가방을 두고 온 곳은 어디일까?

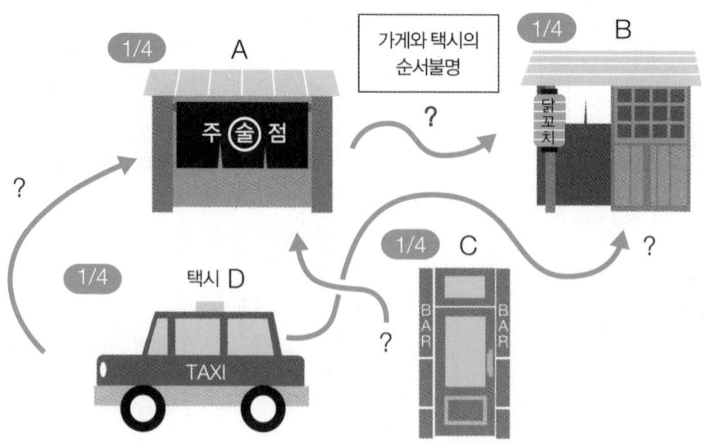

그런데 여기에 새로운 정보가 추가된다면 어떨까요? '첫 번째 가게는 A이고 그곳을 나왔을 때는 분명히 가방을 갖고 있었다.'라는 것을 생각해내면, 가방은 남은 두 가게인 B 혹은 C에 있거나 또는 택시 D에 있을 것이므로 확률은 1/3이 됩니다. 여기서 'B는 단골 가게이므로 가방을 두고 왔다면 전화를 줄 가능성이 크다.'라고 한다면 B는 확률을 절반으로 줄여도 될 것입니다. 그러면 B는 1/5, C는 2/5, 택시 D도 2/5로 바뀝니다.

이처럼 여러 가지 정보가 들어올 때마다 '각각의 확률도 변하는(갱신되는)' 것이 베이즈 통계학의 특징입니다.

단, 확률을 일률적으로 1/4로 보거나 단골 가게 B를 다른 곳의 절반 확률로 바꾸는 등의 일은 수학적으로 아무런 근거도 없습니다. 즉, (경험적으로는 이해할 수 있으나) 매우 주관적인 면이 있습니다. 이것이 베이즈 통계학을 둘러싼 커다란 논쟁의 불씨가 되었습니다.

그림 1-25 주관적인 견해로 확률을 정하거나 변경

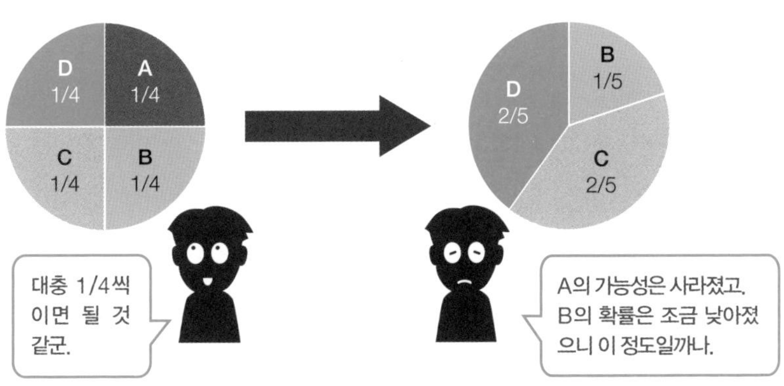

말살되어온 베이즈 통계학

최근까지 베이즈 통계학은 존재 자체가 거의 알려지지 않았습니다. 그러므로 통계학 세계에 혜성처럼 나타난 새로운 통계학 이론이라 생각할 수도 있겠으나, 사실 그렇지는 않습니다. 무려 약 300년 전에 영국의 토머스 베이즈(1702~1761)가 고안한 뒤 프랑스의 수학자 라플라스(1749~1827)가 확립한 매우 오래된 통계학 이론입니다.

그림 1-26 베이즈가 고안하고 라플라스가 체계화

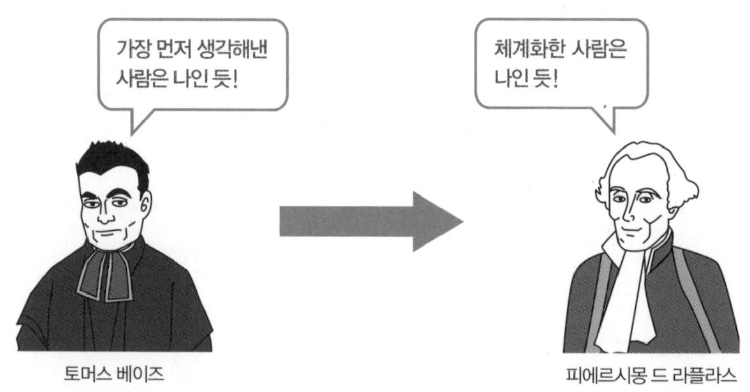

그런데 앞서 본 것처럼 베이즈 통계학에서는 '1/4로 나눈다.'든가 'B는 확률을 반으로 하여 생각한다.'와 같이 엄밀한 수학을 적용하는 것이 아니라 경험을 통한 '주관적'인 부분을 허용합니다. 이에 따라 당시의 수학자로부터 '베이즈 통계학은 애매하므로 도저히 과학적인 통계학으로서는 받아들일 수 없다!'며 꺼려지기도 했습니다. 특히 추측 통계학의 시조인 로널드 A. 피셔는 끊임없이 베이즈 통계학을 비난했습니다.

따라서 조금이라도 베이즈 통계학적인 (주관주의의) 냄새를 느끼게 하는 논의나 발표가 있으면 그 학자는 학회에서 무자비한 집중포화를 맞았다고 합니다. 이처럼 베이즈 통계학은 통계학 세계에서는 봉인되고 말살되어온 역사가 있습니다.

다시 살아난 베이즈 통계학

그러나 앞서 살펴본 '분실물' 사례에서도 알 수 있듯이 현실적인 과제에서는 경험까지 더한 확률로 문제를 해결하는 방법이 더 잘 어울리기도 합니다. 특히 전쟁 중인 군인처럼 적군의 정확한 정보가 많지 않은 상황에서 중요한 결단을 내려야 할 때는 베이즈 통계학이 의사결정 등에 비밀리에 사용되었다*고 합니다.

또한, 제2차 세계대전 후 이에 대해서는 '기밀사항'으로 엄격한 함구령이 내려오기도 했는데요, 이와 관련해 영국 정부가 독일이 제3차 세계대전을 일으킬 위험성을 느꼈다는 등의 이유도 있다고 전해집니다. 어쨌든 독일의 에니그마 암호의 해독에 성공했다는 사실 등을 포함하여 베이즈 통계학의 유용성이 공표되는 일은 없었습니다. 그러나 지금은 수소폭탄을 적재한 미 공군기의 추락 장소 지정 등 수학적인 확률이 없는 상황에서 베이즈 통계학이 현실적인 긴급 과제 해결에 공헌해왔다는 사실이 널리 알려지게 되었습니다.

이후 2001년에는 마이크로소프트의 빌 게이츠가 "21세기 마이크로소프트의 기본 전략은 베이즈 테크놀러지다."라 발언하기도 했고, 구글

---

* **저자주_** 제2차 세계대전 중에는 수학자나 통계학자가 턱없이 부족하여 보험계리사 등을 불러 모으기도 했습니다. 그들은 통계학 전문가는 아니었으므로 (행운인지 불운인지) 베이즈 통계학에 대한 평가를 모른 채 이용했다고 합니다. 또한, 나치의 에니그마 암호를 영국의 수학자 튜링 등이 해독했을 때 이를 나치가 눈치채지 못하도록 통계학을 이용했습니다. 다만 모든 상황에 지원군을 보내버리면 '암호가 풀렸다'라는 것을 눈치챌 것이므로 '연합군이 그곳에 있었던 것은 우연이다.'라고 생각될 만한 미비한 수준의 지원군을 보내거나 혹은 아예 지원군을 보내지 않았습니다(그 결과 배가 침몰하는 것을 모른 체한 일도 있었죠). 이런 판단의 기준으로 통계학을 이용했다는 것은 슬픈 역사의 한 모습입니다.

에서는 스팸 메일의 검출에 베이즈 필터라 불리는 메일 필터를 사용하고 있기도 합니다. 이는 사전에 스팸 메일의 정의를 만들어 두고, 이와 함께 사용자 자신이 '스팸 메일'이라 지정한 것인지 여부 등을 통해 다음으로 도착한 메일이 스팸인지 아닌지를 판별합니다.

이처럼 베이즈 통계학은 실용적인 측면에서 쓰이는 경우가 늘어나면서 드디어 사람들의 주목을 받게 되었습니다.

2장

데이터와 그래프 처리에서 큰 실수 피하기

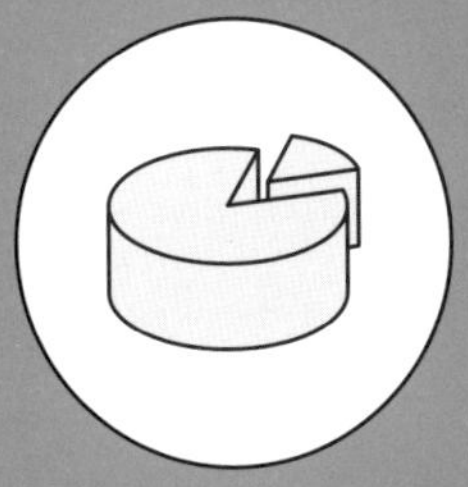

'그래프'는 초등학생 때부터 자주 보았던 것이고 회사에서도 매일같이 '데이터'를 접합니다. 이제 와서 데이터와 그래프라니, 새삼스러워 보입니다.
그러나 데이터 형태를 제대로 알지 못하면 통계 처리에서 큰 실수를 저지를 가능성이 있고 업무에서도 그래프 처리를 잘못하면 엄청난 손실로 연결될 수 있습니다. 이러한 사태를 미연에 방지하기 위해 데이터 형태와 그래프 처리의 '상식 · 비상식'을 알아봅시다.

연속량 데이터와 비연속량 데이터?

평소에 다루는 데이터에도 실제로는 다양한 형태가 있습니다. 우선은 연속량 데이터와 비연속량 데이터로 나누어 알아봅시다.

데이터에도 종류가 있습니다. **연속량**이란 키(길이), 몸무게, 시간과 같이 중간에 끊어지지 않고 계속해서 이어지는 데이터를 말합니다. 키 170cm인 사람이 1개월 후 171cm가 되었을 때, 이는 어느 순간 갑자기 1cm 늘어난 것이 아니라 조금씩 끊임없이 자란 결과입니다. 몸무게나 시간도 마찬가지인데요, 이러한 연속형 데이터*가 연속량입니다.

그림 2-1 연속량 데이터와 비연속량 데이터

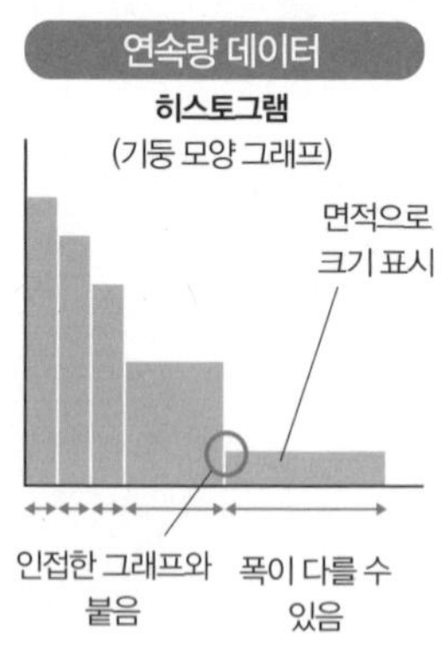

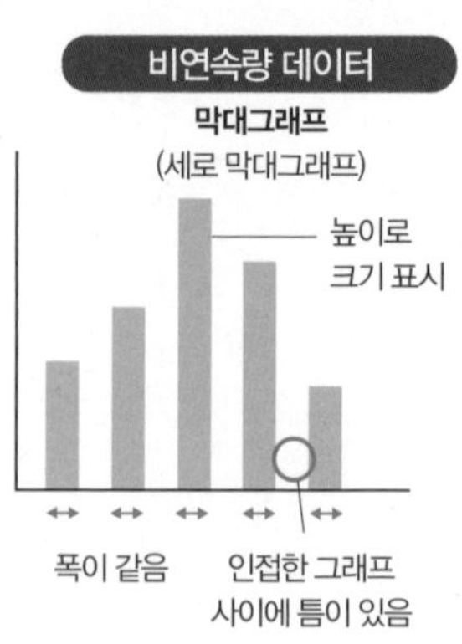

* 역자주_ 두 값 사이에 무수히 많은 값으로 이루어진 이어진 점으로 표현할 수 있는 아날로그식 데이터를 가리킵니다.

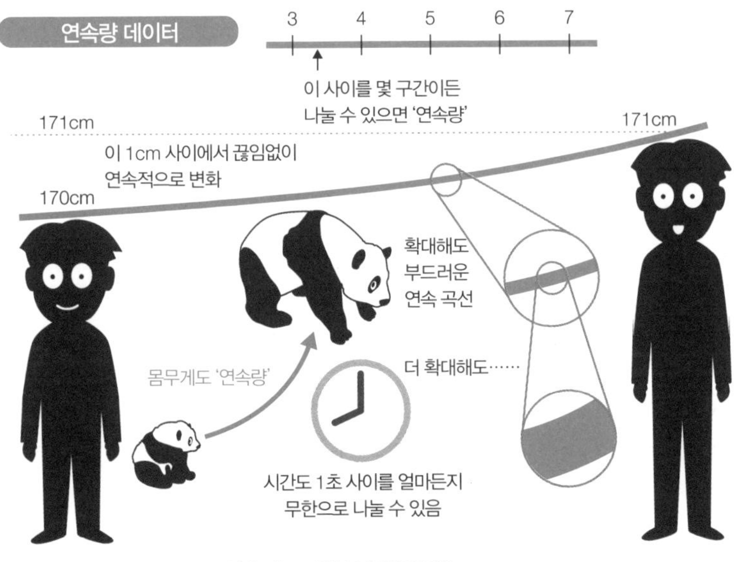
연속량 데이터
3
4
5
6
7
이 사이를 몇 구간이든
나눌 수 있으면 '연속량'
171cm
171cm
이 1cm 사이에서 끊임없이
연속적으로 변화
170cm
확대해도
부드러운
연속 곡선
더 확대해도……
몸무게도 '연속량'
시간도 1초 사이를 얼마든지
무한으로 나눌 수 있음

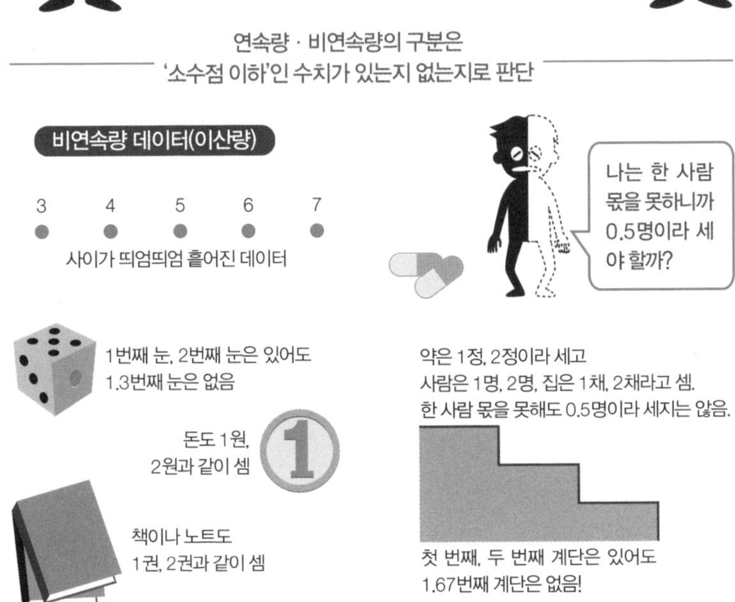
연속량 · 비연속량의 구분은
'소수점 이하'인 수치가 있는지 없는지로 판단
비연속량 데이터(이산량)
3
4
5
6
7
사이가 띄엄띄엄 흩어진 데이터
나는 한 사람
몫을 못하니까
0.5명이라 세
야 할까?
1번째 눈, 2번째 눈은 있어도
1.3번째 눈은 없음
약은 1정, 2정이라 세고
사람은 1명, 2명, 집은 1채, 2채라고 셈.
한 사람 몫을 못해도 0.5명이라 세지는 않음.
돈도 1원,
2원과 같이 셈
1
책이나 노트도
1권, 2권과 같이 셈
첫 번째, 두 번째 계단은 있어도
1.67번째 계단은 없음!

이와는 달리 **비연속량**(이산량)이란 서로 이어지지 않고 띄엄띄엄 흩어진 수인 이산 데이터**를 말합니다. 예를 들어 계단은 첫 번째 계단, 두 번째 계단과 같은 식으로 세지만, 그 사이에 1.67번째 계단이라는 말은 없는 것와 같습니다.

그러므로 이들 분포를 생각할 때 연속량 데이터라면 이웃한 항목과의 사이에 틈이 없는 히스토그램을 그리고, 비연속량이라면 틈이 있는 막대그래프를 그리는 게 타당할 것입니다.

물론 실제로는 키도 비연속량처럼 1cm 단위로 생각할 수 있고 10원이나 20원과 같이 세는 돈도 연속량처럼 다룰 때가 있습니다. 연속량은 아날로그이며 비연속량은 디지털이라고 생각하면 그 차이를 이해하기 쉬울 것입니다. 구분하기 헷갈린다면 '소수점으로 나타낼 때가 있는 수치인지 아닌지'를 생각해보면 됩니다(평균 등과는 다름).

** 역자주_ 두 값 사이에는 어떠한 값도 없이 떨어진 두 점으로 표현할 수 있는 디지털식 데이터입니다.

척도로 데이터 분류

사람의 정보에도 다양한 종류가 있습니다. 키나 몸무게는 명확한 수치 데이터입니다만, 남/여와 같은 성별은 1절에서 설명한 연속량도 비연속량(이산 데이터)도 아닙니다. 이러한 데이터는 '척도'라는 별도의 개념으로 분류합니다.

4가지 척도로 분류하면 무엇을 알 수 있을까?

1절에서 살펴본 연속량 데이터와 비연속량 데이터는 모두 수치 데이터였습니다. 보통 '데이터'라고 하면 '수치'라 생각하기 쉽습니다만, 통계학에서는 원래 수치가 아닌 것도 '데이터'로 다룰 때가 있습니다.

그림 2-2 4가지로 분류한 '척도'

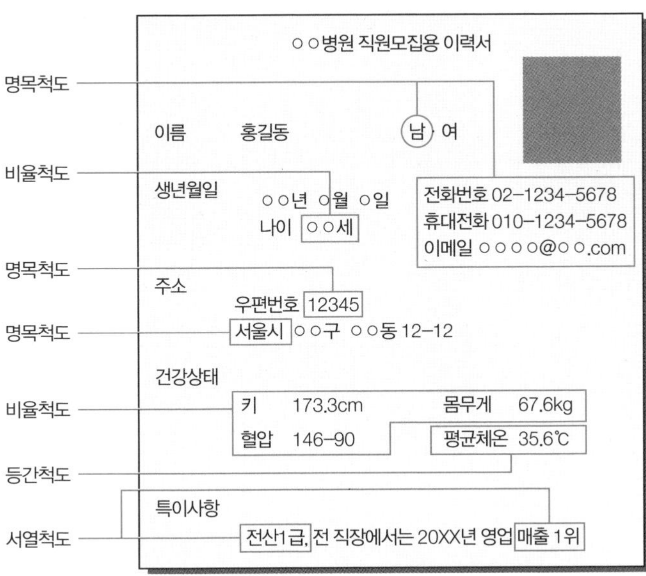

이력서에는 다양한 정보가 적혀 있습니다. 이를 4개의 척도로 분류해 보면 그 척도의 성질에 따라 (대푯값 계산 등의) 처리가 달라집니다.

대략적인 내용은 다음 그림에서 정리한 것과 같으나 척도를 모른다고 해서 통계학을 이해하지 못하는 것은 아닙니다. 단, 데이터를 처리할 때는 이를 염두에 두는 것이 여러 가지 장점이 많으므로 틀리기 쉬운 부분을 중심으로 다음 절부터 전체 모습을 대화 형식으로 정리하겠습니다.

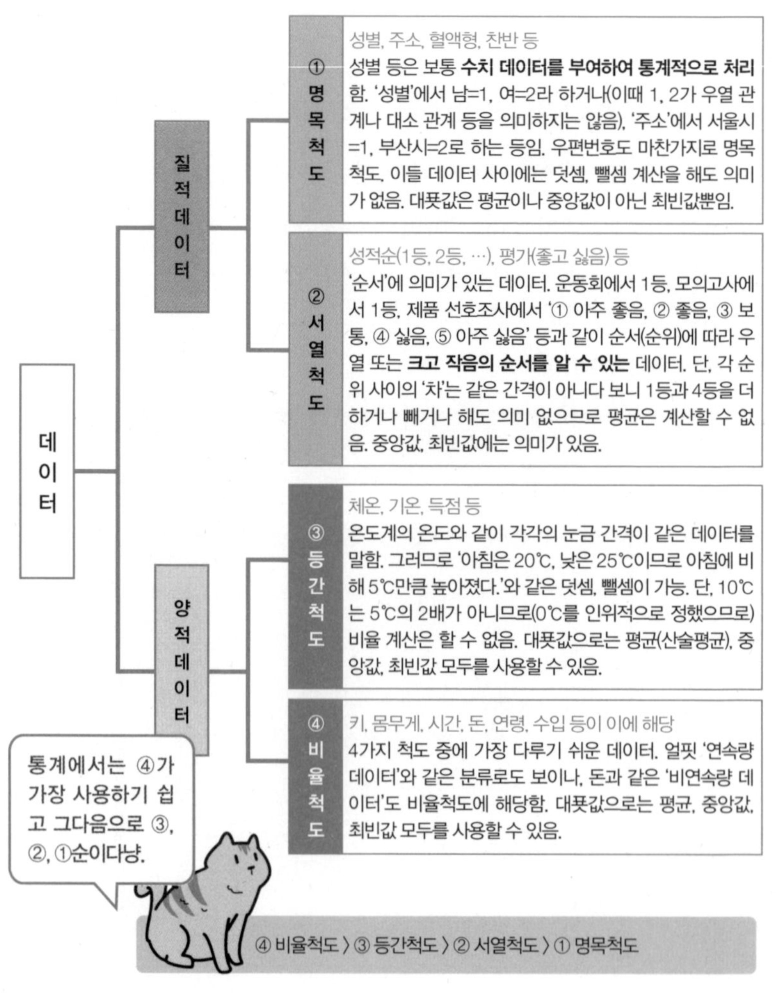

명목척도는 '서울=1'처럼 임의로 값을 매긴 데이터

4가지 척도* 중 명목척도를 가장 먼저 살펴보겠습니다. 이는 명목척도가 데이터로서 가장 다루기 어렵고 까다롭기 때문입니다. 척도를 자유자재로 다룬다고 해서 통계학에 강해지지는 않습니다만, 데이터 다루기에는 익숙해집니다.

명목척도 데이터를 계산할 수 있나요?

명목척도가 어떤 것인지 예로 들면 2절의 [그림 2-2]에서 살펴본 이력서의 '성별, 주소' 등이 이에 해당합니다. 그 밖에 혈액형이나 찬반 여부 등도 명목척도입니다.

명목척도는 원래 '수치 데이터'가 아닙니다만, 설문조사 등에 응답할 때 '본인 관련 정보'에 종종 명목척도 데이터가 등장하곤 합니다. 이들 정보를 문자 그대로가 아닌 수치 데이터를 부여하여 사용함으로써 쉽게 통계 처리할 수 있습니다.

우선 '성별'의 경우 남=0, 여=1 혹은 남=1, 여=2와 같은 식으로 자주 수치화합니다. 여기서 중요한 것은 0, 1이나 1, 2와 같은 숫자가 수적인 대소 관계나 우열을 뜻하지는 않는다는 점입니다. 또한 '주소'에서 서울시=1, 부산시=2, 세종시=16, 제주도=17 등과 같이 수치화하거나 '우편번호'에서 03785라든가 48068과 같이 수치화하는 경우에도 어디까지나 '편의상 부여한 수치'에 지나지 않습니다.

* 저자주_ 4가지 척도는 스탠리 스티븐스가 1946년에 분류한 것입니다. 널리 알려지기는 했으나 완전히 인정받지는 못했습니다. 단, 데이터를 다룰 때는 신경쓰는 편이 좋습니다.

• 숫자의 차이에는 '크고 작음, 우열'의 의미가 없음

• 단순한 구별의 의미

이처럼 우열관계나 대소관계가 아닌, 말하자면 일종의 '무의미한 수치'이므로 이들 수치 사이에 덧셈, 뺄셈, 곱셈, 나눗셈과 같은 계산은 성립하지 않습니다. 물론, 통계의 대푯값으로 평균을 계산하더라도 의미가 없습니다.

의미가 없다는 점을 강조했습니다만, 실제로 계산하면 어떤 결과가 나오는지 한번 살펴봅시다. 예를 들어 서울시=1, 제주도=17로 하여 평균을 계산했을 때(계산 자체는 가능) 다음과 같은 결과가 나온다 하더라도 '그렇군!'이라며 이를 납득하는 사람은 거의 없을 것입니다.

$$\frac{\text{서울시} + \text{제주도}}{2} = \frac{1+17}{2} = 9 = \text{경기도}$$

서울시부터 시작하여 각 시도에 번호를 붙이면 모두 17개의 광역단체가 되는데, 이때 경기도에 9를 매겼어. 그런데 9가 경기도인지 강원도인지는 정하는 사람 마음대로지. 따라서 정해진 순서가 없어. 즉, **명목척도는 어디까지나 '수치화'하기 위한 편의적인 것**에 불과하고 수치도 절대적인 것이 아니야. 덧셈, 뺄셈, 곱셈, 나눗셈 등의 계산을 하더라도 '의미가 없는' 것이지.

'의미가 없다.'라는 말은 '계산할 수 없다.'라는 뜻이죠. 제대로 이해했나요?

아니, 계산 자체는 할 수 있어. 방금 살펴본 나눗셈에서 계산한 것처럼 말이야. 게다가 (1+17)÷2라는 나눗셈은 '서울시와 제주도의 평균'을 낸 것처럼 생각할 수도 있어. 물론 서울시와 제주도 2개 시도를 더했을 때 이것이 평균온도를 구하는 것이라면 몰라도

(이것도 의미 있는 계산이라고 하기는 어렵지만), 각 시도에 임의로 부여한 번호를 기준으로 해서 '그 계산 결과를 2로 나누어봐도 의미가 없다.'라는 것이지.

아, 그런 뜻이군요. 한 가지 신경쓰이는 부분이 있는데요, 이 '데이터 형태'라든가 '분류'를 알면 무언가 통계학 공부에 도움이 되나요?

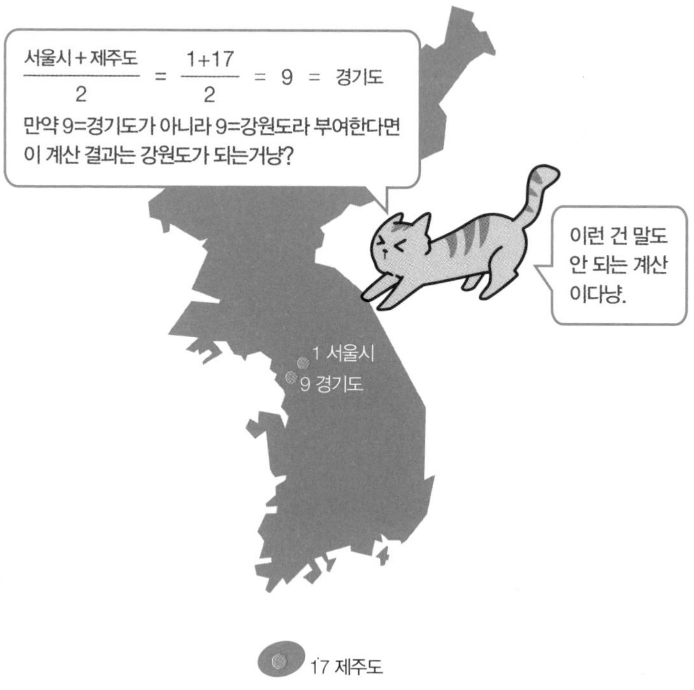

통계학을 이해하는 데 직접 도움이 될지 어떨지는 잘 모르겠지만, 데이터 처리를 이해하는 데는 도움이 될 거야. '의미가 없어도 계산 결과를 낼 수는 있다.'라는 것은 **데이터 형태를 무시하고 계산해도 '그 나름의 결과가 나온다.'**라는 점에 대한 경고인 셈이지. 그런데 이처럼 무의미한 계산 데이터를 인지하지 못하거나 데이터 형태(척도)의 특성을 모르면, 이상하게 계산해버려도 이를 눈치채지 못하고 그냥 지나치게 되거든.
음, 구체적인 예를 드는 게 이해하기 쉽겠지? 그럼 잠시 후 살펴볼 '서열척도' 부분에서 데이터 형태를 모른 채 계산하여 순위를 정하는 것처럼 자주 있을 법한 사례를 찾아보자꾸나.

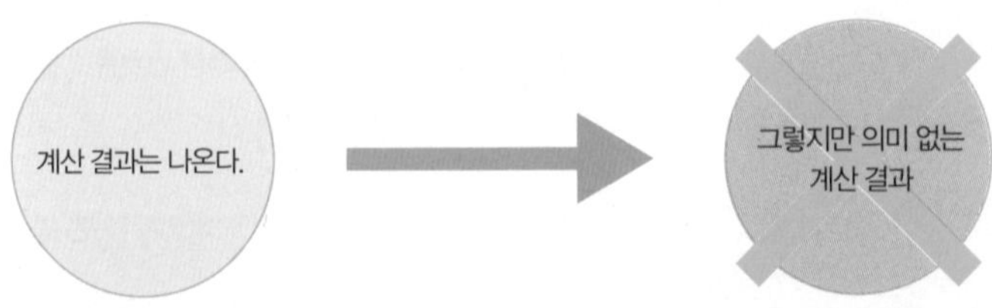

오, 그런 예가 있나요? 그렇다고 해도 '서울시와 제주도를 더해 2로 나누는 것은 무의미'라는 이야기는 조금 극단적인 예인 것 같아요. 그렇게까지 말하지 않아도 이해할 수 있을 듯한데.

'극단적인 예를 들면 알기 쉽고 틀리기 어렵다.'라는 장점이 있단다. 예를 들어 '시도별 번호를 평균화하면……'과 같이 말하면 왠지 고급스러운 계산을 하는 것처럼 보이잖아. 이럴 때는 극단적인 사례를 생각해보면 직감적으로 알 수 있다는 장점도 생기지.
이 책의 마지막 부분에서 수학자마저도 틀렸던 문제를 조금 살펴볼 예정인데, 해답을 들어도 잘 이해되지 않던 문제들도 이렇게 극단적인 사례를 통해 설명하면 바로 이해되는 것들이 많아.

그럼 마지막 질문인데요, 덧셈, 뺄셈에 의미가 없다는 것은 이제 알았는데, 통계학의 대푯값은 어떤가요?

그렇지. 그 부분이 중요하지. 서울시와 제주도의 예에서도 봤듯이 평균에는 의미가 없지. 그럼 중앙값은 어떨까? 명목척도에서 '남=1, 여=2'라든지 '서울시=1, 부산시=2' 등은 (작은 순서 등이 아니므로) 나열 방식에도 의미가 없어. 그러므로 명목척도에서는 중앙값도 사용하지 않아. 단, 최빈값은 사용한단다.

04 서열척도는 '순위' 데이터

서열척도란 '순서에 의미가 있는 데이터'를 말합니다. 예를 들어 1등, 2등과 같은 성적순을 나타내는 데이터나 좋고 싫음으로 표현하는 상품 평가 데이터 등이 이에 해당합니다. 단, 각 데이터 간의 차이에 따른 간격이 모두 같지는 않습니다.

'서열척도'에는 '순위'가 있다!

서열척도란 운동회 결과나 시험 성적 등의 순위에서 1등, 2등과 같이 순위를 매긴 것을 말합니다. 제품의 기호조사에서 흔히 볼 수 있는 '① 아주 좋음, ② 좋음, ③ 보통, ④ 좋지 않음, ⑤ 나쁨'과 같은 항목*도 수치화한 순서 데이터입니다.

오호, 가치를 부여했다는 점에서는 명목척도와 서열척도가 그리 차이가 없다는 느낌이네요. 선을 긋는 기준은 어떻게 구별하면 될까요?

'서열척도에는 순위가 있다!'라는 점일까나. 즉, 서열척도의 가치는 크고 작음의 순위·우열을 나타낸다고 할 수 있지.

그렇구나. 앞서 본 '명목척도'에서는 각 시도의 숫자는 단순히 번호를 부여하기만 한 것이었죠? 숫자의 순서는 대소관계도 아니고 우열에도 차이가 없었다고 했으니까요. 그렇지만 이번에 살펴볼 '서열척도' 데이터라면 운동회에서의 1등, 2등이나 바둑의 1급, 2급과 같이 '무언가의 순위가 있다.'는 뜻이네요.

* 저자주_ 설문조사에서 ①~⑤ 응답 그대로 사용하지 않고 ①~③까지의 결과와 ④~⑤까지의 결과를 각각 더하여 '좋음' '좋지 않음'과 같이 가공(변환)하여 척도를 합친 다음 사용합니다만, 그렇게 사용하고 싶다면 처음부터 그렇게 설문조사하는 것이 더 좋지 않을까요?

응, 그렇지만 덧셈, 뺄셈, 곱셈, 나눗셈은 역시 사용할 수 없어. 왜냐하면 운동회 달리기 경기에서의 1등, 2등, 3등과 같은 각 순위 사이의 (시간차에 따른) 간격은 서로 같지 않기 때문에, 계산하더라도 그다지 의미가 없지.

그렇군요. 그런데 아까 선배가 말한, 데이터의 형태를 무시하고 계산하는 '자주 있을 법한 사례'라는 건요?

예를 들어 '어디 제품을 좋아합니까? 1위부터 3위까지 대답해주세요.'라는 설문조사를 실시한다고 해보자. 1위 기업에는 10점, 2위에는 9점, 3위에는 1점을 주고 각각의 순위를 매겨 '호감도가 높은 10개사'를 발표한다고 하면 어떻게 될까?

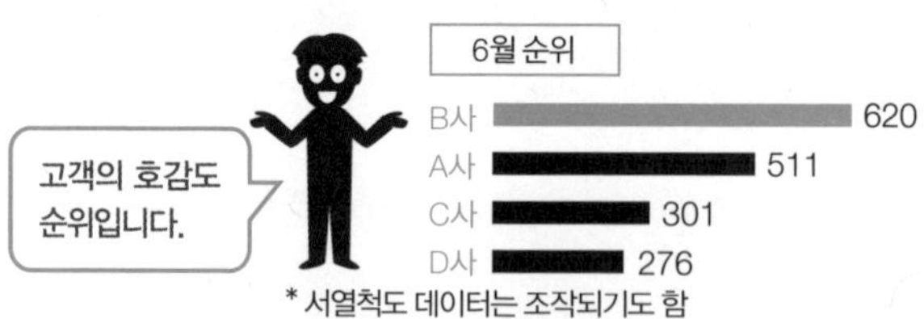

배점을 변경하면 순위가 바뀔 것 같은데요. 아, 그렇구나. 애초 **간격이 같지 않으므로 점수를 매길 수 없다**는 것이네요. 3점, 2점, 1점이라면 눈치채기 어렵겠지만 10점, 9점, 1점과 같이 극단적인 사례를 사용하면 차이를 쉽게 알 수 있네요.

서열척도의 경우 수치 데이터가 아니라도 크고 작은 순이나 빠른 순, 성적이나 평가 순 등으로 나열하므로 중앙값이 어느 데이터인가를 알 수 있지. 최빈값도 낼 수 있고.

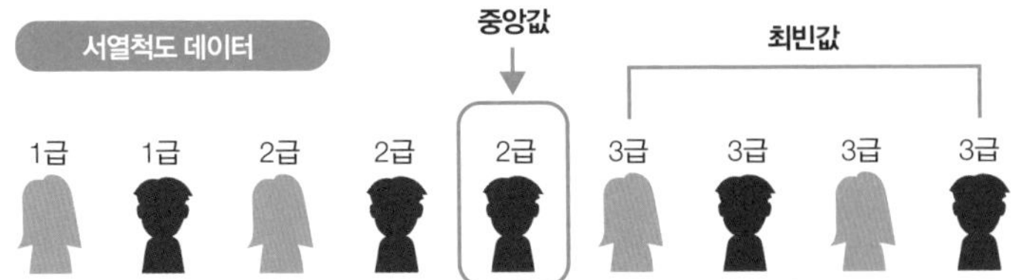
서열척도 데이터
중앙값
최빈값
1급
1급
2급
2급
2급
3급
3급
3급
3급

등간척도와 비율척도?

데이터 척도에서 가장 알기 어려운 것이 등간척도와 비율척도의 차이일 것입니다. 그중 중요한 점만 짚고 넘어가도록 합시다.

10℃는 5℃의 2배가 아니다?

데이터끼리의 간격이 같은 것이 등간척도입니다. 예를 들면 체온이나 기온(섭씨 ℃), 수학 점수 등입니다. 이들은 처음부터 같은 간격의 수치이므로 '데이터 간 계산이 가능'합니다.

온도로 이야기하면 '아침은 20℃, 낮은 25℃였으므로 기온이 아침에 비해 5℃ 올랐다(25℃−20℃=5℃)'처럼 덧셈, 뺄셈이 가능합니다. 그러면 등간척도일 때 곱셈, 나눗셈도 가능할까요? 그렇지는 않습니다. 왜냐하면 '20℃는 10℃의 2배가 아니'기 때문입니다.

여기서 질문요! 왜 '25℃−20℃=5℃'와 같은 덧셈, 뺄셈은 되는데, 20℃는 10℃의 2배가 아니다.'와 같은 비율 계산은 안 된다고 단언할 수 있나요? 20÷10=2라고 생각하는데요. 데이터 사이의 간격은 똑같죠?'

분명히 섭씨온도(℃) 세계에서만 보면 '2배로 보일' 수도 있겠네. 이럴 때는 뒤로 한 발 물러나면 보이는 법이지. 온도의 기준을 섭씨 이외로 바꾸었을 때도 과연 마찬가지 논리가 성립할까?

온도는 섭씨온도(℃) 외에 화씨온도(℉)도 있어. 섭씨 10℃, 20℃을 화씨온도로 바꾸면

50°F, 68°F가 되지.* 그러면 68÷50으로 계산해도 2배가 되지 않아. 그러므로 섭씨온도(°C)로 계측한 데이터를 곱하거나 나누는 것은 의미가 없다는 거지.

그렇게 하면 남는 것은 절대온도(K)뿐인데요.

맞아. 절대온도는 '비율척도'란다. 다른 점이 무엇인고 하니 바로 섭씨온도나 화씨온도에서는 '0'을 인위적으로 정했다는 점이야. 마이너스 온도도 있을 수 있지.
그러나 **절대온도에는 자연계에서 더는 내려갈 수 없는 온도인 '0도'가 존재**하지. 즉, 절대온도는 '0'보다 아래로 내려가지는 않아. 그것도 자연계의 '0'이 기준이 되지. 그러므로 덧셈, 뺄셈이나 비율 계산, 그리고 평균, 중앙값, 최빈값 모두를 다룰 수 있는 데이터가 된단다.

그렇구나. '절대온도 100K는 절대온도 10K의 10배 높은 온도'라고 말할 수 있는 거네요. 키도 체중도 시간, 돈, 나이도 기본적으로는 '0' 이하로는 되지 않죠. 매출도 아무리 영업성적이 좋지 않아도 0보다 낮은 매출은 있을 수가 없고요.**

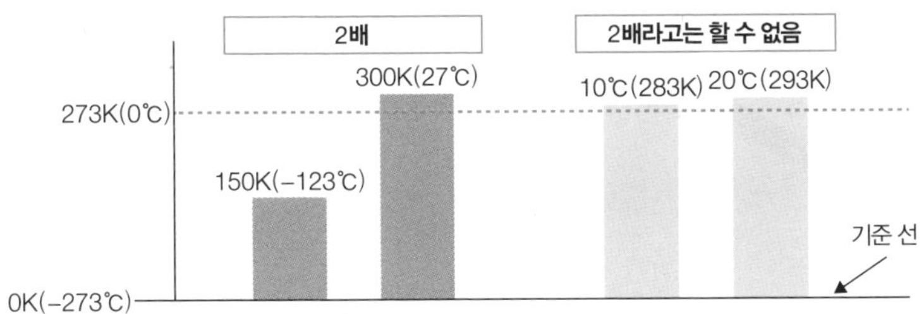

* 저자주_ 섭씨온도(℃)를 화씨온도(°F)로 바꾸려면 °F=(℃×9/5)+32 공식을 사용합니다. 화씨온도(파렌하이트 온도)는 물의 어는점을 32도, 끓는점을 212도로 하여 그 사이를 180등분 한 단위입니다. 이와 달리 섭씨온도는 물의 어는점을 0도, 끓는점을 100도로 하여 그 사이를 100등분 한 단위입니다.

** 저자주_ '매출이 0보다 낮을 수는 없다.'라고 해도 형식상 예외는 있습니다. 출판업계에서는 '배본'된 단계에서 매출을 계산하고 '반품'된 단계에서 해당 금액을 제하게 됩니다. 이때 월별 계산에 따라서는 '매출 자체가 마이너스'가 되는 일도 있을 수 있습니다.

퍼센트와 포인트의 구분

A 사의 회의 석상에서 '경쟁사 Y 사는 작년까지 점유율 20%였지만, 올해는 점유율이 5% 늘었다고 합니다.'라는 보고가 있었습니다. 이를 들은 A 사의 부장은 Y 사의 점유율이 몇 %가 되었다고 이해하면 될까요? 이는 통계학이라기보다는 데이터를 올바르게 다루기(전달하기) 위한 기본 자세이자 상식입니다.

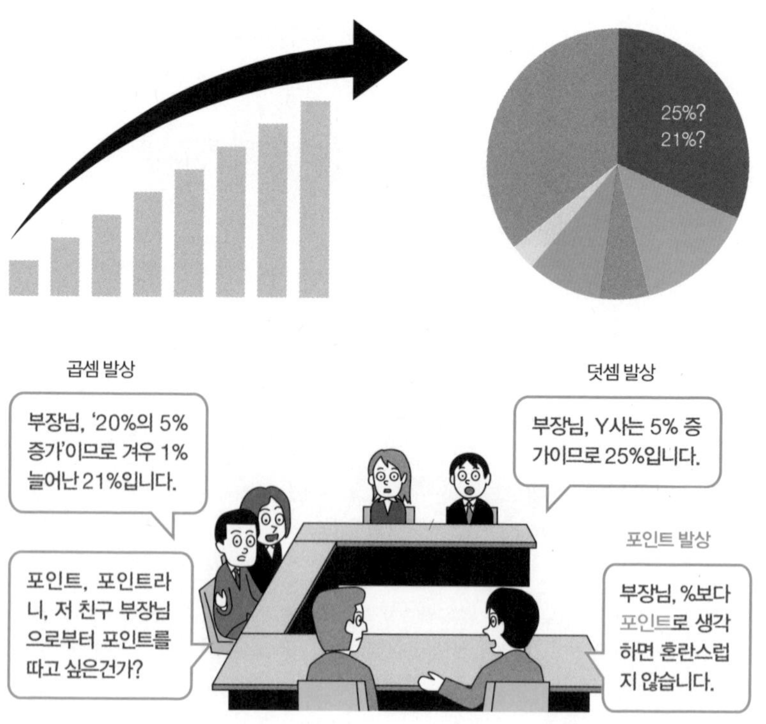

증가분을 %로 표시하는 것은 실수의 원인

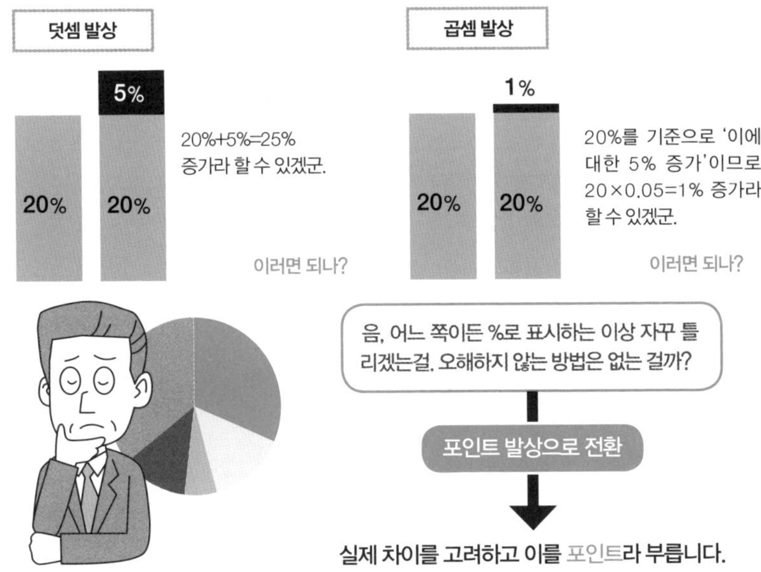

포인트 사용 방법

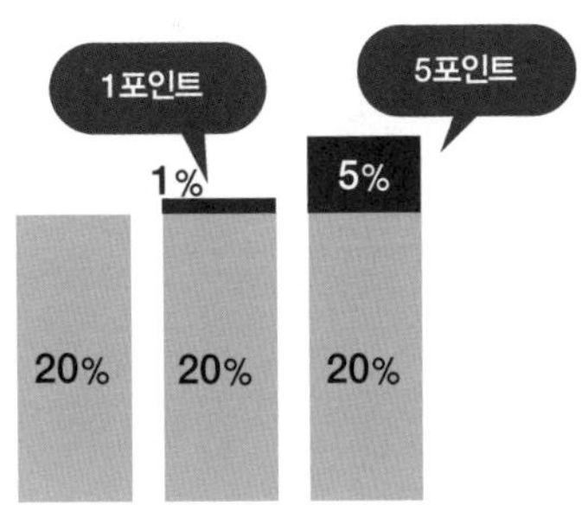

- 실업률이 3%일 때 3.35%로 증가했다면 '0.35포인트 실업률이 올랐다.'라고 합니다.
- 메이저리그의 5만 경기를 조사한 바에 따르면 홈팀의 승률은 53.9%이지만, 2시간 이상 동쪽으로 이동한 뒤에는 3.5포인트 감소하여 홈에서의 우위가 사라진다고 한다.

어떻게든 %를 사용하고 싶다면 ②와 같이 앞뒤로 숫자를 넣으면 혼란스럽지 않습니다.

다음 두 방법으로 올바르게 전달

① Y 사의 점유율은 작년과 비교하여 5포인트 늘었다.

② Y 사는 작년 점유율 20%에서 올해는 25%로 5% 증가했다.

06 원그래프를 사용할 때 주의점

원그래프나 막대그래프, 꺾은선 그래프 등 일반적인 그래프에도 사용 규칙과 주의할 점이 있습니다. 통계학과 직접 관계가 있는 것은 아니지만, 모르는 사이에 사용하면 비즈니스 기본까지 의심받을 수 있고 잘못된 뉘앙스를 전달하게 됩니다. 원그래프를 예로 간단하게 확인해보겠습니다.

다중응답을 원그래프에 사용?

원그래프는 비율(점유율)을 나타낼 때 유효합니다.* 따라서 비즈니스에서는 원그래프를 자주 사용하는데요, 흔히 저지르는 실수가 '다중응답을 원그래프에 사용하는' 경우입니다. 여기서 다중응답이란 다음과 같은 설문조사 형식을 말합니다.

그림 2-3 다중응답은 원그래프의 터부

아이가 다녔으면 하는 학원 종류
(100명의 부모에게 설문: 다중응답)

①영어	45명	(45%)
②수영	32명	(32%)
③피아노	27명	(27%)
④서예	16명	(16%)
⑤그림	15명	(15%)
⑥체조	10명	(10%)
⑦컴퓨터	5명	(5%)

n=100

* 저자주_ 거꾸로 원그래프에는 '크기'나 '시간에 따른 변화' 등을 표시할 수 없다는 단점이 있습니다.

앞의 설문조사에서는 '아이가 다녔으면 하는 학원'을 묻는데, '다중응답'도 가능하므로 하나가 아닌 여러 개의 항목에 ○를 표시할 수 있습니다. 그러므로 응답률을 모두 더하면 100%를 넘어갑니다(전체 응답 수 100명으로 나누었을 경우). 이대로는 원그래프를 그릴 수 없습니다. 고육지책으로 ○를 표시한 수(150)로 나누어 비율을 구한 다음, 이를 그래프로 나타낸 것이 [그림 2-4]의 왼쪽의 원그래프입니다.

그림 2-4 원그래프와 막대그래프의 표시

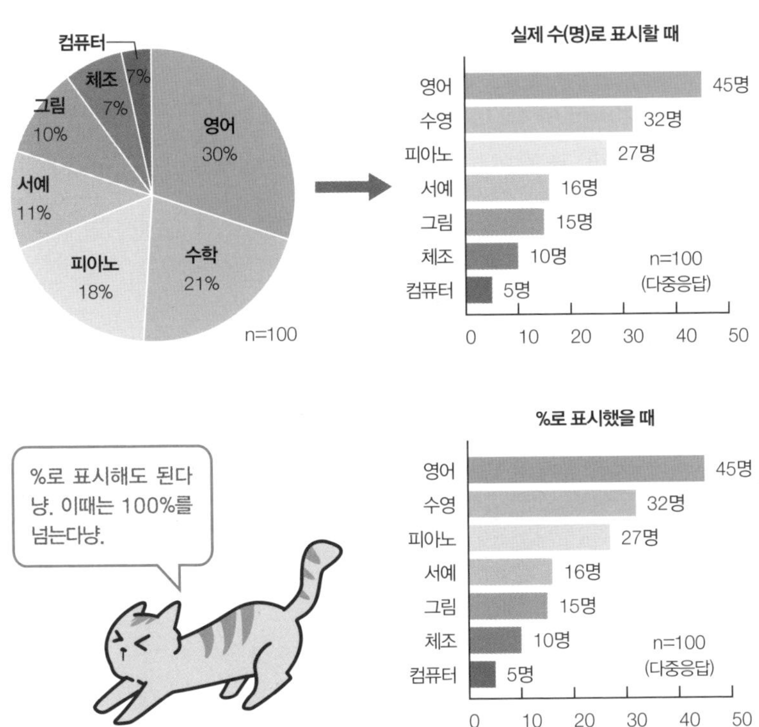

'원그래프를 만들었다!'라고 생각할지도 모르지만, 원그래프 안의 숫자를 보면 어떨까요? 설문조사 결과에서 영어는 45%였지만 실제로 만

들어진 원그래프에서는 30%의 공간만 차지합니다. 100으로 나누지 않고 150으로 나누어 원그래프 형태로 표시할 수는 있었지만, 실제 내용을 반영하지 못했습니다.

이럴 때는 원그래프가 아닌 막대그래프를 이용합니다. [그림 2-4]의 오른쪽에 가로 막대그래프로 표시했는데요, 물론 세로 막대그래프라도 상관없습니다. 인원수나 개수 등의 '건수' 단위로 나타내도 좋고 %(비율)로 나타내도 좋습니다. 이때 %로 표시한 막대그래프를 만들면 합계가 100%를 넘어갑니다.

덧붙여 막대그래프 바깥쪽에는 '다중응답'임을 표시합니다. 또한, 원그래프와 막대그래프 관계없이 해당 설문에 실제 응답한 사람 수(응답수)를 'n=100(명)'과 같이 표기하는 것도 잊지 마세요(n은 number의 약자). 이때 n에는 설문조사를 보낸 수나 돌아온 수가 아니라 어디까지나 그 설문에 '응답'한 실제 수를 적습니다.

입체 원그래프 사용은 자제

원그래프는 비율을 이용하여 그리게 되는데, 정확성이 요구될 때는 원그래프를 입체화한 '3D(입체) 그래프'로 만드는 것은 가능한 한 피합니다. 입체화하면 다음 원그래프 사례처럼 '비율의 왜곡'이 일어나기 쉽기 때문입니다.

그림 2-5 왜곡되어 읽히기 쉬운 '입체화한 원그래프'

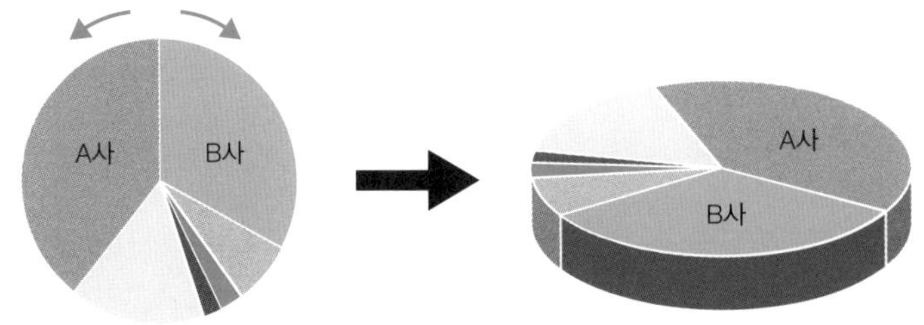

① 위 그림과 같이 12시 위치에서 나누어 제시하면 A사와 B사의 차이가 분명해짐.

② 입체화하면 보기는 더 좋으나 실제 점유율과는 다른 인상의 그래프가 되기 쉬움. 정확성이 요구될 때는 입체화는 피하는 것이 바람직함.

업계 점유율의 우열을 가리기 어려운 경우 등은 특히 주의가 필요한데요, [그림 2-5]의 오른쪽 입체 그래프에서처럼 크기가 조금 달라 보일 수 있습니다. 프레젠테이션을 위해 보기 좋은 3D 그래프를 만들고자 하는 마음은 이해합니다만, 상대에게 왜곡된 인상을 주게 되면 '이 회사는 점유율을 속이고 있군. 신용할 수 없어.'라고 생각할 수 있으므로 오히려 역효과를 일으킬 수 있습니다.

원그래프에서 100%가 아닐 때의 처리

원그래프를 만들 때 의외로 많이 들어오는 질문은 '모두 더했더니 100.2%이 되었어요.'라든가 '99.8%밖에 되지 않습니다.'와 같은 경우의 처리 방법입니다. 100%가 안 되는 이유는 반올림에 따른 오차가 계속 쌓였기 때문입니다. 이때는 '가장 큰 비율을 갖는 항목에서 그 오차를 (드러나지 않도록) 흡수'하는 방법을 자주 사용합니다.

물론 표나 그래프에 숫자를 표시할 때는 정확한 수치를 넣되, 이에 관한 '주석'을 달고 싶다면 그래프 바깥에 '합계가 100%가 되지 않는 것은 반올림에 의한 것'이라고 보충 설명을 넣습니다.

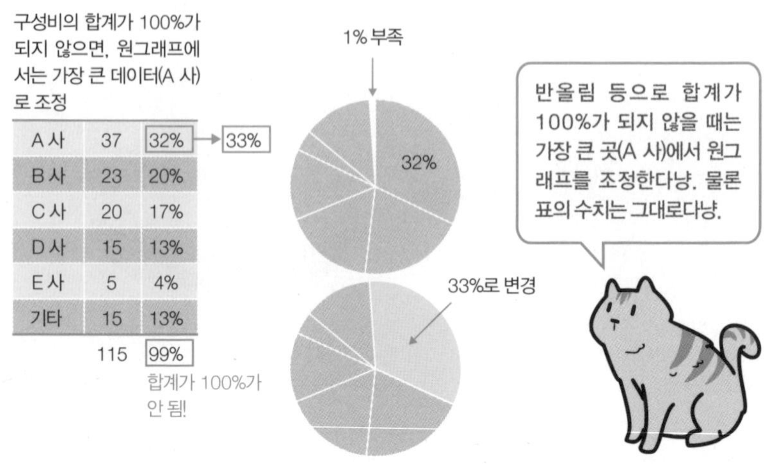

A 사	37	32%
B 사	23	20%
C 사	20	17%
D 사	15	13%
E 사	5	4%
기타	15	13%
	115	99%

원그래프 피하기

원그래프는 기업의 프레젠테이션 장면에서 흔히 볼 수 있습니다. 그러나 원그래프는 크기 비교도 안 되고 시간에 따른 변화도 나타낼 수 없으며 자의적인 조작도 들어가기 쉬운 그래프입니다. 그러므로 과학논문에서 원그래프를 사용하는 일은 없습니다.

자사 제품을 강조하는 비즈니스 현장에서도 원그래프를 자주 사용하는 일은 피하는 게 현명하다는 것이 개인적인 생각입니다.

나이팅게일의 '닭 볏'

원그래프로 비율(점유율)은 나타낼 수 있어도 실체 크기나 시간에 따른 변화는 나타낼 수 없다고 여겨졌습니다. 그러한 원그래프를 요령 있게 활용하여 시계열과 크기를 나타낸 그래프를 만든 사람이 플로렌스 나이팅게일(영국, 1820~1910)입니다.

나이팅게일이라 하면 '백의의 천사'라는 이미지로 유명하지만, 사실 그녀는 위생 상태가 좋지 않은 병원 시설을 개선하고 그 데이터를 모아 통계학적으로 연구하여 위생이라는 관점에서 사회에 공헌한 공적이 있습니다.

다음 페이지의 그림은 나이팅게일이 만든 닭 볏이라 불리는 그래프로, 원그래프라기보다는 막대그래프에 가까운 것입니다. '닭 볏' 그래프를 보면 가운데에서 오른쪽으로 30도씩 회전하고 있음을 알 수 있습니다. 이는 월별 추이를 나타내며(1개 원그래프가 1년) 이 부채꼴의 크기(반지름)는 사망한 병사의 수를 나타냅니다(실제로는 반지름이 사망자 수를 나타내는 눈금이 되지만, 얼핏 봐서는 넓이로 판단하게 되므로 정확도는 떨어집니다).

안쪽 검은색 부분은 전쟁터에서 총격 등에 의해 직접 사망한 수를 나타내고 바깥쪽의 옅은 부분은 병원 등의 위생시설 때문에 사망한 수를 나타냅니다(하늘색 부분은 '기타'). 즉, '위생이 좋지 않은 병원 내의 설비 등에 따른 감염 등으로 사망한 수가 전쟁터보다 훨씬 더 많다.'라는 점을 강조한 그래프입니다.

나이팅게일은 어린 시절부터 숫자에 많은 관심이 있었습니다. 특히

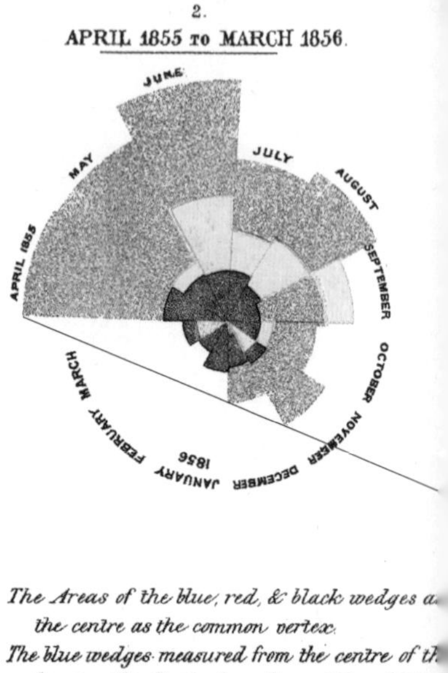

'통계학의 아버지'라 불리는 아돌프 케틀러(벨기에, 1796~1874: BMI 지수 고안자)에 빠져 가정교사로부터 수학과 통계학을 배움과 동시에 여러 나라의 의료시설 실태에도 많은 관심을 나타냈습니다.

당시 터키와 러시아는 크림반도에서 충돌하였는데(크림전쟁, 1853~1856) 영국은 프랑스와 함께 터키를 지원했습니다. 그리고 영국 정부는 각국의 의료 상황을 잘 아는 나이팅게일을 크림전쟁에 간호사단의 지휘관으로 파견했습니다. 야전병원에서 그녀는 밤에도 간호를 쉬지 않아 '램프의 귀부인', '백의의 천사'라 불리게 되었다는 것은 잘 알려진 사실입니다.

1855년 4월~1856년 3월

2.
APRIL 1855 TO MARCH 1856.

그녀의 공적은 앞서도 이야기했듯이 야전병원 내의 위생 상황을 개선하고 부상병의 사망률을 극적으로 낮춘 데 있습니다. 그리고 영국군 장병이 전쟁터에서 총탄에 맞아 사망하는 경우 이상으로 위생이 좋지 않은 야전병원 환경에서 감염증으로 사망하는 경우가 훨씬 더 많다는 사실을 '숫자'로 증명해 보였습니다. 그리고 다양한 곳에서 병원이나 가정의 위생 상태를 개선하는 구체적인 방법을 교육하고 보급하는 데 노력했습니다.*

* 저자주_ 나이팅게일이 쓴 글을 보면 여성에 의한 육군병원의 간호, 간호사의 훈련과 환자 간호, 가난한 환자를 위한 간호, 인도주재 육군 위생 등 간호와 위생과 관련된 그녀의 생각이나 구체적인 비망록 등을 볼 수 있습니다.

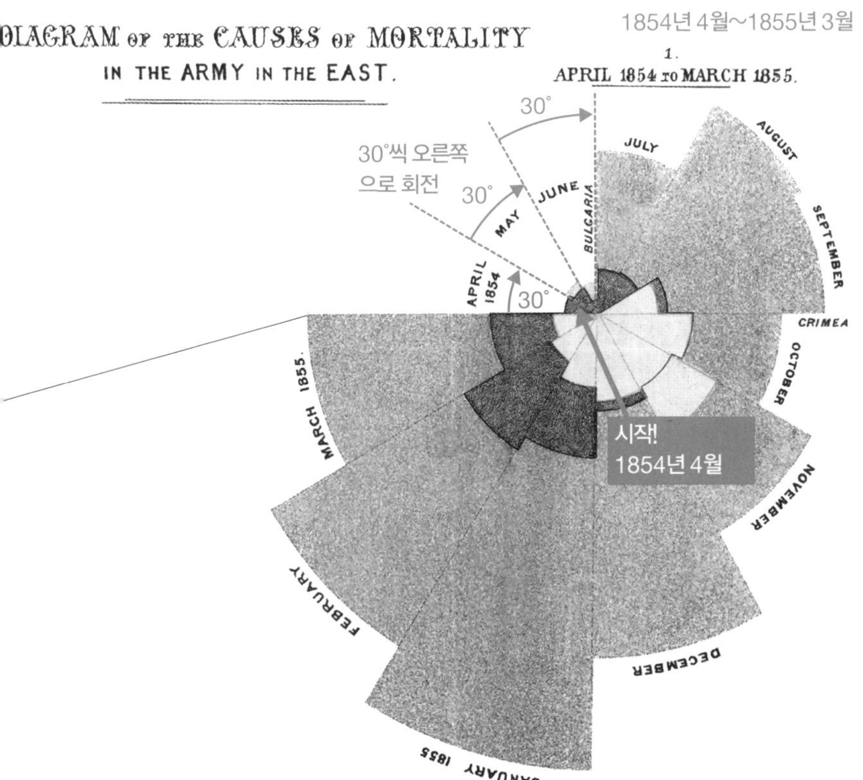

이뿐만 아니라 나이팅게일은 크림전쟁에서의 사망원인 분석을 보고서로 정리하여 통계학에 문외한인 국회의원이나 공무원 대상의 효과적인 설명 방법인 '닭 볏' 그래프를 고안했습니다. 무미건조한 숫자를 '시각화'한다는, 당시로써는 매우 선구자적인 방법을 사용하여 프레젠테이션을 실시했습니다. 그 후 국제통계회의(1860년)에도 출석하여 그때까지 제각각이었던 나라별 통계 조사 형식과 집계 방법 등을 통일할 것을 제안, 채택되도록 했습니다.

이러한 활동이 가능했던 것은 나이팅게일 자신이 각국의 병원시설을 실제로 돌아보며 그 사정을 잘 알았다는 점, 야전병원에서의 현장 경험, 게다가 통계학 지식을 이용하여 근거를 제시했다는 점 등이 큰 역할을 했기 때문일 것입니다.

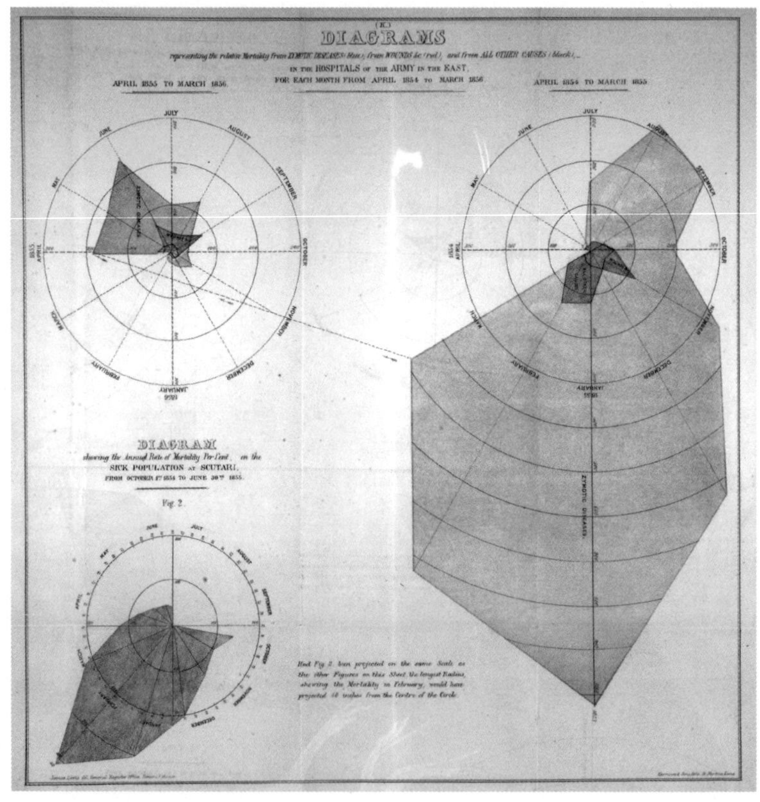

3장

평균과 분산 이해하기

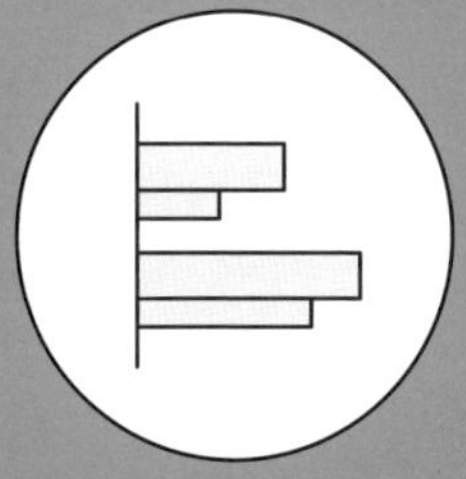

통계학을 공부할 때 1차 목표는 '평균 · 분산 · 표준편차'를 이해하는 것입니다. 분산이나 표준편차는 그 특성상 그리 어렵지는 않습니다. 또한, 4장에서 다룰 '정규분포'를 이해하는 기반이기도 합니다.

1장에서 개념 각각의 기본은 설명했으므로 이번 3장은 심화편이라고 생각하며 읽어주세요.

평균은 대푯값의 대표?

모든 데이터를 살펴보는 것보다는 몇몇 '대표' 데이터를 확인하는 편이 전체 모습을 빠르게 파악하는 데 도움이 됩니다. 연도를 비교하거나 다른 회사와의 데이터를 비교할 때도 더 쉽습니다. 여기서는 대푯값이 무엇인지 간단하게 이해하고 가도록 합시다.

A 사에서는 여름이나 겨울 상여금 지급 시기가 되면 노동조합이 다음과 같은 요구서를 경영진에게 전달합니다. 여기에는 '받기 원하는 상여금' 금액과 해당 금액 산정에 관한 조합원 대상 설문조사 결과도 실리므로 평균, 중앙값, 최댓값, 최솟값, 최빈값을 함께 적습니다.

회사에 대한 조합의 요구서
요구 금액 〈550만 원〉

조합원의 조사 결과

- 평균 542만 7,000원
- 중앙값 530만 원
- 최빈값 500만 원
- 최댓값 800만 원
- 최솟값 370만 원

조합원의 평균, 중앙값, 최빈값 등의 데이터를 요구서에 첨부하는 이유는 '많은 조합원의 목소리를 반영한 수치'라는 것을 말하기 위함입니다. 조합원 30명의 설문조사 결과 받기 원하는 상여금은 다음과 같습니다.

	A	B	C	D	E	F
1	4,300,000	6,700,000	4,700,000	평균값	=AVERAGE(A1:C10)	5,427,000
2	3,700,000	5,000,000	5,000,000	중앙값	=MEDIAN(A1:C10)	5,300,000
3	6,200,000	6,000,000	4,800,000	최빈값	=MODE(A1:C10)	5,000,000
4	5,800,000	5,600,000	5,200,000	최댓값	=MAX(A1:C10)	8,000,000
5	4,760,000	5,600,000	5,000,000	최솟값	=MIN(A1:C10)	3,700,000
6	8,000,000	5,800,000	4,430,000			
7	6,650,000	5,500,000	5,000,000			
8	5,700,000	6,000,000	4,670,000			
9	4,800,000	5,400,000	4,800,000			
10	7,200,000	5,500,000	5,000,000			

모든 데이터가 아닌 '대푯값'으로 살펴보기

겨우 30명 대상의 설문조사에서 나온 금액이라 해도, 1장에서 설명했듯 숫자만 쭉 나열된 식으로 표기되어 있다면 전체 경향을 파악하기 어렵습니다. 예를 들어 이번에 요구한 상여금이 상반기의 상여금보다 많은 금액인지, 또는 2년 전 상여금과 비교했을 때 어떤 수준인지 등을 비교해야 한다고 생각해보죠. 이때는 '모든 데이터를 보는 것이 가장 좋다.'라고 할 수 없습니다.

이때 1장에서 설명한 것처럼 **데이터 전체의 특징을 단 하나의 데이터로 나타내는 무척 편리한 데이터인 '대푯값'**을 사용하면 좋습니다. 대푯

값은 '전체의 중앙', 즉 '보통 값'에 해당하는 데이터로 통계학에서는 **평균**average, **중앙값**median, **최빈값**mode 3가지를 대푯값으로 이용합니다.

평균이란 '중심', 그리고 '평평하게 맞추는 것'

평균은 대푯값 중에서도 대표적인 요소입니다. 평균에도 단순평균(산술평균), 가중평균, 조화평균, 기하평균 등 여러 종류가 있습니다만, 별도의 조건이 없다면 평균은 **단순평균(산술평균)**을 뜻합니다. 조합의 요구서에서 살펴본 평균 542만 7,000원 역시 산술평균입니다.

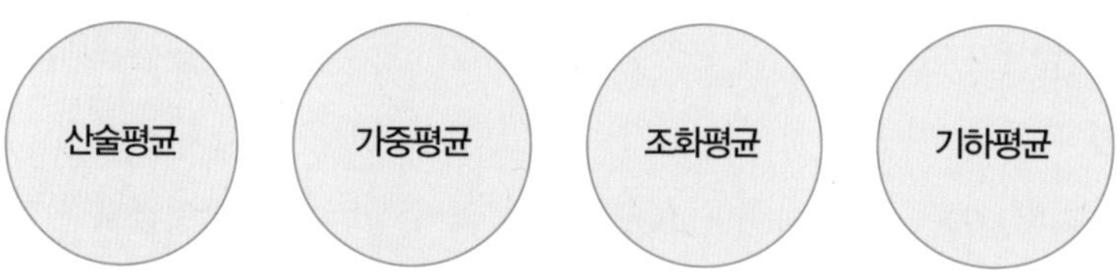

여기서는 평균의 아킬레스건이라 할 수 있는 특잇값outlier의 영향을 확인해보도록 합시다. 다음과 같은 11개의 데이터가 있다고 가정합니다.

- 2, 3, 4, 4, 5, 5, 5, 6, 6, 7, 8 …… ①

평균은 '총합÷데이터 수', 즉 '모든 데이터'를 더한 뒤 데이터 개수 11로 나누면 되므로 다음과 같이 계산할 수 있습니다.

$$\frac{2+3+4+4+5+5+5+6+6+7+8}{11} = 5$$

이 평균 계산의 의미는 다음 그림에서 보듯이 **'평균이란 데이터 전체의 중심에 위치한다.'**라는 것입니다.

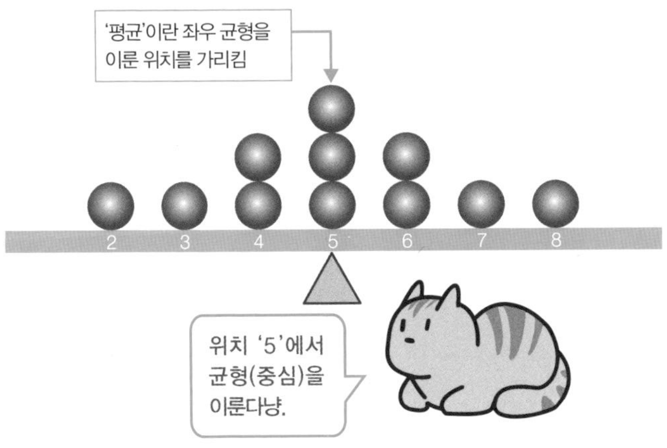

특잇값에 약한 평균

다음으로 ①의 11개 데이터 중 뒤쪽 2개의 값(7과 8)을 바꾼 데이터 ②를 살펴보겠습니다.

- 2, 3, 4, 4, 5, 5, 5, 6, 6, 18, 30 …… ②

'7, 8'을 '18, 30'이라는 제법 큰 값으로 바꾸었습니다. ①과 마찬가지 방식으로 11개 데이터의 평균을 내면 평균은 5가 아니라 1.6배 늘어난 8이 됩니다.

$$\frac{2+3+4+4+5+5+5+6+6+18+30}{11} = 8$$

이제 앞서 본 것처럼 천칭에 각 값을 놓은 후 평균 8에서 좌우 균형을 취하도록 해보겠습니다. 11개 데이터 중 실제 9개의 데이터가 '평균 이하'라는 부자연스러운 모습이 됩니다.

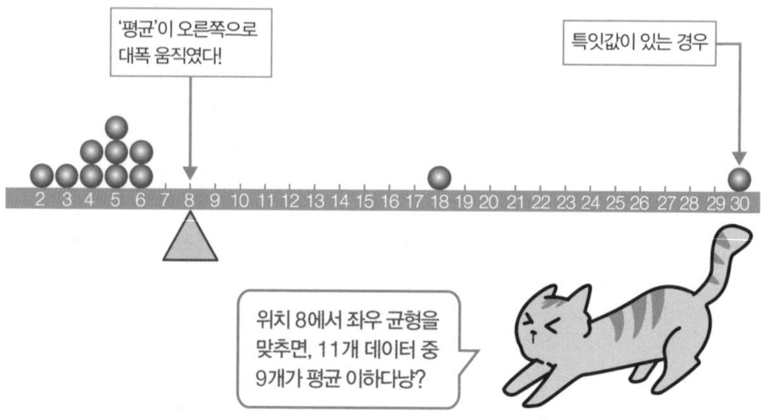

이는 마지막 2개 데이터가 **특잇값**이라 불릴 정도의 큰 값으로 바뀌어서 '평균'이 크게 움직였기 때문입니다. 따라서 **평균은 특잇값에 약하다**는 것을 알 수 있습니다. 이는 '평균이 전체의 중심(큰 수의 영향을 받음)'이기 때문입니다.

중심의 위치가 모호하다면

'평균이란 중심이다.'라고는 했습니다만, 앞의 그림에서 보았듯이 정말로 좌우 균형이 맞는지는 정확하게 따져봐야 할 수 있습니다.

이럴 때는 다음과 같은 그림으로 이해하면 어떨까요? 평균 주변의 아래위로 튀어나온 부분을 '평평하게 맞추는(서로 보충하는)' 이미지로 전달하는 것입니다. 이러한 그림으로 표현하면 특잇값이 있을 때도 서로 보충한다는 것을 실감할 수 있습니다. 뒤에서 설명할 '분산', '편차', '표준편차' 역시 이렇게 위아래로 '균형을 맞추는' 그래프로 보면 더 쉽게 이해할 수 있습니다.

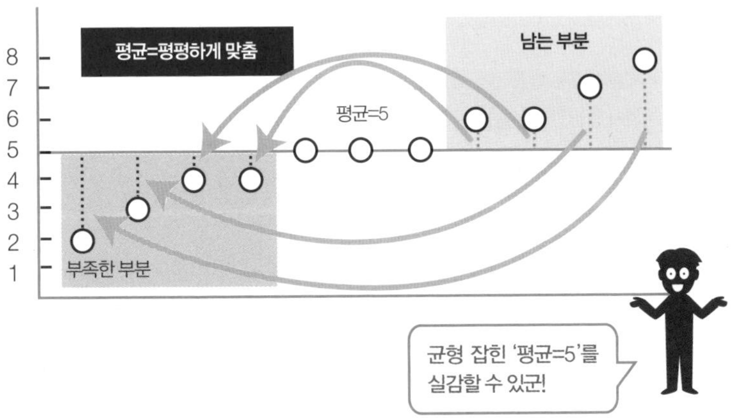

특잇값에 강한 '중앙값'

대푯값의 두 번째는 중앙값입니다. 중앙값은 평균보다 특잇값의 영향을 적게 받는 강건한 대푯값입니다. 여기서 강건함(튼튼함)이란 어떤 의미로 사용하는 것일까요?

중앙값이란 데이터를 작은 순서(또는 큰 순서)로 나열했을 때 '가장 가운데' 위치에 있는 수치를 말합니다. 따라서 극단적으로 큰 수치(혹은 작은 수치), 즉 '특잇값'이 있더라도 평균과 같이 크게 흔들리는 일이 없습니다. 이런 의미에서 중앙값을 강건한robust 대푯값이라 합니다.

강건함 입증하기

중앙값이 정말로 특잇값의 영향을 거의 받지 않는지를 앞 절의 ①과 ② 데이터를 이용하여 확인해보겠습니다(별색 부분이 특잇값).

• 2, 3, 4, 4, 5, 5, 5, 6, 6, 7, 8 ......①

• 2, 3, 4, 4, 5, 5, 5, 6, 6, 18, 30 ......②

①과 ② 모두 데이터 수는 11개로 같습니다. 데이터를 작은 순으로 나열하여 '한가운데'의 데이터를 얻으면 ①과 ② 모두 6번째 데이터를 선택해야 하므로 5가 됩니다. 평균은 ②의 18, 30이라는 특잇값에 크게 영향을 받았지만 중앙값은 아무런 영향이 없습니다. 즉, 강건합니다.

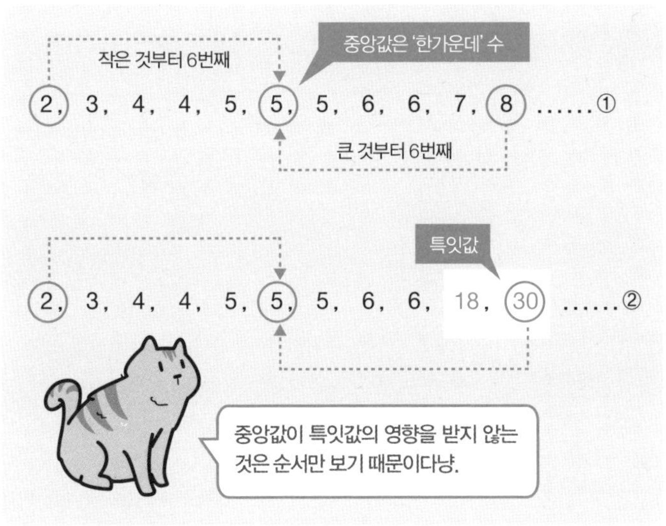

데이터가 홀수일 때와 짝수일 때

데이터의 수가 다음 그림의 왼쪽 예처럼 홀수일 때는 '한가운데 데이터'가 1개뿐이므로 그것이 중앙값이 됩니다. 그러나 데이터의 수가 다음 그림의 오른쪽처럼 짝수일 때는 한가운데 데이터가 2개입니다. 이럴 때는 2개 데이터의 평균을 구하여 '중앙값'으로 합니다. 다음 예에서는

(4+5)÷2=4.5입니다.

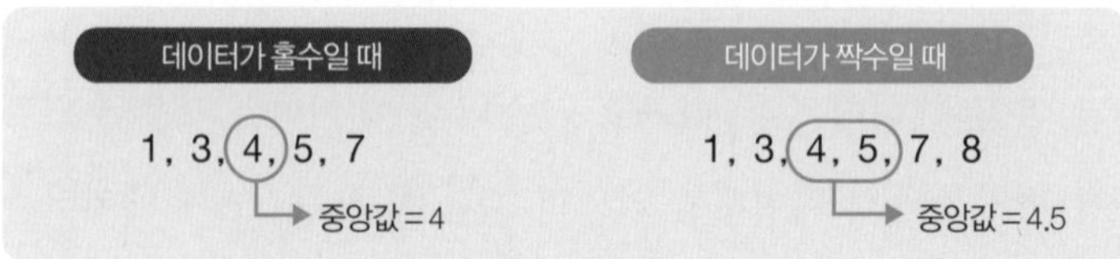

중앙값은 3장 맨 끝의 '통계학 세미나' 칼럼에서 설명하는 것처럼 일기 예보의 '평년 기온'에 활용할 수 있습니다. 그 외에 자동차의 연비 성능을 확인할 때도 주행저항 값을 측정한 후 중앙값을 이용할 수 있습니다.

03 가장 많은 데이터가 '최빈값'

세 번째 대푯값으로는 최빈값이 있습니다. 인기투표로 말하자면 가장 표를 많이 받은 사람으로 최빈도값, 모드mode, 유행값 등으로도 표현합니다. 최빈값은 얼핏 가장 이해하기 쉬운 값처럼 보이지만 의외로 다루기 까다로운 대푯값입니다.

최빈값은 데이터를 몇 개의 클래스로 나누었을 때('계급'이라 함, 4.1절 참고) 빈도수가 가장 많은 클래스를 일컫습니다. 단, 일정 개수 이상의 데이터가 없다면 최빈값은 거의 의미가 없습니다.

예를 들어 A~E까지 5개 상품이 있을 때 5명이 인기투표를 했다고 가정해보죠. 각 상품의 가격은 A는 5만 원, B는 4만 원, C는 3만 원, D는 2만 원, E는 1만 원입니다.

- A: 2표
- B: 0표
- C: 1표
- D: 1표
- E: 1표

최고 득표(즉, 최빈값) 상품이 2표를 받은 A라고 해서 이를 보고 '높은 단가의 고급품을 지향하는 경향이 높다.'라는 결론을 내기는 어려울 것입니다. 만약 이 상태에서 2명이 추가로 투표에 참가했을 때 두 명 모두 E에 투표한다면 '저렴하고 좋은 상품을 선별하는 경향이 있다.'라고 분석할 수 있을까요? 역시 결론을 내기 어려울 것입니다. 이러한 질적 데이터(명목척도, 서열척도)의 경우, 최대 빈도를 나타내는 항목이 최빈값이 됩니다. 조금 전 살펴본 투표 예에서는 A나 E가 되겠죠.

한편 양적 데이터가 비연속량(이산량)이라면 마찬가지로 최대 빈도의 데이터가 최빈값이 됩니다. 예를 들어 3.1절에서 소개했던 조합의 요구서에서 최빈값은 500만 원입니다(사람의 심리가 영향을 주는 상황에서는 딱 떨어지는 숫자가 최빈값일 때가 잦습니다). 다만, 연속량이라면 클래스 범위로 구분했을 때 해당 범위 단위의 빈도가 됩니다. 따라서 클래스로 구분했을 때는 경계를 어떻게 정할 것인가에 따라 최빈값의 클래스가 달라집니다.

최빈값은 '가장 많은 데이터'라는 의미에서는 간단해 보입니다만, 데이터 수나 클래스를 어떻게 나눌 것인가 등 다루기 어려운 부분이 있습니다. 다음 통계학 세미나에서는 최빈값 이용 방법을 하나 소개하겠습니다.

암호 해독에 이용해온 '최빈값'

여기서는 잠시 쉬어가는 의미에서 칼럼을 통해 최빈값을 살펴보도록 하겠습니다.

스키테일 암호, 카이사르 암호

영문자 a~z 중에서 출현빈도가 높은 문자는 e이며 그다음은 t입니다. 이러한 출현빈도를 이용하여 특정 문서를 분석하는 **빈도분석**에 최빈값을 사용합니다. 빈도분석은 역사적으로 암호 해독 등에 사용되었습니다. 즉, **최빈값**은 인류사에 눈에 띄게 큰 역할을 해온 통계학 개념인 셈입니다.

암호문을 제삼자가 해독(복호)하려면 ① 암호 원리(알고리즘), ② 암호 키의 2가지를 알아야 합니다. 고대 그리스에서는 스키테일이라 불리는 둥근 막대에 암호문을 묶어 세로로 메시지를 적어넣고, 상대도 같은 크기와 형태의 막대를 가지고 있다가 암호문을 거기에 감아서 해독하는 방식의 **스키테일 암호**를 사용했습니다. 이후 로마의 카이사르는 알파벳을 3문자씩 뒤로 밀어 쓴 **카이사르 암호**를 이용했습니다. 예를 들어 'L ZRQ'라는 암호가 있을 때 이를 3문자씩 앞으로 되돌리면 'I WON(나는 이겼다)'이 됩니다.

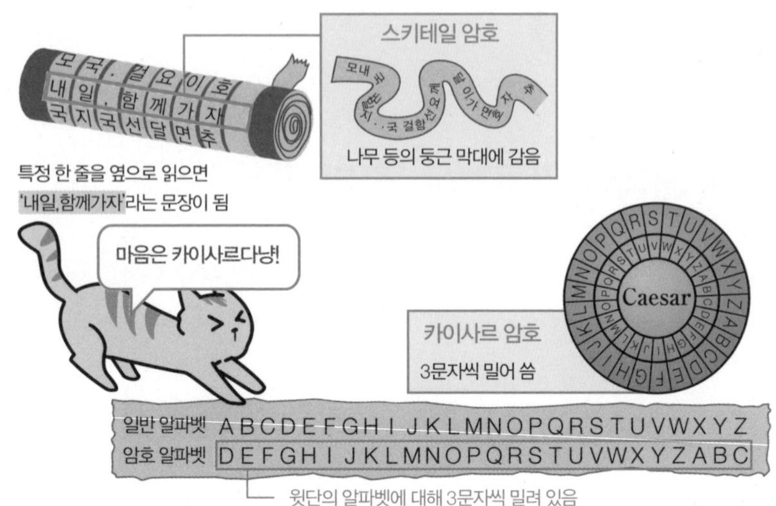

사실 카이사르 암호에 사용하는 '문자 밀어 쓰기' 암호 원리(알고리즘)와 '문자를 몇 문자를 밀어 쓰면 되는가?'라는 암호키는 비교적 간단하게 해독할 수 있습니다. 26가지의 밀어 쓰기 방법이 있고, 26개 문자를 밀어 쓰면 원래로 되돌아오기 때문입니다. 사실상 25개의 패턴(25개의 키)밖에 없습니다. 덧붙여 영화 〈2001: 스페이스 오디세이〉에 등장하는 컴퓨터 이름인 HAL은 카이사르 암호를 사용한 'IBM의 패러디'* 라는 견해도 있습니다.

* 저자주_ HAL(Heuristically programmed ALgorithmic computer)은 'IBM의 회사 이름을 1문자씩 앞으로 밀어 쓴 것이다.'라는 설이 힘을 얻고 있습니다(I→H, B→A, M→L). 즉, 'IBM보다 한 발 앞선 컴퓨터'라는 의미를 담은 것이 아니냐는 의심이죠. 감독인 스탠리 큐브릭이나 각본을 쓴 아서 C. 클라크는 이를 부정했으며(IBM에 대한 배려?) 〈2001: 스페이스 오디세이〉에도 챈들러 박사 자신이 IBM 설을 부정하는 장면이 있습니다. 그러나 후에 실제로는 IBM이 이 설을 기뻐한다는 소식이 들리자 『3001 최후의 오디세이』의 에필로그에서 '이후로는 해당 설의 오해를 풀려는 노력을 포기한다.'라고 밝혔습니다. 왠지 '실제로는 그랬다.'라는 말을 에둘러 한 고백으로 들릴 수도 있겠네요.

빈도해석을 이용한 셜록 홈즈의 암호 해독이란?

문자 전체를 밀어 쓰는 것이 아닌 각각의 글자를 다른 문자로 바꾸는 알고리즘이라면 암호 해독은 극단적으로 어려워집니다. 예를 들어 각 문자를 규칙성 없이 다음과 같이 밀어 쓰면 어떻게 될까요?

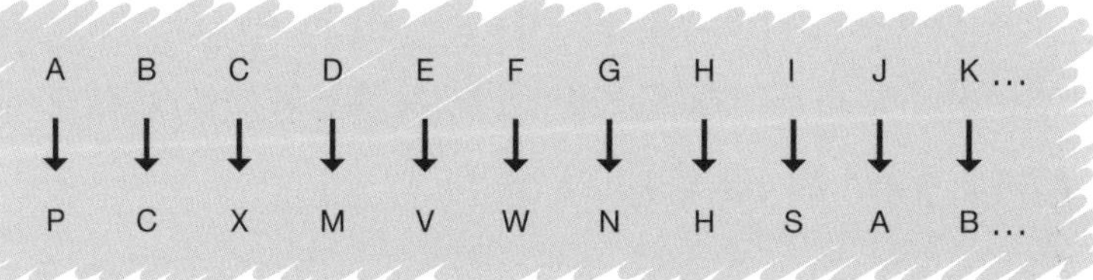

설령 겨우 4개 문자로 이루어진 암호문을 구했다 해도, 최초 문자는 알파벳 26문자 중 하나일 가능성이 있으며 다음 문자는 나머지 25가지, 3번째는 24가지, 4번째는 23가지라 할 수 있으므로 다음 가짓수를 생각해야 합니다. 즉, 해독에 엄청난 시간이 걸리게 됩니다.

- 26×25×24×23=358,800 (가지)

셜록 홈즈가 주인공인 단편 소설 『춤추는 인형』에서 범인은 다음과 같은 그림을 남깁니다.

홈즈는 '하나의 그림이 하나의 문자에 대응할 것(문자로 변환하면 될 것)'이라고 생각했습니다. 이때 활용한 것이 '영문은 일반적으로 e, t, a

순으로 많이 등장한다.'라는 빈도분석이었습니다.

e = 12~13%, t = 9%, a = 8%......

단, 이러한 문자 사용 빈도는 사람, 장르, 시대, 언어 등에 따라 조금씩 달라집니다. 다음 그래프는 필자가 『셜록 홈즈의 모험』의 12개 에피소드에서 추출한 문자별 사용 빈도입니다.

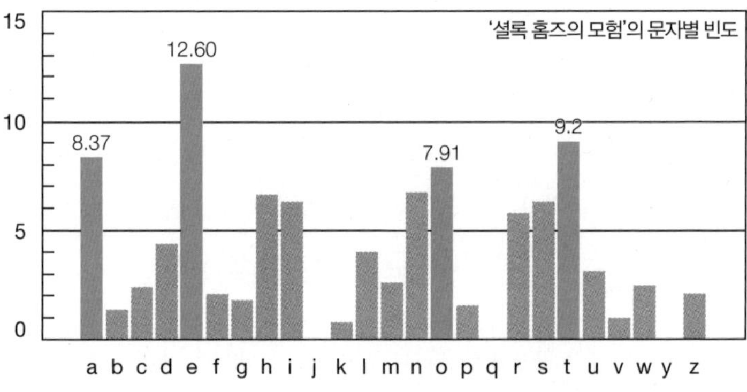

'암호해독'을 숨기고자 통계학을 이용?

제2차 세계 대전 중 '절대로 해독 불가능'할 것으로 생각했던 것이 독일의 에니그마 암호입니다. 이는 전용 암호기를 전선에 있는 군에 지급한 다음, 1.59×10^{20}가지의 암호 키를 만들고 심지어 이 암호 키조차도 매일 바뀌도록 한 것입니다. 당시 영국의 수학자 앨런 튜링** 등의 활약으로 빈도분석이나 다양한 힌트를 이용하여 에니그마 암호 해독에 성공했습니다.

실은 암호 해독 후에도 통계학 지식이 사용되었다고 합니다. 단, 이번에는 비극적인 방향으로 활용되기 시작합니다. 영국이 암호 해독에 성공했다는 것을 나치에게 들키면 안 된다는 관점에서 비롯된 것이었습니다.

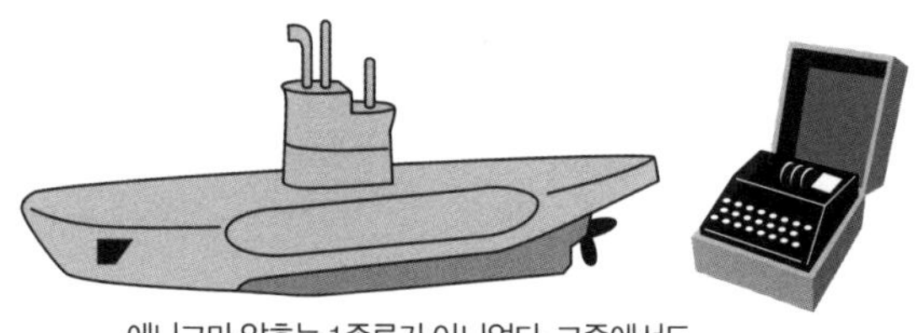

에니그마 암호는 1종류가 아니었다. 그중에서도
U-보트의 암호 해독은 더 어려웠던 것으로 알려졌다.

만약 나치의 모든 작전에 연합군이 대응한다면 아군의 피해는 최소화하면서 적군에는 치명적인 타격을 줄 수 있었을 것입니다. 하지만 그렇게 되면 나치도 에니그마가 해독되었다는 사실을 눈치채고 알고리즘도 즉시 변경할 것이므로 연합군 측은 암호 해독을 처음부터 다시 해야 했습니다.

이에 따라 어떤 공격에는 연합군을 출격시키지만, 어떤 공격에는 일부러 지원군을 보내지 않는다는 (그 결과 연합군 함선의 침몰도 알면서 묵인하는 등의) 비정한 전략을 채택하게 되었습니다. 이때 어느 전장에

** 저자주_ 에니그마 암호 해독에 성공했다는 것을 영국 정보부는 전후 50년 이상 공표하지 않았습니다. 암호 해독 프로세스는 『비밀의 언어』(인사이트, 2015)에 그 경위가 자세하게 설명되어 있습니다. 또한, 베네딕트 컴버배치 주연의 〈이미테이션 게임〉(2015)에서 당시의 긴장감을 느낄 수 있습니다(통계학 이야기는 조금밖에 등장하지 않지만요).

지원군을 보내고 어느 곳에는 보내지 않을 것인지, 어느 정도의 확률로 대응하면 '에니그마가 해독된 것이 아니라 연합군이 우연히 그곳에 있었을 뿐'이라는 인상을 줄 수 있는지, 출격 빈도 등은 어떻게 할 것인지와 같은 선택에 통계학적인 확률을 이용했다고 합니다. 속는 쪽도 속이는 쪽도 통계학 지식을 이용해 싸웠던 것입니다.

한편, 튜링은 인공지능(AI)의 아버지로도 잘 알려졌습니다. 커튼 반대편에 몇 가지 질문을 던진 다음 그 응답을 듣고 커튼 뒤에 있는 것이 사람인지 기계인지 구별이 되지 않으면 그 기계를 '인공지능'으로 인정해도 된다는 것이 판단 기준입니다. 현재 인공지능 분야에서는 이를 튜링 테스트라고 합니다.

평균, 중앙값, 최빈값의 위치 관계는?

평균과 중앙값, 최빈값은 모두 데이터의 대푯값이지만 이들 3가지 대푯값이 항상 같은 값을 가진다고 볼 수는 없습니다. 데이터가 특정 분포를 이룰 때 이들 3가지 대푯값의 위치 관계는 각각 어떻게 될까요? 그 관계는 그래프를 이용하여 시각적으로 살펴보면 기억하기 쉬울 것입니다.

일치하지는 않아도 나열 방식에는 법칙성이 존재

다음 [그림 3-1]과 같이 데이터가 균형을 이룬 깔끔한 상태의 (정규분포 등) 분포 그래프일 때 평균과 중앙값, 최빈값은 거의 같은 위치에 있습니다. 이때는 평균을 대푯값으로 사용하는 것이 일반적입니다.

그림 3-1 평균 = 중앙값 = 최빈값

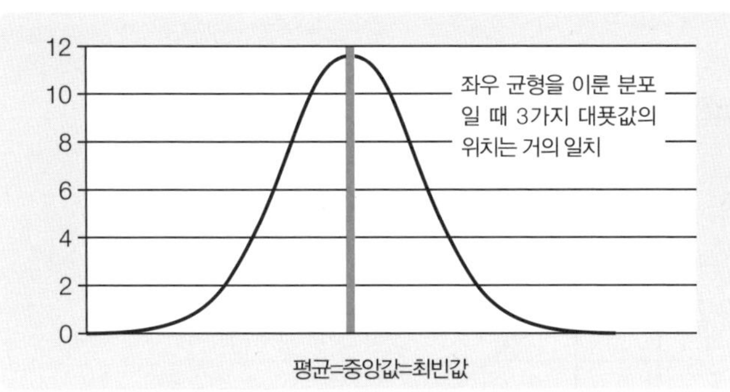

평균을 대푯값으로 사용하는 것이 편리한 이유는 '분산'(표준편차와 같은 의미)과의 궁합이 아주 좋기 때문입니다. 이와 관련해 4장의 '정규분포'에서 둘의 관계에 대해 더 살펴보겠습니다.

그러나 데이터 분포가 [그림 3-2]와 [그림 3-3]처럼 균형을 이루지 못했을 때 평균·중앙값·최빈값이 반드시 일치하지는 않습니다. 평균은 크게 움직입니다. 그 이유는 이미 앞에서 설명한 것처럼 평균이 특잇값의 영향을 가장 많이 받기 때문입니다. 이처럼 3가지 경우를 살펴보면 중앙값은 항상 '한가운데'에 있다는 것(특잇값에 강하다는 것)을 재차 확인할 수 있습니다.

그림 3-2 평균 〈 중앙값 〈 최빈값

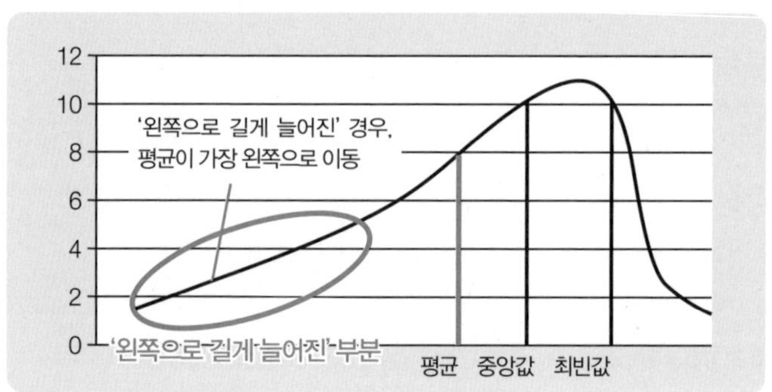

그림 3-3 평균 〉 중앙값 〉 최빈값

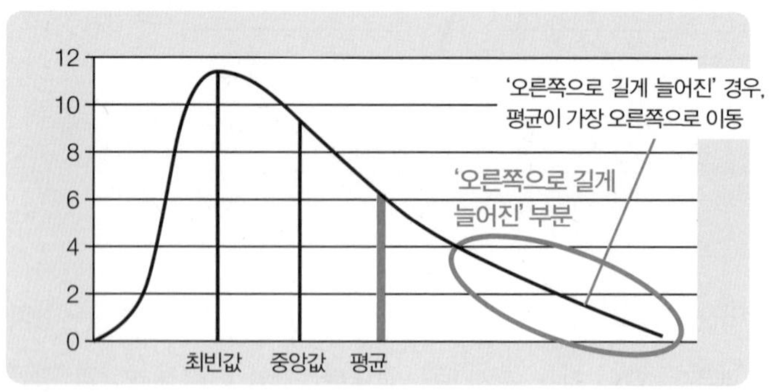

저축 잔액으로 3가지 대푯값 이해하기

지금부터 일본 총무성의 자료를 이용하여 평균, 중앙값, 최빈값의 구체적인 예를 살펴보겠습니다. 가구당 현재 저축 잔액을 나타내는 다음 페이지의 [그림 3-4] 그래프는 평균이 실태보다 커지는 '대푯값의 불일치'를 나타내는 사례로 일본 통계학 해설서 등에도 자주 등장합니다.

그래프를 보면 2016년 기준 가구당 저축 잔액은 평균 1,820만 엔(약 1억 8천만 원)입니다. 상당한 금액의 평균 저축액에 놀라신 분도 계실 것입니다. 그러나 이 수치는 실태를 충분히 반영했다고는 말하기 어렵습니다. 실제로 3분의 2 이상의 가구가 평균 이하의 평균 저축액을 보유하고 있습니다.

또한, 그래프에 따르면 중앙값은 1,064만 엔(약 1억 원)인데요, 평균 1,820만 엔과 비교하면 거의 절반인 58%에 해당하는 금액입니다. 더욱이 최빈값은 그래프로 판단하자면 100만 엔(약 천만 원) 미만이므로 평균과는 금액 차이가 큽니다.

이러한 평균이 생기는 이유는 앞에서 살펴본 [그림 3-1]부터 [그림 3-3]까지의 내용과 같습니다. **평균과 중앙값, 최빈값이 거의 일치하는 경우는 좌우 균형을 이루는 그래프일 때뿐**이므로 어느 쪽으로든 길게 늘어진(꼬리를 끄는) 일그러진 형태라면 평균은 특잇값의 영향을 많이 받습니다.

이 그림에서 특잇값은 오른쪽 아래로 길게 늘어진 '4,000만 엔 이상'의 부유층'이라 할 수 있습니다(물결 표시로 중간에 끊었으나 실제로는 훨씬 더 깁니다). 보통 통계학 책에서 '현재 저축 잔액이 많은 사람(특잇값)이 전체 평균을 크게 끌어올리기 때문에 일어난 현상'이라 설명하는 것은 이 때문입니다.

그림 3-4 2016년 가구당 현재 저축 잔액(일본, 2인 이상)

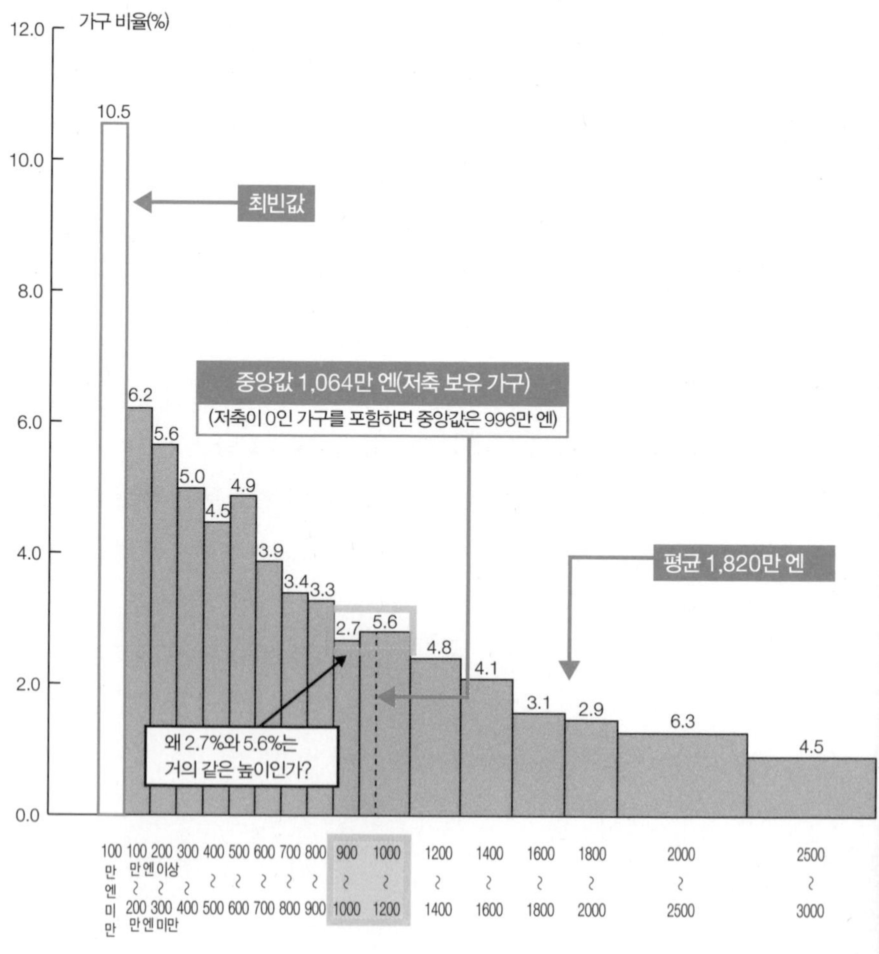

덧붙여 이 그래프는 직사각형 면적이 크기를 나타내는 히스토그램입니다. 따라서 구간(가로축)이 2배가 되면 같은 %일 때 높이는 반으로 조정됩니다. 그래프의 900만 엔~1,000만 엔에 해당하는 층이 2.7%, 이웃한 1,000만 엔~1,200만 엔에 해당하는 층이 5.6%임에도 높이가 거의 같은 것은 폭이 2배인 만큼 5.6%를 절반(2.8%) 높이로 조정했기 때문입니다.

일본 총무성 가계조사보고(2017년 5월)

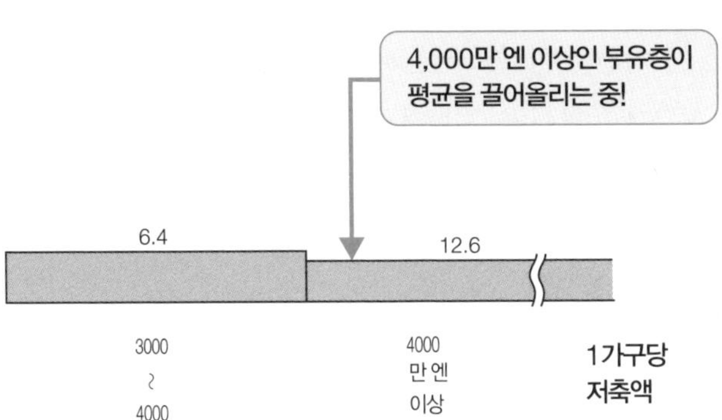

산포도를 나타내는 '사분위수·상자수염그림'

대푯값은 데이터 전체의 특성을 파악하는 중요한 지표입니다만, 대푯값만으로 데이터의 특성을 온전히 파악할 수는 없습니다. 데이터는 거의 흩어지곤 하는데, 이 역시 중요한 데이터의 특징이기 때문입니다. 이런 의미에서 흩어짐 정도를 나타내는 산포도dispersion와 대푯값은 데이터 전체를 이해하는 데 반드시 필요한 한 쌍입니다.

야채를 재배하다 보면 같은 품종, 같은 시기에 기른 것이라도 크기와 형태는 조금씩 다릅니다. 평균을 구하면 그 평균을 중심으로 큰 것(무거움), 작은 것(가벼움)이 나오지요. 이것이 자연의 상태입니다.

이러한 야채 재배와 비교했을 때 공장에서의 생산 과정은 같은 품질의 제품을 정확하게 만들어내는 것처럼 보이나 사실은 공장 제품에도 조금씩 차이가 발생합니다. 이때 평균과 각 데이터의 차이(편차)를 측정하면, 예를 들어 공장의 경우 품질 관리를 통해 기계 이상을 미리 알아내고 더 큰 사고를 예방할 수 있습니다.

다음 3개의 그래프는 모두 같은 평균을 가지는 데이터를 모은 것입니다. 그러나 아무리 봐도 비슷한 데이터 분포로는 보이지 않습니다.

산포도①은 얼핏 보았을 때 어떤 데이터도 평균과의 차이가 크지 않아 양호해 보입니다. ②는 평균과의 차이가 큰 것부터 작은 것까지 제각각입니다. ③도 마찬가지입니다만, 무언가 규칙성이 있어 보입니다. 이처럼 평균이 같다고 해도 산포도를 살펴보지 않으면 원래 데이터의 성질 등을 이해할 수 없습니다.

그림 3-5 평균은 같으나 산포도는 다름

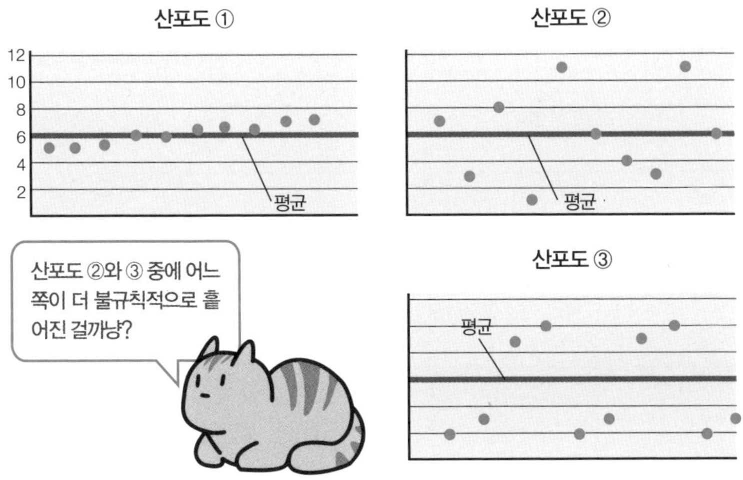

최댓값·최솟값과 사분위수는 중앙값과 한 묶음으로

3.1절의 노동조합 요구서에는 '최댓값·최솟값'이라는 값이 있었습니다. 이는 모든 데이터의 범위를 나타냅니다. 통계학에서는 최댓값부터 최솟값까지의 넓이를 **범위**[range]라 합니다.

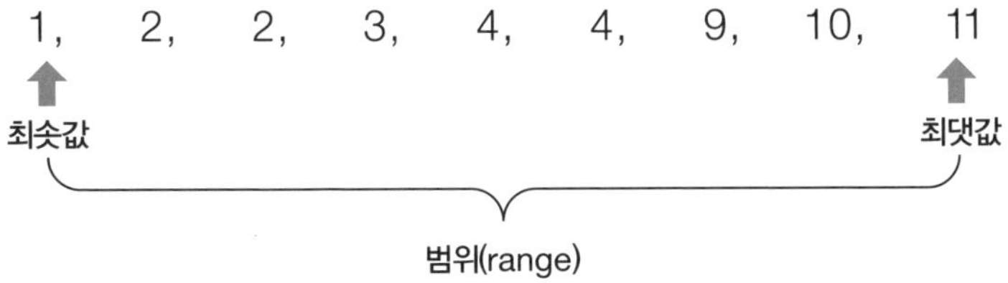

그러면 데이터를 4등분 해보겠습니다. 이를 **사분위수**라 부릅니다.

우선 데이터의 최솟값에서부터 4분의 1 위치(25%)에 있는 데이터가 **제1 사분위수**, 아래에서 4분의 2 위치 데이터가 **제2 사분위수**(중앙값),

아래에서 4분의 3 위치에 있는 데이터가 제3 사분위수입니다. 4분의 1씩 전체 데이터를 나누어 나갑니다.

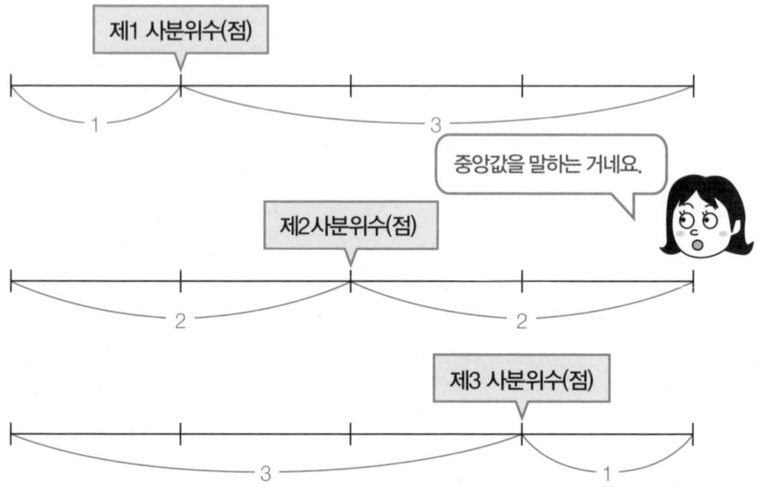

그래프로 보면 다음 그림과 같습니다. 4분의 1씩 나누므로 감각적으로도 알기 쉬운 지표라 할 수 있습니다. 이때 제1 사분위수부터 제3 사분위수까지의 넓이를 사분위범위라 부릅니다. 1장에서도 설명한 적이 있습니다.

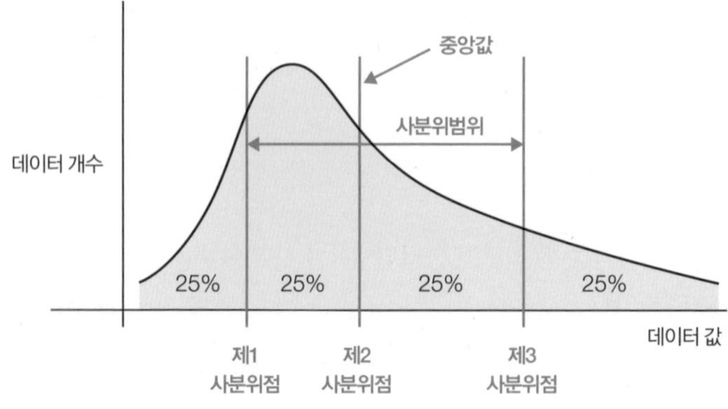

앞서 2장에서 4가지 데이터 척도인 명목척도와 서열척도, 등간척도, 비율척도를 살펴보았습니다. 그중 질적 데이터에 속하는 명목척도와 서열척도는 평균을 구할 수 없었습니다.

다만 순서대로 크기가 정해지는 서열척도 데이터라면, 중앙값이나 사분위수는 구할 수 있습니다. 이를 그래프로 나타내려면 다음에 살펴볼 **상자수염그림**이 효과적입니다.

다음 그림처럼 최댓값과 최솟값을 상자수염그림의 좌우로 놓고 '수염'처럼 그립니다. 직사각형의 상자 왼쪽 끝이 제1 사분위수(점), 오른쪽 끝이 제3 사분위수(점)입니다. 한가운데 그은 선이 제2 사분위수(점)로, 이미 설명한 대로 중앙값에 해당합니다. 서열척도 데이터를 다룰 때는 이 상자수염그림을 사용하면 데이터의 산포도를 한눈에 알 수 있습니다.

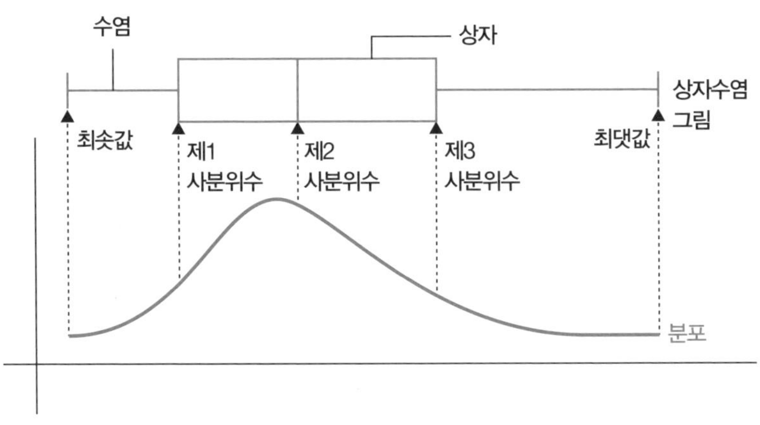

이들을 그룹별로 나열하면 그룹 간의 비교가 쉽고, 시계열로 나열하면 상품 가격의 불안정한 정도나 매일의 가격변동 폭 등도 확인할 수 있습니다.

덧붙여 주가에서 사용하는 캔들차트(봉차트)도 이 상자수염그림과 많이 닮았습니다만, 모양은 비슷해도 직사각형 상자 부분이 제1 사분위수나 제3 사분위수가 되지는 않습니다. 닮았지만 다릅니다.

평균에서 '분산'으로

앞서 3.5절에서는 데이터의 산포도를 보기 위한 그래프로 상자수염그림을 살펴보았습니다. 거기서는 최댓값~최솟값(범위)과 더불어 사분위수(사분위범위) 등을 사용했는데요, 이와는 달리 평균을 사용하여 산포도를 보는 것이 '분산'입니다. 분산은 통계학에서는 특히 중요한 지표입니다.

편차를 모두 더하면?

산포도를 나타내는 값으로 분산이 있습니다. 여기서는 분산에 대한 기본적인 내용을 살펴보고 다음 7절에서는 실제로 계산 해보겠습니다.

먼저 앞에서 살펴본 [그림 3-1] ~ [그림 3-3]과 같은 데이터 산포가 있다고 할 때, 우연히 평균이 같다고 해도 그래프로 표시하면 각 차이를 한눈에 알 수 있습니다. 다만 그것만으로는 '어느 정도 다른가?'까지는 설명할 수 없습니다. 또한, 그래프만 보고서는 어느 쪽의 산포도가 더 큰지 분명히 밝힐 수 없는 때도 있습니다.

만약 이 산포도를 일정 '수치'로 설명할 수 있다면 얼마나 구체적이 될까요? 아울러 설득력도 한층 늘어날 것입니다.

수치로 표현하는 방법으로는 '각 데이터와 평균과의 차이'를 구하고 이를 전부 더하는 것이 가장 먼저 떠오를 것입니다. 이때 평균과 각 데이터의 차이를 편차라 합니다. 이는 각각의 데이터가 평균과 어느 정도 떨어져 있는지, 한쪽으로 얼마나 치우쳐 있는지를 가리킵니다.

• 편차 = (각) 데이터 － 평균*

각 데이터의 편차를 모두 더하면(총합) 이를 수치로 나타낼 수 있으므로 그 크기 정도로 '데이터의 산포도'를 나타낼 수 있을 듯합니다.

그림 3-6 10개 데이터의 산포도를 수치화

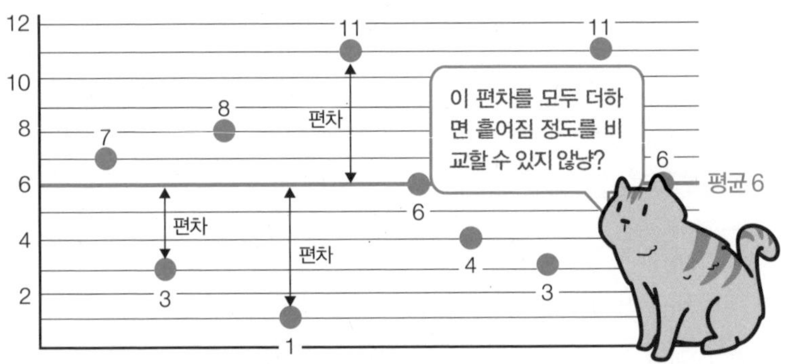

그러나 안타깝게도 총합은 0이 되어 버립니다. 원래 '평균'이란 각 데이터의 균형을 이룬 수치를 말하므로 이들 편차를 모두 더하면 플러스·마이너스로 서로 상쇄되어 0이 되기 때문입니다.

정말로 '편차의 합=0'일까?

지금부터 [그림 3-6]의 10개 데이터로 확인해봅시다. 데이터의 값은 다음과 같습니다.

• 7, 3, 8, 1, 11, 6, 4, 3, 11, 6 (합계 10개)

* 저자주_ 물론, 거꾸로 '(평균) – (각 데이터)'로 편차를 계산해도 결과는 같습니다.

그러면 평균은 다음과 같이 구할 수 있습니다.

$$\text{평균} = \frac{7+3+8+1+11+6+4+3+11+6}{10} = 6$$

여기서 각 데이터의 '편차'를 구합니다. 편차는 '(각) 데이터−평균'이며 평균=6이므로 다음과 같습니다.

7 − 6 = 1

3 − 6 = −3

8 − 6 = 2

1 − 6 = −5

11 − 6 = 5

6 − 6 = 0

4 − 6 = −2

3 − 6 = −3

11 − 6 = 5

6 − 6 = 0

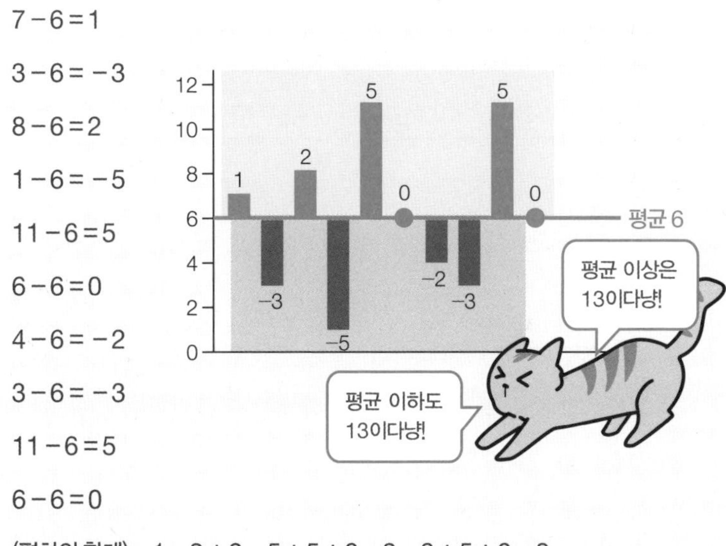

(편차의 합계) = 1 − 3 + 2 − 5 + 5 + 0 − 2 − 3 + 5 + 0 = 0

이처럼 '편차의 합계=0'이 되므로, 각 데이터의 편차를 단순히 더하기만 해서는 쓸모가 없다는 것을 알 수 있습니다.

'평균편차'면 괜찮다?

각 데이터와 평균의 차이, 즉 '편차'를 전부 더하자 총합은 0이 되고 말았습니다. 그러나 방법은 있을 것입니다. 예를 들어 절댓값 기호를 사용하면 어떨까요?

앞의 그래프를 보면 알 수 있듯이 평균 위아래로 플러스 마이너스를 더하면 결국 0이 되지만, 평균과의 차이를 '거리(플러스)'로 생각하여 이를 더하면 0이 되지는 않을 것입니다.

즉, 평균과의 차이가 마이너스가 되는 것에 대해 절댓값 기호로 플러스로 변환한 다음 계산합니다. 이렇게 하면 데이터의 산포도를 측정할 수 있는 좋은 지표가 될 것입니다. 이를 **평균편차**mean deviation라 합니다. 구체적인 계산 방법은 다음과 같습니다.

$$\text{평균편차} = \frac{|7-6|+|3-6|+|8-6|+\cdots\cdots+|3-6|+|11-6|+|6-6|}{10} = 2.6$$

이 평균편차를 이용하면 0이 되지는 않습니다. 계산도 편하고 사고방식도 직관적입니다. 무엇보다도 '평균과의 차이'의 평균이므로 평균과의 멀어짐 정도(거리)를 잘 나타냅니다. 이는 무척 알기 쉬운 개념입니다.

그러나 안타깝게도 평균편차가 통계학에서 사용되거나 활용되는 일은 거의 없습니다. 그 이유로는 일반적으로 '절댓값을 이용한 연산이 싫어서'라거나 '수학적으로 다루기가 어려워서'라는 점이 꼽힙니다.

그러나 실제로는 '**정규분포표를 사용할 때는 표준편차(분산)가 더 편하다.**'라는 것이 가장 큰 이유가 아닐까요? 그럼 지금부터 표준편차(또는 분산)에 대해 알아봅시다.

'제곱하여 더하면 0이 되지 않는다는' 아이디어 = 분산

다음으로 생각한 방법이 편차를 일단 제곱한 다음, 이를 모두 더하여 데이터 수로 나누면 되지 않을까라는 것입니다. 이렇게 하면 플러스 마이너스로 서로 상쇄되는 일은 없습니다.

$7-6=1 \rightarrow (1)^2=1$

$3-6=-3 \rightarrow (-3)^2=9$

$8-6=2 \rightarrow (2)^2=4$

$1-6=-5 \rightarrow (-5)^2=25$

$11-6=5 \rightarrow (5)^2=25$

$6-6=0 \rightarrow (0)^2=0$

$4-6=-2 \rightarrow (-2)^2=4$

$3-6=-3 \rightarrow (-3)^2=9$

$11-6=5 \rightarrow (5)^2=25$

$6-6=0 \rightarrow (0)^2=0$

(편차의 제곱 합계) $=1+9+4+25+25+0+4+9+25+0=102$

모든 값이 플러스가 되었어.

이를 데이터 수로 나눈 것(여기서는 10)을 **분산**이라 부르기로 합니다. 데이터의 **산포도**를 나타내는 지표로 사용합니다.

$$\text{분산} = \frac{\text{(편차의 제곱)의 합계}}{\text{데이터 수}} = \frac{102}{10} = 10.2$$

$$\text{분산} = \frac{(\text{데이터①}-\text{평균})^2+(\text{데이터②}-\text{평균})^2+\cdots\cdots+(\text{데이터}n-\text{평균})^2}{\text{데이터 수}(n)}$$

Σ (시그마) 기호는 뭐지?

'분산'을 구하는 식을 이 책에서는 다음과 같이 나타냈습니다.

$$분산 = \frac{(데이터①-평균)^2+(데이터②-평균)^2+\cdots\cdots+(데이터n-평균)^2}{데이터\ 수(n)}$$

수식의 뜻은 '데이터①에서 평균을 빼고 그 값을 제곱한다. 이를 데이터②, 데이터③, …에 대해서도 반복한 다음, 모든 값을 더하고 데이터 개수로 나눈다.'라는 것입니다.

많은 통계학 책에서는 이 분산 공식에서 평균=m, 각 데이터=x_1, x_2, x_3, …, x_n, 데이터 개수=n으로 치환하여 분산(V)을 다음과 같이 구합니다.

$$V = \frac{(x_1-m)^2 + (x_2-m)^2 + (x_3-m)^2 + \cdots\cdots + (x_n-m)^2}{n}$$

한편 Σ (시그마)라는 기호는 '모두 더한다.'라는 의미가 있으므로 다음과 같이 분산 공식을 간단히 쓸 수 있습니다.

$$\frac{1}{n}\sum_{i=1}^{n}(x_i-m)^2$$

이들 기호와 식은 모두 같은 의미입니다. Σ 기호가 나왔을 때는 'Σ 이하 부분(위 예에서는 $(x_1-m)^2$)을 계산하여 n번 반복하여 더한다.'라는 의미입니다. 덧붙여 이 책에서는 Σ 기호를 사용한 계산은 하지 않을 예정입니다.

'분산'으로 산포도 계산하기

데이터 집합의 산포도를 나타내는 '분산'의 사고방식에 대해서는 앞서 설명했습니다. 지금부터는 실제로 이를 계산해보겠습니다.

분산은 익숙해지는 것

그러면 분산 계산을 연습해봅시다. 직접 계산해보면 자신감도 생기고 이해도 깊어질 것입니다.

슈퍼마켓 A와 슈퍼마켓 B에서 양배추가 모두 10개씩 팔렸습니다. 그 무게를 측정해보니 평균은 둘 다 1,200g이었습니다. 다만 슈퍼마켓 A의 양배추는 크기가 모두 비슷하지만, 슈퍼마켓 B 쪽은 눈대중으로 보더라도 크기 차이가 심한 듯했습니다.

슈퍼마켓 B의 Y 씨는 이를 개선하고자 '양배추의 크기가 제각각인 듯합니다.'라고 점장에게 의견을 이야기했으나 점장은 그렇게 보이지 않는다며 귀를 기울이지 않았습니다.

이에 '감각'이 아닌 '수치'로 **산포도를 표현해야겠다**고 생각했습니다. 이를 위해서는 데이터의 산포도를 나타내는 '분산'을 계산해야 합니다. 그럼 계산해봅시다.

그래프화=시각화하여 문제점 확인!

우선 이 데이터를 그래프로 만들면 다음 그림과 같습니다. 슈퍼마켓 두 곳에서 판매하는 양배추의 차이가 적어도 '눈으로 보기에는' 명확하지요. 그다음 산포도를 수치화하면 점장에게도 명확히 이야기할 수 있습니다. Y 씨는 조금 자신이 생긴 듯합니다.

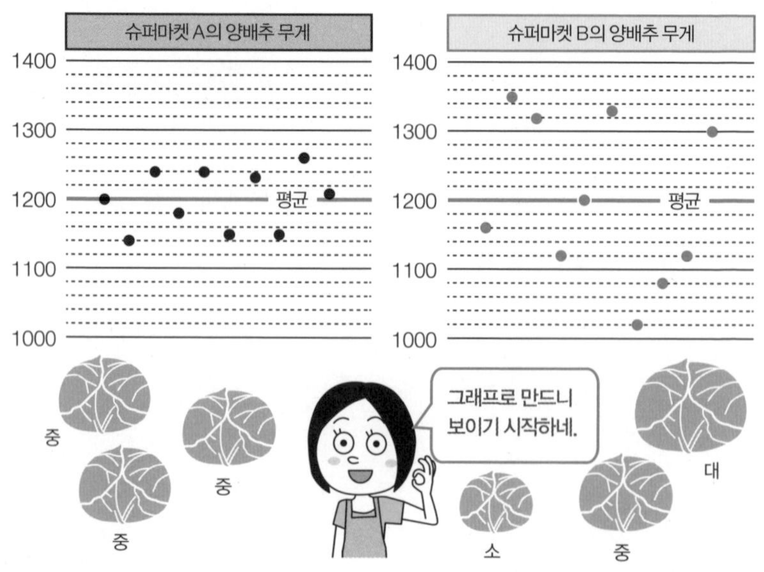

저라면 슈퍼마켓 B에서 파는 큼지막한 양배추를 사러 가겠어요. 그게 훨씬 이득이잖아요.

분명히 일찍 가는 사람은 득이지만 나중에 가는 사람은 작은 양배추밖에 남지 않겠지. 이를 알면 슈퍼마켓 A에 가서 보통 크기의 양배추를 사고자 할 거야. 즉, 슈퍼마켓 B의 작은 양배추는 팔리지 않고 남겠지.

그렇군요. 알겠어요. 그럼 Y 씨 대신 슈퍼마켓 A와 슈퍼마켓 B 양배추의 분산을 구해보도록 해요. 분산을 구하는 방법은 이렇게 해야겠죠?

① (각 양배추의 무게) – (평균)을 구하고 이를 제곱함

② 제곱한 수치를 모두 더함

③ 데이터 개수(이 경우에는 10)로 나눔

그러면 분산을 구할 수 있겠네요.

그러면 계산해보렴. 제곱하여 더하므로 수치가 커질 거야. 계산 실수에 조심하고. 나도 몇 번이나 실수하곤 했지.

해볼게요. 평균이 1,200g이었으므로,

$(1202-1200)^2=(2)^2=4$

$(1140-1200)^2=(-60)^2=3600$

$(1239-1200)^2=39^2=1521$

아, **편차는 –가 되는지 +가 되는지 하나하나 신경 쓰지 않아도** 되네요.

그렇지. 제곱하므로 반드시 플러스(혹은 0)가 되지. 그러므로 $(-60)^2=3600$이라 하지 않고 $(60)^2=3600$이라고 하면 돼. 큰 것에서 작은 것을 빼기만 하면 되지.

그럼, 계속해볼게요.

…….

아직 끝내질 못했어요. 겨우 10개의 데이터에서 분산을 계산하는 것이 이렇게 번거롭다니. 슬슬 지치는데요.

언제 '포기'할지 궁금했어. 사실 통계학 계산은 '간단하지만 귀찮은' 일이란다.

통계학에 한정되는 이야기는 아니지만, 어느 정도 손을 움직여 직접 계산해봄으로써 몸에 익혀야 하는 부분은 어디에든 있다고 생각해. 즉, 체득하는 부분이지. 그렇지만 통계학 계산은 분산처럼 '빼고 제곱하고, 빼고 제곱하는' 등의 반복이 많으므로 어느 정도

이해했다면 다음부터는 컴퓨터의 도움*을 얻는 편이 좋아. 나도 통계학 책을 처음 만들던 무렵에는 전자계산기를 써서 직접 하나하나 계산했단다. 그랬더니 단 한 줄의 분산식인데도 검증할 때마다 답이 틀리곤 했었지.

예, 엑셀로 다음과 같이 계산해봤어요. 슈퍼마켓 A 양배추의 분산은 1,612이고 슈퍼마켓 B의 분산은 2,338이었어요. 산포도의 차이가 분명해지네요. 이로써 슈퍼마켓 B의 Y 씨 주장이 인정되면 좋겠네요. 그렇다고 해도 평균과의 차이는 100g이나 200g 정도인데 분산 값은 무척 큰 수가 되네요.

	A	B	C	D	E	F	G	H
1	평균값	슈퍼마켓 A	편차	(편차)의 제곱		슈퍼마켓 B	편차	(편차)의 제곱
2	1200	1202	2	4		1158	-42	1,764
3		1140	-60	3,600		1350	150	22,500
4		1239	39	1,521		1318	118	13,924
5		1181	-19	361		1121	-79	6,241
6		1240	40	1,600		1202	2	4
7		1152	-48	2,304		1330	130	16,900
8		1228	28	784		1021	-179	32,041
9		1151	-49	2,401		1081	-119	14,161
10		1259	59	3,481		1121	-79	6,241
11		1208	8	64		1298	98	9,604
12	합계	12000		16,120		12000		123,380
13				1,612				12,338

슈퍼마켓 A의 분산

슈퍼마켓 B의 분산

* 저자주_ 여기서는 엑셀로 분산을 구했으므로 직접 계산했을 때와 같은 순서를 따랐습니다. 즉, 슈퍼마켓 A일 때는 (데이터−평균)^{2}으로 (편차)^{2}의 합계를 계산하고(셀 D12와 셀 H12), 데이터 개수(10개)로 나누어 '분산'을 얻었습니다(셀 D13과 셀 H13). 물론 엑셀에는 분산을 구하는 함수가 있으므로 이를 이용해도 됩니다. 슈퍼마켓 A의 경우라면 B2~B11 셀에 데이터가 있으므로 '=VAR.P(B2:B11)'이라 해도 분산을 얻을 수 있지만, 함수를 이용하지 않더라도 구할 수는 있습니다.

'분산'에서 '표준편차'로

분산이 산포도를 나타낸다는 것은 이미 살펴보았습니다. 단, 분산에는 2가지 단점이 있습니다. 먼저 앞에서도 설명한 것처럼 '분산의 수치는 원래의 편차와 비교했을 때 무척 큰 수가 되기 쉽다.'는 점입니다. 그렇다면 나머지 하나는 무엇일까요?

단점 1: 너무 큰 '분산'

원래 분산은 '산포도를 수치화하여 살펴보는' 것이 목적이었습니다.

이에 가장 먼저 생각한 방법이 '(각) 데이터 평균'을 편차라 하고 '모든 편차를 합하는' 것이었지만, 플러스 마이너스가 서로 상쇄되어 결괏값이 0이 되어버렸습니다. 차선책으로 '편차의 제곱'이라는 방법을 떠올리고 산포도를 계산해본 것이 '분산'입니다.

분산의 단점 ①: 아주 큰 수가 만들어짐

	A	B	C	D	E	F	G	H
1	평균값	슈퍼마켓 A	편차	(편차)의 제곱		슈퍼마켓 B	편차	(편차)의 제곱
2	1200	1202	2	4		1158	-42	1,764
3		1140	-60	3,600		1350	150	22,500
4		1239	39	1,521		1318	118	13,924
5		1181	-19	361		1121	-79	6,241
6		1240	40	1,600		1202	2	4
7		1152	-48	2,304		1330	130	16,900
8		1228	28	784		1021	-179	32,041
9		1151	-49	2,401		1081	-119	14,161
10		1259	59	3,481		1121	-79	6,241
11		1208	8	64		1298	98	9,604
12	합계	12000		16,120		12000		123,380
13				**1,612**				**12,338**

분산은 '편차를 제곱'하므로 실제 차이보다 큰 수치가 만들어지기 쉽습니다. 슈퍼마켓 A의 양배추는 평균과의 차이가 최대 60인데 분산은 1,612이며, 슈퍼마켓 B의 양배추는 최대 차이가 179인 데 비해 분산은 12,338이라는 큰 수가 됩니다.

그러나 분산은 '(각) 데이터−평균', 즉 편차를 제곱하므로 아주 큰 수치가 된다는 점은 이미 앞 절에서도 살펴본 대로입니다.

즉, 첫 번째 분산의 문제점은 편차에 비해 아주 큰 수치가 된다는 점입니다. 조금 전 살펴본 것처럼 슈퍼마켓 A에서는 최대 편차 60밖에 안 되지만 분산은 1,612로 약 27배입니다. 마찬가지로 슈퍼마켓 B에서는 최대 편차가 179임에도 분산은 12,338로 약 70배입니다.

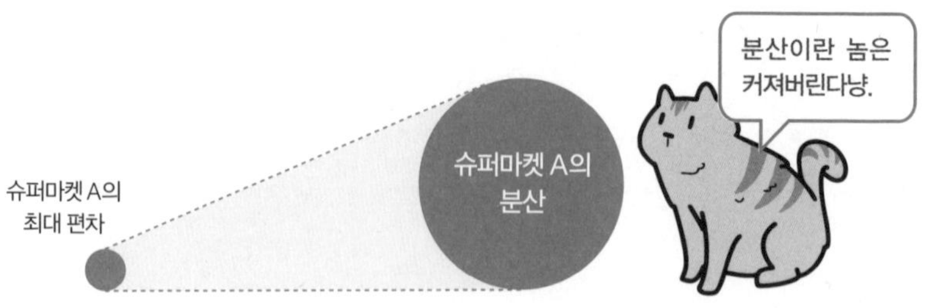

관점을 달리 한다면 '분산은 차이를 두드러지게 한다.'라고 좋게 해석할 수도 있겠지만, 각 데이터와 평균과의 차이를 비교하면 뭔가 부족하다는 느낌이 드는 값입니다.

단점 2: 단위가 변하는 '분산'

분산의 또 하나의 단점은 단위가 변한다는 것입니다.

선배, 분산을 계산하면 '단위가 변한'다니 무슨 뜻인가요?

간단해. 원래는 양배추의 무게였으므로 단위는 g(그램)이었잖아. 양배추 무게가 보통 개당 1,200g이라 치면 무는 1,000g, 오이는 100g 정도겠지.

편차 그 자체는 '(각) 양배추의 무게–평균'이므로 단위는 여전히 g이고. 그런데 이 편차를 제곱한 시점에서 단위도 제곱이 되므로 이른바 g^2이 되지.

- $(1202g - 1200g)^2 = (2g)^2 = 4g^2$

오, 그런 건지 미처 몰랐어요. 숫자를 제곱한다는 것은 알았지만, 단위도 제곱하는 건가요?

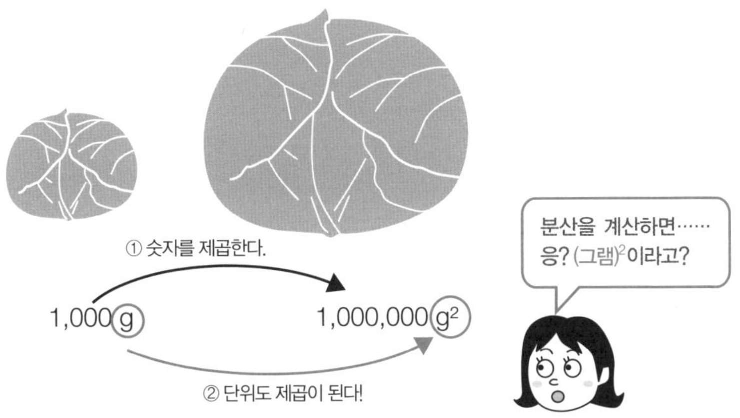

확실히 g^2이라는 이미지가 바로 떠오르지는 않네요. 의미 없는 단위 같은데요. 조금 더 분명하게 '단위가 바뀌면 안 되는' 사례는 없을까요?

물론 있지. 예를 들어 어느 학교의 남학생 10명의 키를 모은 데이터에서 평균 키를 170cm이라고 할게. 1.7m라고 해도 되겠네. 10명의 데이터는 다음과 같아.

1.71m 1.68m 1.62m 1.81m 1.71m

1.67m 1.74m 1.75m 1.68m 1.63m

지금은 분산을 계산하지 않아도 돼. 키는 m, 이를 제곱하면 m^2이지? 즉, **길이가 면적으로 변한** 거야.

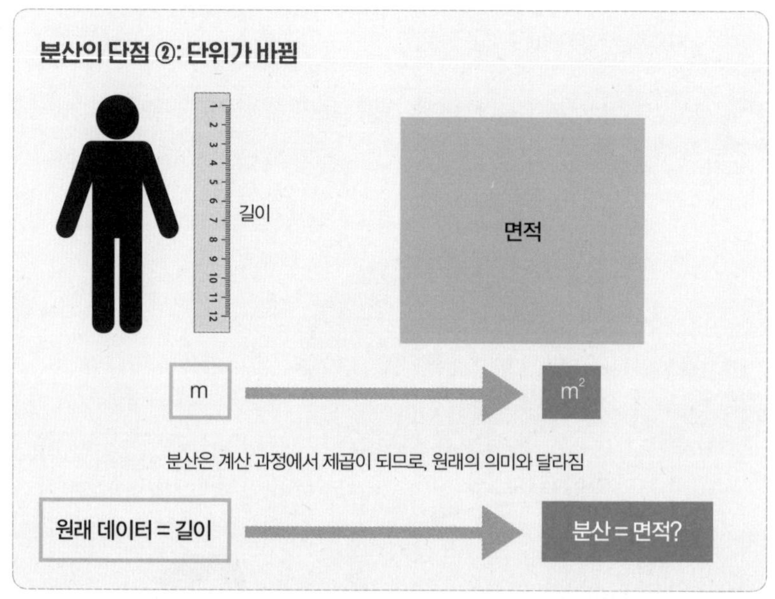

m → m^2에서 깨달았어요! 즉, 단위를 무시하고 분산을 사용해도 되지만 ① 수치가 너무 커지지 않고 ② 단위를 원래로 되돌린 또 하나의 지표가 있었으면 좋겠네요.

그렇지. 그게 바로 **표준편차**야. 분산은 제곱(평방)한 것이므로 반대로 '분산의 제곱근(루트)'을 구하면 되는 거야. 그러면 키가 면적이 되었다가 다시 키로 되돌아오게 되지.

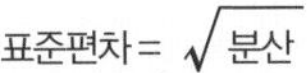
표준편차 = √분산

1변
(키)
2제곱
(면적)
1변
(길이)
데이터
분산
표준편차

09 표준편차 계산하기

표준편차의 사고방식과 그 장점을 살펴보았습니다. 지금부터는 예제 데이터를 이용하여
①평균 → ②편차 → ③분산 → ④표준편차
라는 일련의 계산과 흐름을 실제로 체험해봅시다.

표준편차 퀴즈

다음 수치는 R 베이커리의 식빵 1덩어리의 무게를 조사한 것입니다. 이 데이터를 이용하여 표준편차를 구하세요.

354g 347g 348g 352g 344g
350g 351g 349g 348g 347g

① 평균 구하기

우선, R 베이커리의 식빵 1덩어리의 평균을 구합니다.

- **평균 = 합계 ÷ 개수**

$$=(354+347+\cdots+348)\div 10=3490\div 10=349(g)$$

평균=349g이라는 것은 식빵을 다음 그림과 같이 나열하면 349g

부근에서 균형을 이룬다는 의미입니다.

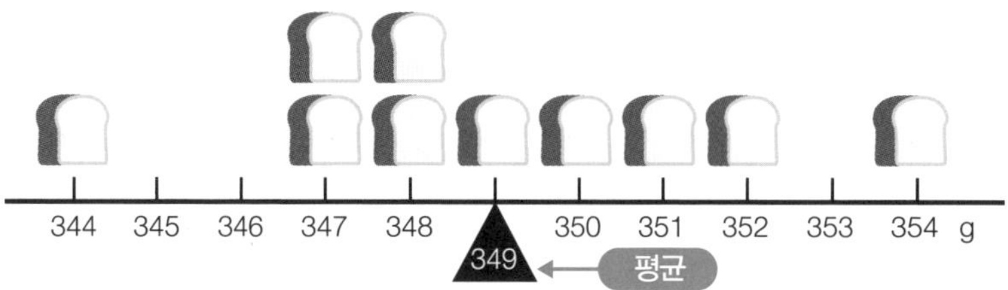

평균이란 데이터가 균형을 이루는 곳, 즉 중심 위치이다.

② 편차 구하기

편차는 각 데이터(식빵)와 평균(349g)과의 차이입니다. 다음 그림과 같이 평균 349g의 −5g 부터 +5g 사이에 흩어져 있습니다.

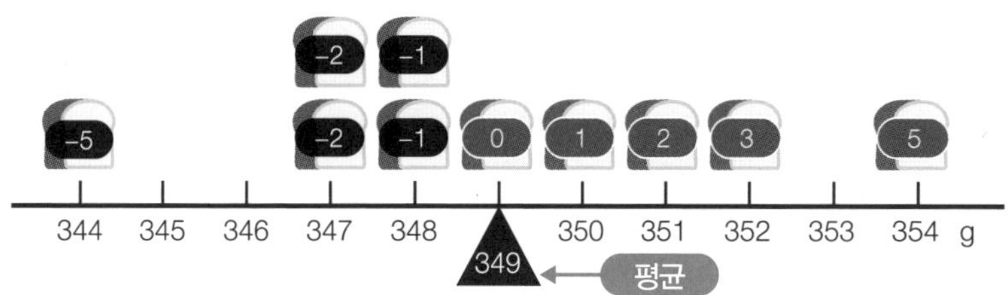

③ 분산, ④ 표준편차 구하기

각 편차(각 데이터−평균)를 제곱하고 그 합을 구하여 식빵 수 10으로 나누면 7.4입니다. 이것이 **분산**입니다. 분산은 편차를 제곱한 것이므로 **표준편차**를 계산하려면 분산의 제곱근(루트)을 취합니다. 이렇게 하여 10개의 데이터에서 표준편차 2.7을 구했습니다.

식빵 무게(g)	② 편차 (① 평균 = 349g)	편차의 제곱
354	354 − 349 = 5	$5^2 = 25$
347	347 − 349 = −2	$(-2)^2 = 4$
348	348 − 349 = −1	$(-1)^2 = 1$
352	352 − 349 = 3	$3^2 = 9$
344	344 − 349 = −5	$(-5)^2 = 25$
350	350 − 349 = 1	$1^2 = 1$
351	351 − 349 = 2	$2^2 = 4$
349	349 − 349 = 0	$0^2 = 0$
348	348 − 349 = −1	$(-1)^2 = 1$
347	347 − 349 = −2	$(-2)^2 = 4$
합계 3490	0	74

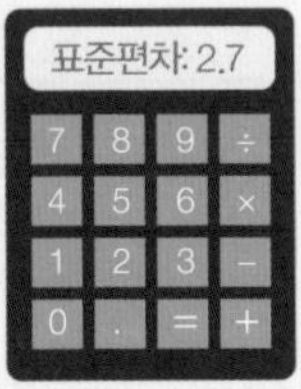

편차의 합은 0임

분산 = '편차의 제곱'의 합 ÷ 개수 = 74 ÷ 10 = 7.4

표준편차 = $\sqrt{분산} = \sqrt{7.4} \fallingdotseq 2.7$

일기예보의 '평년 기온'이란 평균? 중앙값?

TV의 일기예보를 보면 '오늘은 평년과 같은 기온'이라든가 '올해 여름은 평년보다 비가 적음'이라는 식으로 말합니다. 이때 평년이란 과거 30년과의 비교를 가리킵니다.

그러면 2018년 1월 1일을 기준으로 예로 들어보겠습니다. 1981년부터 2010년까지 30년간 기온이나 강우량, 일조시간 관측값을 낮은 순부터 차례대로 나열하여 3단계로 나눕니다.

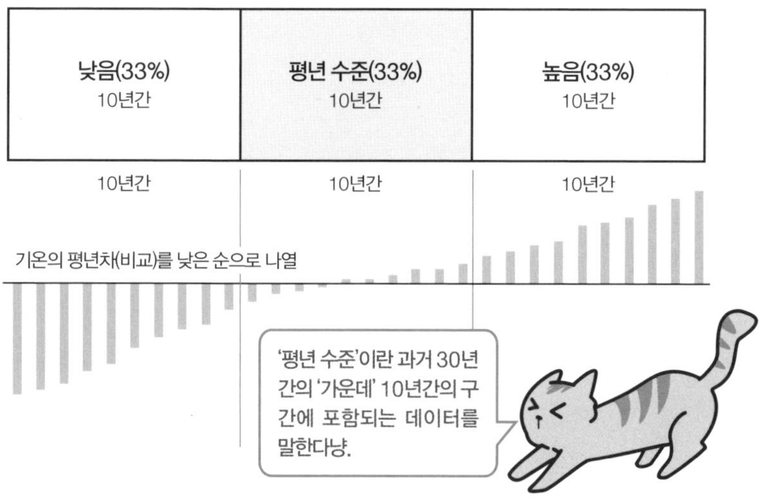

'평년보다 높음(낮음)'이라 하면 과거 '평균'과의 비교라고 생각하기 쉬우나 실제로는 '중앙값'의 의미(라고 해도 가운데 '중앙집단' 정도의 의미)로 사용하는 용어입니다.

우리나라 기상청 평년값 자료의 다음 개정은 2021년으로, 1991년~2020년의 30년간 데이터를 사용하게 됩니다. 따라서 2020년 12월까지는 '평년보다 높음'이라 표현하는 기온도 2021년에 들어가면 '평년과 비슷'이라 표현할 수 있습니다. 이처럼 데이터를 볼 때 기준의 변경점에 주의해야 합니다.

4장

정규분포 체감하기

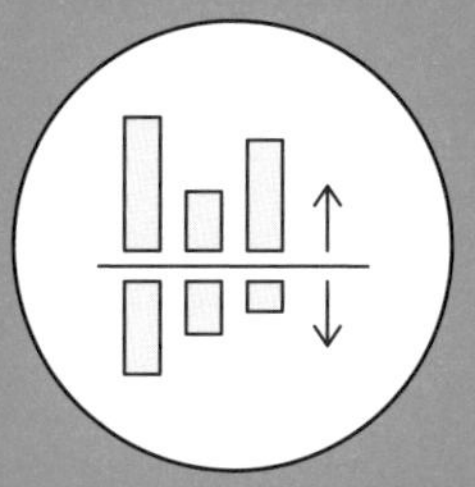

얼핏 어렵게 느껴질 수 있는 **정규분포**Normal Distribution라는 용어는 '일상에서 흔히 보는 일반적인 분포' 정도의 의미입니다. 예를 들어 다 익은 사과를 많이 모은 다음 이들의 무게를 측정하면 '평균 무게' 주변이 가장 많고, 그 평균을 중심으로 무거운 사과와 가벼운 사과가 점점 줄어드는 완만한 곡선이 그려지리라 예측할 수 있습니다. 이것이 정규분포입니다.

이 장에서는 정규분포를 살펴보되 최종적으로는 '다른 집단 간 비교'까지 다루어 보고자 합니다.

데이터로 도수분포표 만들기

데이터로 정규분포를 확인하려면 히스토그램을 만들어 보면 됩니다. 이것이 데이터 시각화로 이어집니다. 만드는 순서는 데이터 → 도수분포표 → 히스토그램으로, 이 흐름을 대충이라도 이해하면 정규분포를 이해하는 데 도움이 됩니다.

정규분포로의 첫걸음은 '히스토그램 만들기'입니다. 다음 [그림 4-1]은 데이터 수집 → 도수분포표 만들기 → 히스토그램 만들기까지의 순서를 나타냅니다. 여기서는 '데이터로 도수분포표 만들기'까지 살펴보겠습니다.

그림 4-1 데이터 → 도수분포표 → 히스토그램

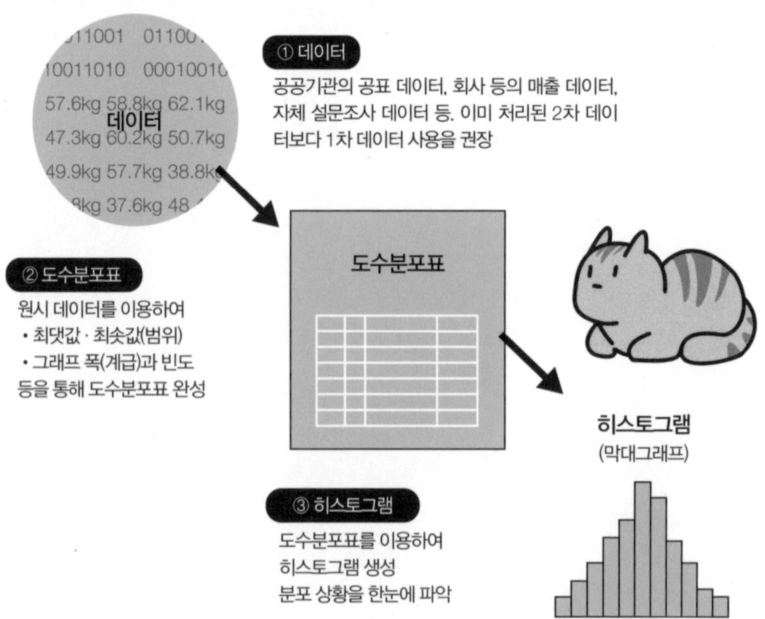

데이터 구분(계급)은 어떻게?

데이터를 그래프화하여 히스토그램을 만들려면 우선 **도수분포표**를 만들어야 합니다. 도수분포표란 다음 [표 4-1]과 같은 표를 말합니다.

표 4-1 도수분포표 샘플

계급	계급값 (계급의 중심값)	마크(체크)	도수	누적도수
0~9	5	下	4	4
10~19	15	正 一	6	10
20~29	25	正 正 一	11	21
30~39	35	正 正 下	13	34
40~49	45	正 正 一	11	45
50~59	55	正 丁	7	52
60~69	65	丁	2	54

데이터를 구분

[표 4-1]의 도수분포표 샘플을 보면 왼쪽 끝에 구간이 나누어진 것을 알 수 있습니다. 이를 **계급**이라 부릅니다. 다만, 데이터양이 적을 때 너무 많은 계급으로 구분하면 각각의 범위에 포함되는 데이터양이 적어지므로 보기 불편해집니다.

만약 다음 [그림 4-2]처럼 사용할 데이터 수가 총 80개라고 한다면 6~10개 정도의 범위로 적당히 나누면 좋습니다. 더 적정한 계급 수(구간 수)를 구하는 기준이 궁금하다면 **스터지스의 법칙***을 참고하기 바랍니다.

* 저자주_ 스터지스의 법칙(Sturges' rule)에 따르면, 표본의 수를 n이라 했을 때 계급 수 K를 구하는 공식은 K=1+$\log_2 n$입니다. 앞의 사례의 경우 표본 수 80을 n에 넣으면 K=6.32가 되므로 6~7개 정도로 나누는 것이 하나의 기준이 됩니다. 엑셀에서는 '=LOG(80,2)'로 계산할 수 있습니다.

그림 4-2 수집한 데이터

	A	B	C	D	E	F	G	H
1	59.2	68.1	71.3	58.7	59.1	59.2	57.8	70.4
2	60.5	56.3	66.7	68.4	60.9	61.5	58.1	63.2
3	55.0	57.2	67.3	69.9	75.0	58.1	63.4	61.4
4	60.4	64.4	60.9	66.2	62.1	59.9	60.5	62.2
5	61.3	59.6	71.2	66.8	65.9	69.3	73.2	58.8
6	55.7	66.3	65.5	62.8	61.3	61.2	62.3	59.6
7	56.3	61.2	66.1	63.4	65.8	64.9	67.2	65.4
8	65.5	62.3	67.2	68.4	66.6	68.2	65.9	63.2
9	61.4	63.9	70.3	64.9	67.2	68.3	64.2	64.4
10	64.2	64.9	62.1	69.4	66.7	64.1	69.9	64.2

계급을 나누는 순서

그러면 계급을 나누어보겠습니다. 순서는 다음과 같습니다.

① 데이터의 최댓값 · 최솟값 조사

② 해당 범위(최댓값 – 최솟값)와 데이터 개수에 따라 6~10개로 구분

80개 데이터 중 최댓값이나 최솟값이 무엇인지 등을 직접 살펴보며 찾으면 실수할 가능성이 있으므로 여기서는 간단히 엑셀 함수를 이용하여 계산해 보겠습니다.

계산해보면 최댓값 = 75.0, 최솟값 = 55.0이고 범위 = 20.0이므로 10개 계급으로 나누면 계급의 폭은 2가 됩니다. 따라서 다음과 같이 나눕니다.

- **계급**: 55.0~57.0, 57.0~59.0, ……, 73.0~75.0

	A	B	C	D	E	F	G	H
1	59.2	68.1	71.3	58.7	59.1	59.2	57.8	70.4
2	60.5	56.3	66.7	68.4	60.9	61.5	58.1	63.2
3	55.0	57.2	67.3	69.9	75.0	58.1	63.4	61.4
4	60.4	64.4	60.9	66.2	62.1	59.9	60.5	62.2
5	61.3	59.6	71.2	66.8	65.9	69.3	73.2	58.8
6	55.7	66.3	65.5	62.8	61.3	61.2	62.3	59.6
7	56.3	61.2	66.1	63.4	65.8	64.9	67.2	65.4
8	65.5	62.3	67.2	68.4	66.6	68.2	65.9	63.2
9	61.4	63.9	70.3	64.9	67.2	68.3	64.2	64.4
10	64.2	64.9	62.1	69.4	66.7	64.1	69.9	64.2

			엑셀 함수
12	최댓값	75.0	=MAX(A1:H10)
13	최솟값	55.0	=MIN(A1:H10)
14	범위	20.0	=B12-B13
15	폭(10일 때)	2.0	=B14/10

셀 번호 A1~H10까지의 데이터 범위에서 최댓값, 최솟값 등을 구한다냥.

앞에서 살펴본 [표 4-1] 왼쪽에서 두 번째의 '계급값'이란 해당 계급의 한가운데 값입니다. 예를 들어 57.0~59.0 구간에는 여러 개의 데이터가 포함될 수 있는데요, 그중 한가운데 수치(여기서는 58.0)를 해당 구간의 데이터 대푯값으로 하자는 것입니다. 만약 이 구간에 30개의 데이터가 있다면 해당 구간의 모든 데이터를 더하지 않아도 이 계급값을 사용하여 30×58.0 = 1,740과 같이 대략적인 값을 구할 수 있습니다.

도수분포표 완성

[표 4-1] 도수분포표의 세 번째 열에는 '마크(체크)'가 있습니다. 이는 해당 계급(구간)에 데이터가 얼마나 있는지를 표시합니다. 필자도 설문조사 회수 후에는 '正' 마크로 데이터 개수를 세었습니다. 원시적인 방법

이지만 대량의 데이터가 아니라면 빠르게 작업할 수 있습니다. 이를 획선법tally marks이라 부릅니다.

다양한 획선법

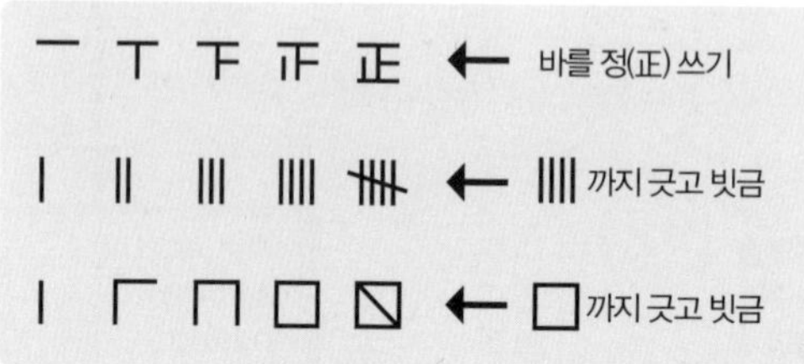

[표 4-1] 도수분포표의 네 번째 열의 도수는 표시한 '正'의 개수를 수치화한 것입니다. 이로써 계급별 데이터 개수를 알 수 있습니다. 데이터가 등장하는 빈도라고도 할 수 있습니다. 마지막으로 가장 오른쪽 열의 누적도수는 이들 빈도의 총합입니다. '누적도수=데이터 개수'가 맞는지, 표시하지 않은 데이터가 있는지 등을 확인할 수 있으므로 최종 개수 확인 시 활용하시기 바랍니다.

이상의 순서를 따라 지금까지 살펴본 80개 데이터를 이용하여 다음 [그림 4-3]과 같이 도수분포표를 완성했습니다.

그림 4-3 완성한 도수분포표

■ 사원 80명의 몸무게를 기록한 도수분포표

계급	계급값 (계급의 중심값)	마크(체크)	도수	누적도수
55.0~57.0	56.0	下	4	4
57.0~59.0	58.0	正 一	6	10
59.0~61.0	60.0	正 正 一	11	21
61.0~63.0	62.0	正 正 下	13	34
63.0~65.0	64.0	正 正 下	14	48
65.0~67.0	66.0	正 正 下	13	61
67.0~69.0	68.0	正 下	9	70
69.0~71.0	70.0	正 一	6	76
71.0~73.0	72.0	丁	2	78
73.0~75.0	74.0	丁	2	80

■ 도수분포표를 이용하여 만든 히스토그램

이렇게 완성한 도수분포표는 [표 4-1]의 샘플 데이터와 조금 다른 듯 보입니다. 그 차이는 계급에 있습니다. [표 4-1]에서는 '0~9', '10~19'와 같이 계급 사이가 이어지지 않았습니다만, [그림 4-3]의 완성된 도수분포표에서는 '~57.0', '57.0~'과 같이 숫자가 연속됩니다.

이는 [표 4-1]의 데이터가 비연속 데이터인 데 비해 [그림 4-3]의 도수분포표는 연속량 데이터**이기 때문입니다. 실제로 완성한 도수분포표는 연속량에 속하는 '80명의 몸무게' 데이터입니다. 이처럼 연속량을 다룰 때는 계급 구분에서 그어진 선이 있을 때 그 선 위의 데이터를 어느 쪽에 포함시킬 것인지 미리 정해두어야 합니다.

그림 4-4 연속량과 비연속량 데이터의 도수분포표

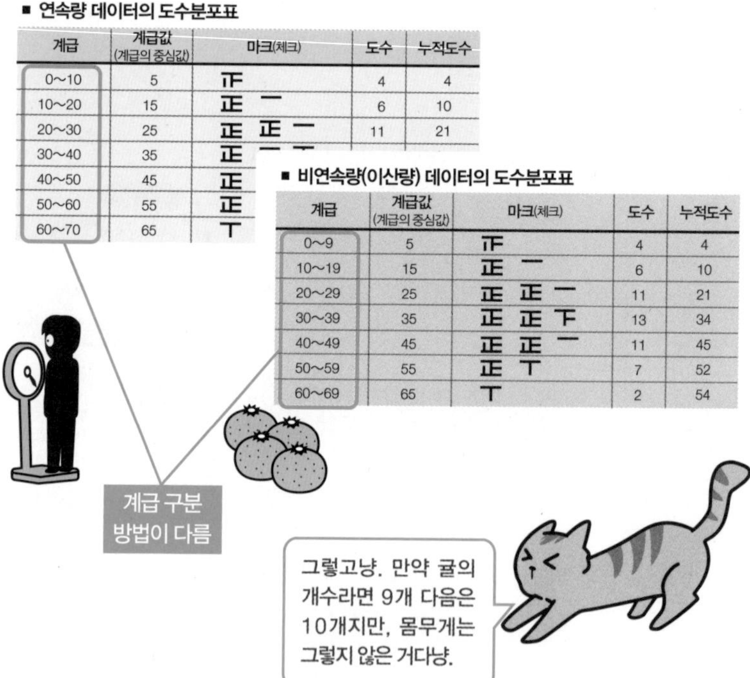

■ 연속량 데이터의 도수분포표

계급	계급값 (계급의 중심값)	마크(체크)	도수	누적도수
0~10	5	īF	4	4
10~20	15	正 一	6	10
20~30	25	正 正 一	11	21
30~40	35	正		
40~50	45	正		
50~60	55	正		
60~70	65	丅		

■ 비연속량(이산량) 데이터의 도수분포표

계급	계급값 (계급의 중심값)	마크(체크)	도수	누적도수
0~9	5	īF	4	4
10~19	15	正 一	6	10
20~29	25	正 正 一	11	21
30~39	35	正 正 下	13	34
40~49	45	正 正 一	11	45
50~59	55	正 丅	7	52
60~69	65	丅	2	54

** 저자주_ 키나 몸무게는 '연속량'이라 합니다만, 실제로는 170cm, 60kg 등과 같이 정수 단위로 측정할 때가 흔하므로 '비연속량'이라 생각할 수도 있습니다. 이와는 반대로 수학 점수 등은 '60점'과 같이 1점 단위의 '비연속량'으로 보이나, 능력의 변화는 연속적이므로 '연속량'이라 할 때도 있습니다.

이처럼 도수분포표의 도수를 이용하여 상대도수를 구하면 전체에서 차지하는 비율을 구할 수 있습니다.

표 4-2 도수를 이용하여 '상대도수' 구하기

계급	계급값 (계급의 중심값)	마크(체크)	도수	상대 도수
55.0~57.0	56.0	𤴓	4	0.05
57.0~59.0	58.0	正 一	6	0.075
59.0~61.0	60.0	正 正 一	11	0.1375
61.0~63.0	62.0	正 正 下	13	0.1625
63.0~65.0	64.0	正 正 𤴓	14	0.175
65.0~67.0	66.0	正 正 下	13	0.1625
67.0~69.0	68.0	正 𤴓	9	0.1125
69.0~71.0	70.0	正 一	6	0.075
71.0~73.0	72.0	丅	2	0.025
73.0~75.0	74.0	丅	2	0.025

히스토그램에서 쌍봉형을 발견했다면?

히스토그램 단계에서는 여러 가지를 예측할 수 있습니다. 다음 그림과 같이 3가지 형태의 히스토그램을 얻었다고 합시다. 이로부터 무엇을 읽어낼 수 있을까요? 특히 세 번째와 같은 '쌍봉형' 히스토그램이 나왔을 때는 원래 데이터를 되돌아봐야 할 수도 있습니다.

① 산형(종형)

몸무게나 키와 같은 다수의 '연속량 데이터'에서 볼 수 있는 패턴. 산(봉)이 하나이므로 '단봉형'이라고도 함

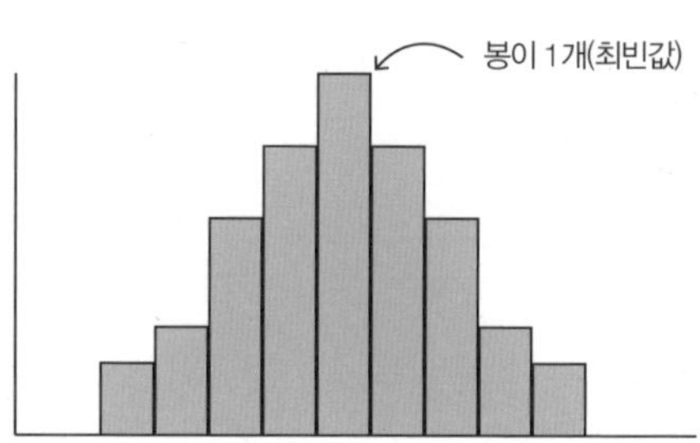

② 지수형

이런 그래프 패턴은 제품별 판매 순위, 신제품 고장(불만)의 시간적 경위 등에서 자주 발견됨

나처럼 '혹이 두 개'인 그래프는 요주의라고? 예의가 없군.

③ 쌍봉형

산(봉)이 2개인 쌍봉형 패턴. 이러한 쌍봉형이 나타날 경우 원래 데이터를 재확인할지 검토해야 함. 이대로 분석하더라도 효과가 크지 않은 이유는 무엇일까?

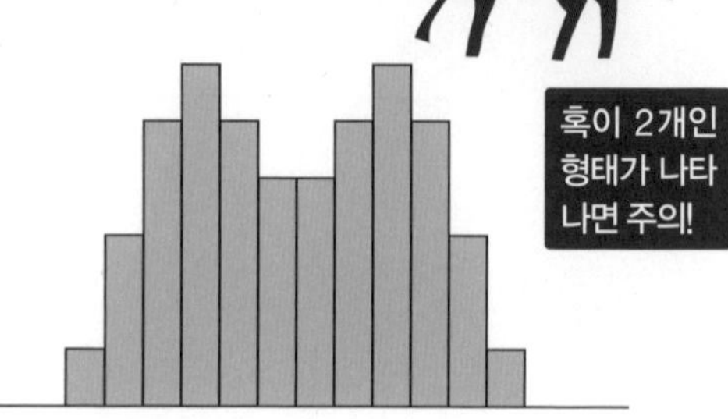

쌍봉형 히스토그램이 나타난다면?

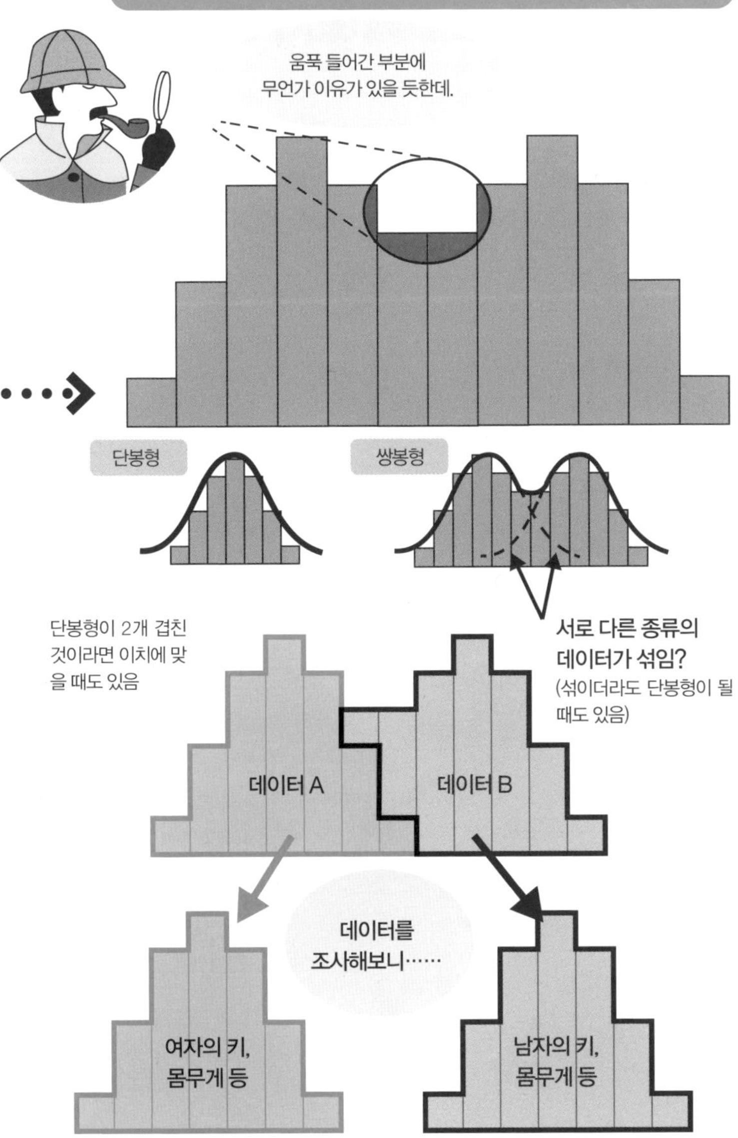

집단의 차이로 나누자 단봉형이!

히스토그램에서 분포곡선으로

히스토그램을 정밀하게 다듬어나가다 보면 무언가의 분포곡선에 가까워진다는 생각이 들 수 있습니다. 이때 곡선이 좌우 대칭을 이루는 깔끔한 종형 분포를 정규분포라고 합니다.

데이터양이 적으면 히스토그램도 다음 그림 ①과 같이 투박한 형태가 되기 쉽습니다. 데이터양이 증가할수록 계급(폭)도 좁아질 수 있으므로 최종적으로는 특정 형태의 분포곡선에 가까워진다는 것을 예상할 수 있습니다.

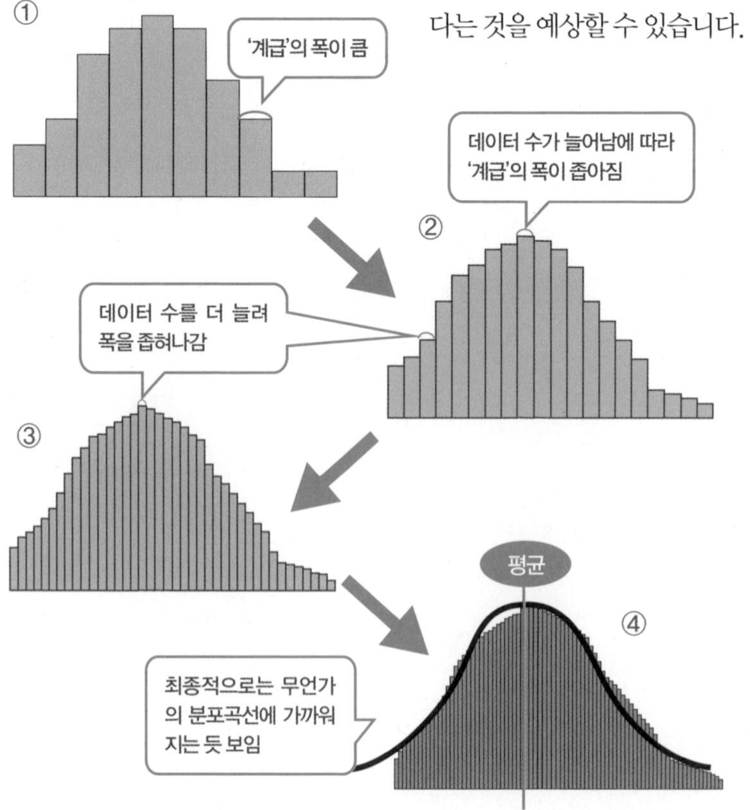

이때 키의 분포 등이라면 좌우 대칭을 이루는 깔끔한 종형 분포에 가까워질 것입니다. 이를 **정규분포**라 부릅니다. 정규분포곡선은 가운데 '평균'이 있고, 그 부근에 많은 수의 데이터가 모이며, 평균에서 멀어질수록 계측한 데이터양도 줄어드는 분포입니다. 키나 몸무게뿐만 아니라 측정오차 등도 정규분포에 따른다고 볼 수 있습니다.

정규분포에는 무수한 패턴이 있습니다. 단, 그러한 패턴도 '평균'과 '분산(표준편차)'의 2가지 수치만으로 정해집니다.

덧붙여 어떤 정규분포라도 평균에서 ±1 표준편차(시그마: 기호 σ)까지의 거리에 전체의 약 68%(68.26%)에 해당하는 데이터가 모여 있다고 합니다. 실제로 정규분포에서는 '평균에서 얼마나 떨어져 있는가?'로 해당 범위에 포함되는 데이터의 비율(확률)이 정해집니다. 그리고 그 거리 단위로 표준편차를 사용합니다.

그림 4-5 좌우대칭 그래프인 정규분포

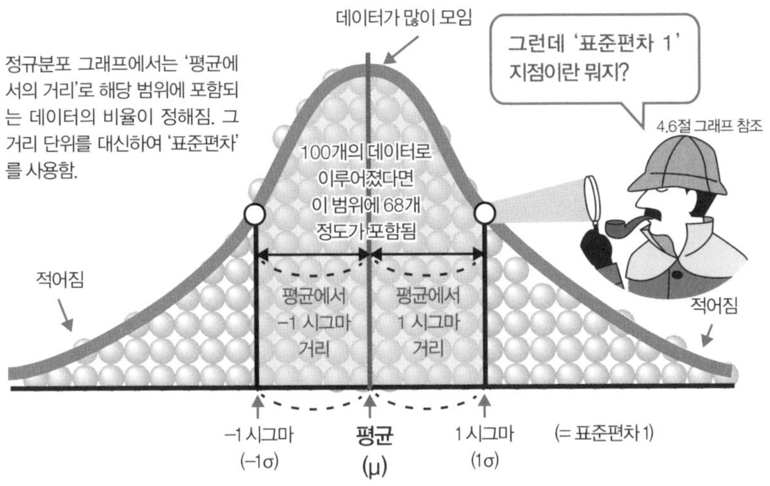

04 정규분포 움직이기 ①: 평균 변경

정규분포의 형태는 무수히 많지만, '평균'과 '표준편차'의 단 2가지 값으로 정해집니다. 먼저 '평균'을 움직여 봅시다.

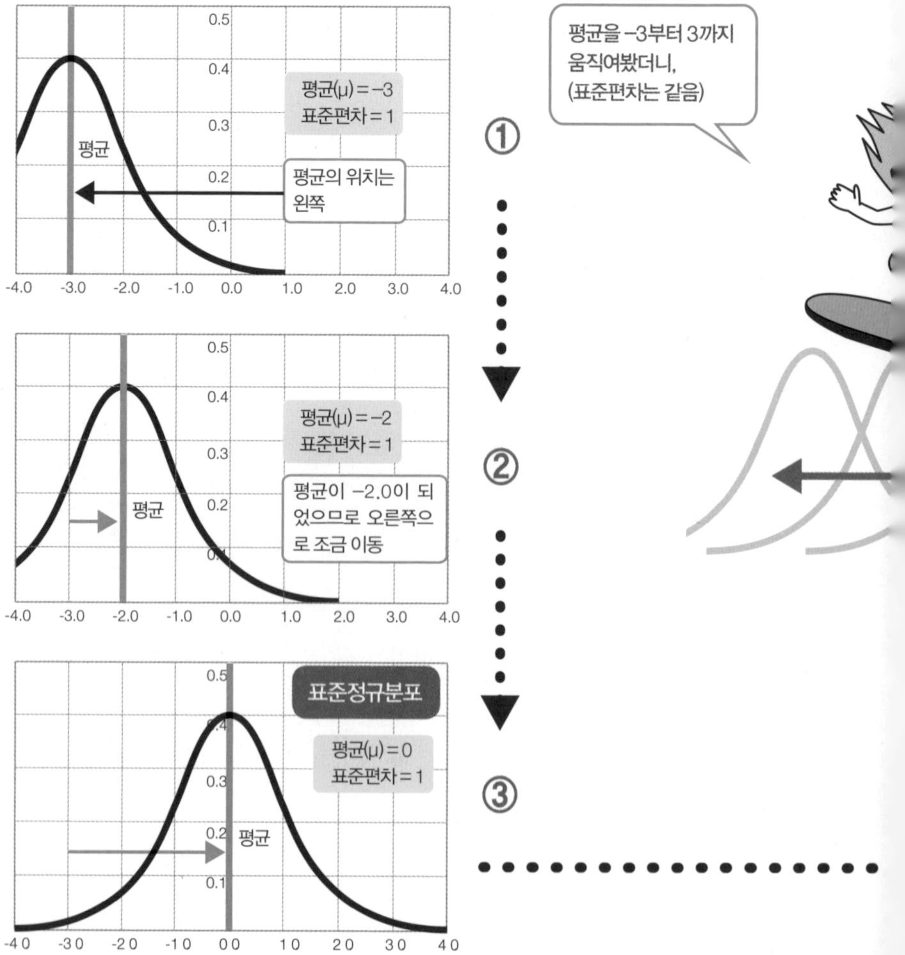

정규분포는 좌우 대칭을 이루는 보기 좋은 그래프입니다. 형태는 무수히 많으며 배치도 조금씩 어긋납니다. 평균은 이러한 정규분포의 딱 중간에 위치하므로 평균이 달라지면(표준편차는 그대로) 정규분포의 중심축도 달라집니다. 즉, 평균이 변하면 '정규분포는 좌우로 움직이는' 것입니다. 덧붙여 평균=0, 표준편차=1인 정규분포를 표준정규분포라고 합니다.

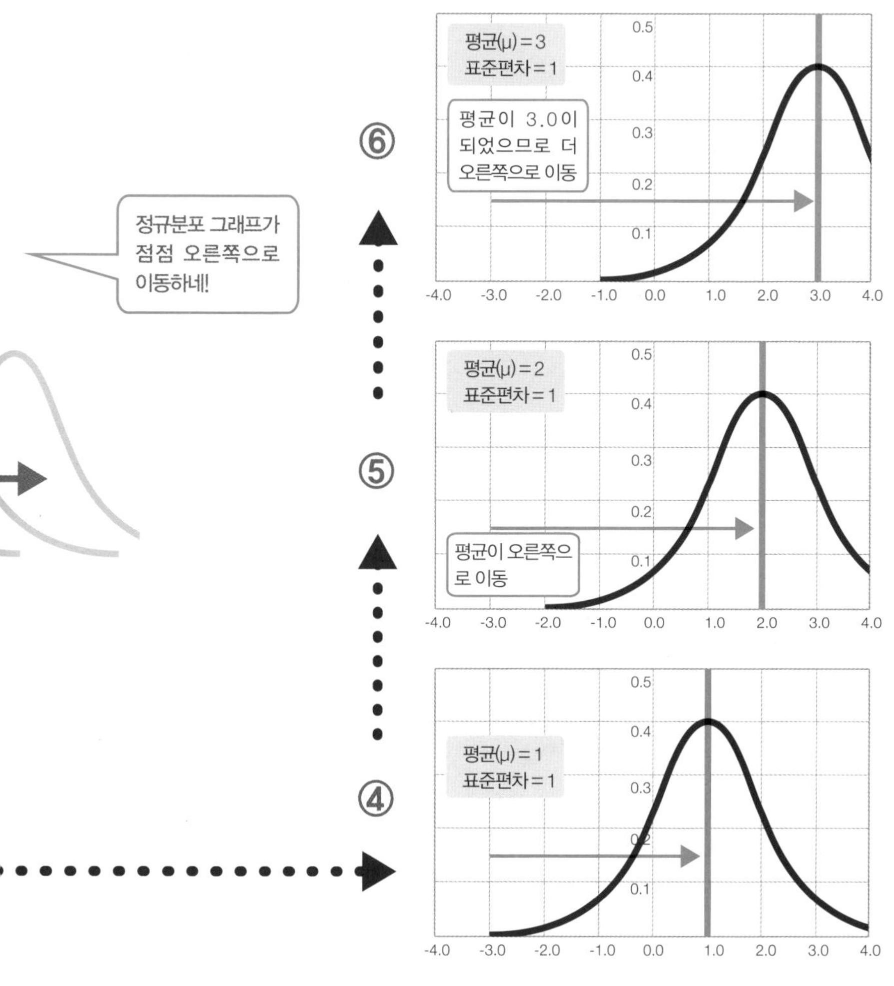

정규분포 움직이기 ②: 표준편차 변경

앞서 4.4절에서 정규분포의 평균을 변경해보았더니 '형태는 변하지 않지만 좌우로 이동하는' 것을 알 수 있었습니다. 그러나 정규분포의 '표준편차(혹은 분산)' 값을 변경할 경우에는(이번에는 평균은 그대로), 형태가 뾰족해지거나 평평해지는 등 겉모습이 크게 달라집니다.

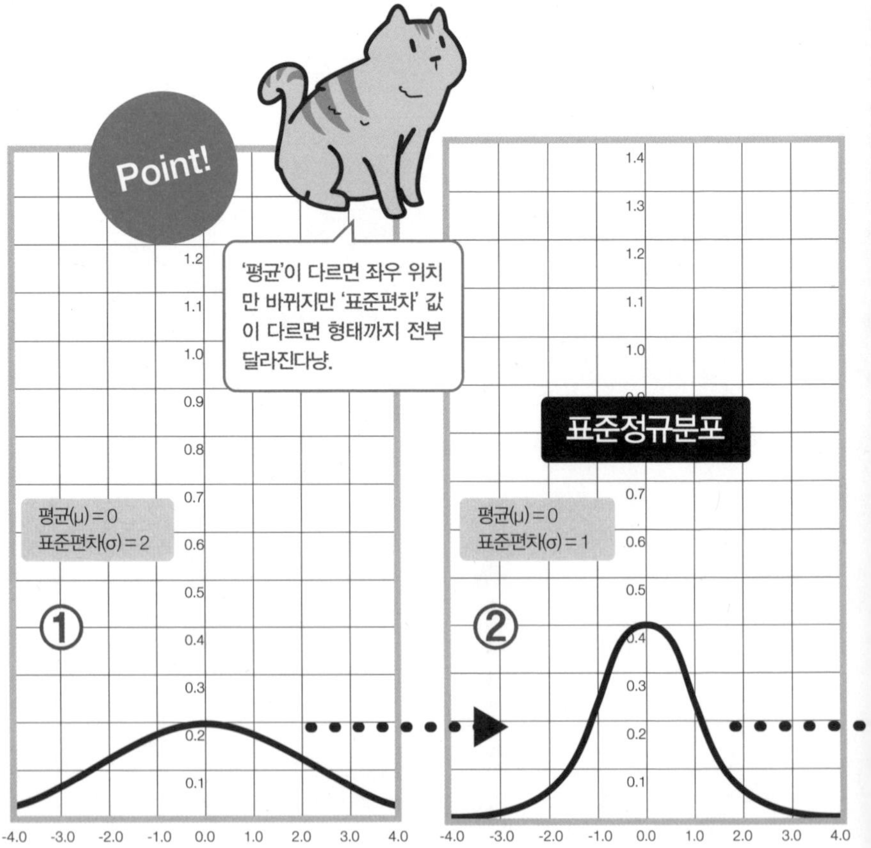

Point!

'평균'이 다르면 좌우 위치만 바뀌지만 '표준편차' 값이 다르면 형태까지 전부 달라진다냥.

① 평균(μ) = 0, 표준편차(σ) = 2

② 평균(μ) = 0, 표준편차(σ) = 1 — 표준정규분포

다음 그림 ①에서 알 수 있듯이 표준편차(혹은 분산) 값이 클 때는 납작한 정규분포곡선이 그려집니다. 반대로 표준편차가 ① → ② → ③ → ④와 같이 작아지면 작아질수록 정규분포곡선은 점점 뾰족해집니다. 다만 평균은 그대로이므로 중심은 움직이지 않습니다.

이렇게까지 형태가 바뀌어버리면 마치 전혀 다른 분포도인 듯 보이지만, 실제로는 단순히 옆으로 늘어났거나 아래위로 늘어났을 뿐 기본적으로는 같다고 할 수 있습니다. 덧붙여 4.4절에서 설명한 것처럼 '평균= 0, 표준편차 = 1'인 정규분포를 표준정규분포(그림 ②)라 합니다.

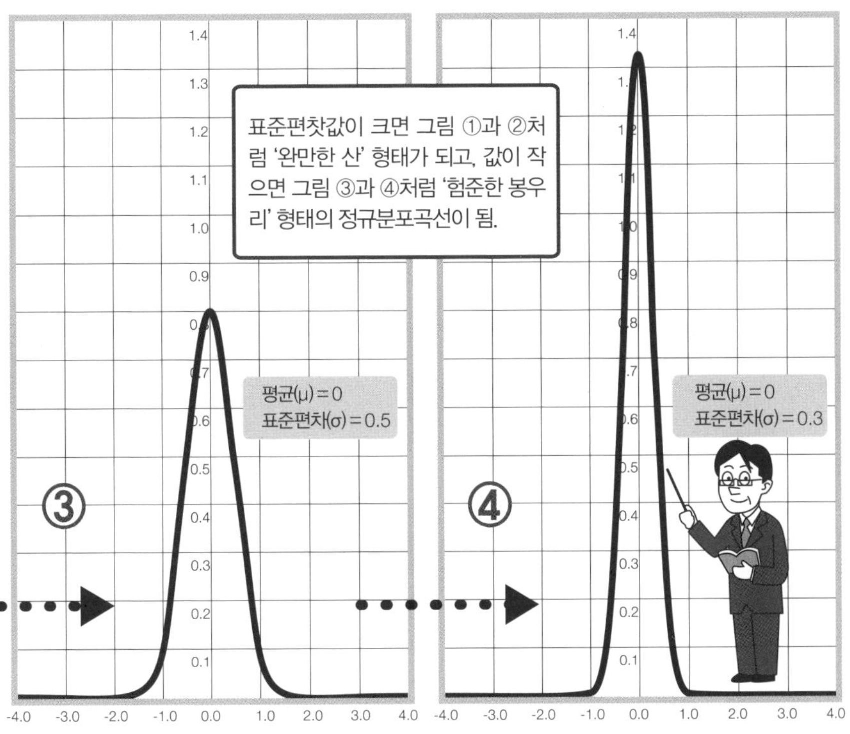

정규분포로 확률 보기

4.3절에서 살펴본 [그림 4–5]에서는 어떤 정규분포라도 '평균±1 표준편차(±1 시그마)'에 속하는 데이터 비율은 68%라고 했습니다. 그렇다면 ±2 시그마나 ±3 시그마라면 어떨까요?

정규분포에서는 평균(평균)을 중심으로 좌우로 줄어드는 곡선을 그립니다. 이때 −1 시그마(시그마는 표준편차) 단위부터 1 시그마까지의 거리에 속하는 면적(±1 시그마)은 68.26%가 된다고 설명했습니다. 이는 어떤 형태의 정규분포곡선에서도 마찬가지입니다.

나아가 ±2 시그마 또는 ±3 시그마 등의 경우에도 마찬가지라 할 수 있습니다.

정규분포곡선

평균

면적은 해당 범위에 포함되는 데이터의 확률을 나타내는 것이네요. ±1 시그마뿐 아니라 ±2 시그마, ±3 시그마도 통계에서 사용할 수 있겠어요.

34.13 %

68.26 % (평균±1 시그마 구간)

13.59 %

2.14 %

−4 시그마

−3 시그마

−2 시그마

−1 시그마

0.13 %

95.45 % (평균±2 시그마 구간)

99.73 % (평균±3 시그마 구간)

99.99 % (±4 시그마 구간)

① 평균±1 시그마: 이 범위에 데이터의 68.26%가 포함됨

② 평균±2 시그마: 이 범위에 데이터의 95.45%가 포함됨

③ 평균±3 시그마: 이 범위에 데이터의 99.73%가 포함됨

데이터가 포함되는 '확률' 표시

결국, 정규분포곡선에서 '평균±표준편차(혹은 분산)'까지의 범위는 특정 데이터가 해당 범위에 포함될 확률을 나타냅니다.

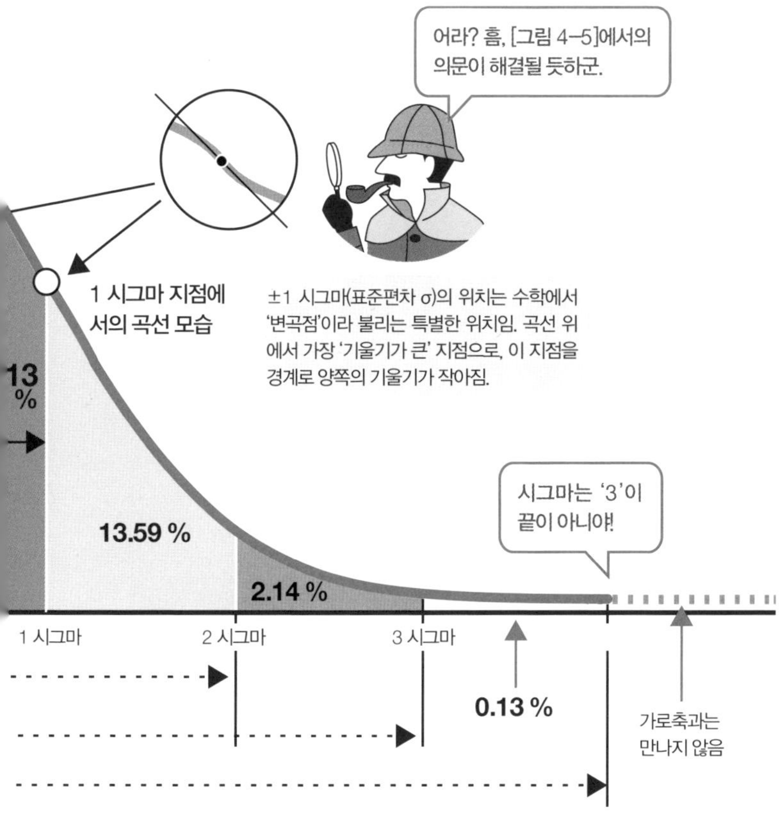

정규분포에서 그 면적이 확률을 나타낸다는 것은 그럭저럭 이해하겠는데, 2 시그마나 3 시그마가 무슨 뜻인지 잘 모르겠어요. 게다가 95.45% 등 소수가 붙어 있어요.

그렇지. 그래서 시그마를 우선시하는 것이 아니라 95%, 99%라는 딱 떨어지는 수를 사용할 때가 많아. 그게 더 이해하기 쉽거든. 이때는 다음과 같이 되지.

- 95% = 1.96 시그마
- 99% = 2.58 시그마

너무 대충 넘기는 듯해요. 95%나 99%라는 수치에 수학적 이유가 있는 게 아니었어요? 그냥 쓰기 편하니까 그런 거군요.

대충이라니 듣기 거북한걸? 그래도 95%라는 것이 하나의 기준에 지나지 않는다는 것은 분명하지.

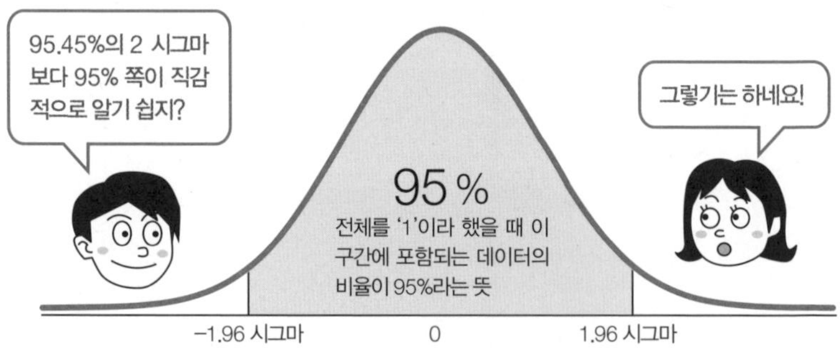

노벨상을 수상하게 된 결정적 계기는 6 시그마?

그런데 정규분포곡선과 가로축은 어디서 만나게 되나요? 그리고 3 시그마 외에는 들어 본 적이 없어요.

가로축과는 만나지 않아. 현실적으로 데이터양에는 한계가 있으므로, 데이터가 0이 되는(히스토그램에서 보면 접점) 지점이 있다고는 말할 수 있어. 다만 '정규분포는 무한한 데이터를 다룬다.'라고 가정했을 때, 이론적으로는 **정규분포곡선과 가로축은 서로 만나**

지 않고 영원히 가까워지기만 할 뿐이야. 그러므로 3 시그마 뒤에는 4 시그마, 5 시그마, ……와 같이 계속 이어지지.

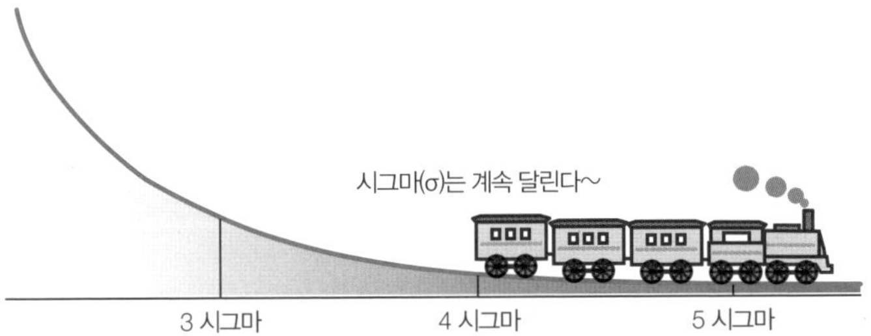

위에 5 시그마라 적혀 있는데, 그런 확률이 필요한 분야가 있기는 한가요?

있지. 예를 들어 새로운 소립자를 발견했다고 주장한다면 3 시그마(약 99%) 정도로는 인정받지 못해. 2015년 노벨 물리학상을 수상한 가지타 다카아키(梶田隆章) 씨의 경우 종래의 '중성미자neutrino에는 질량이 없다.'라는 이론에 대해 '질량이 있다!'라고 발표했는데, 이것이 인정받게 된 것은 6.2 시그마의 실험 데이터를 얻었기 때문이야. 6.2 시그마(±6.2 시그마)란 99.9999999997%의 확률을 말하는 것으로, 틀릴 위험이 0.0000000003%*라는 의미지. 이처럼 소립자 물리학 세계에는 매우 엄밀하게 통계학 지식을 적용해.

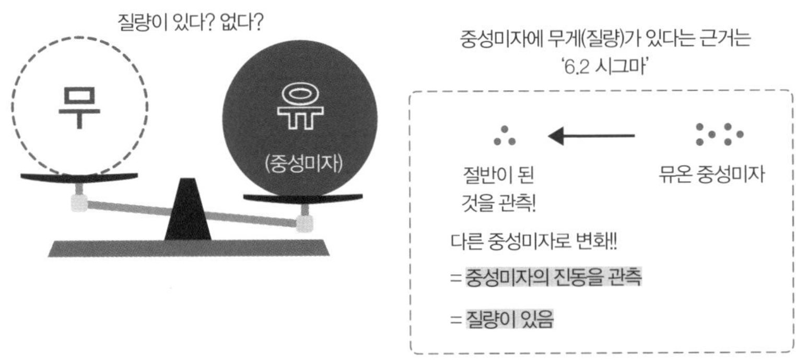

* **저자주_ 중성미자 진동**이라 불리는 현상이 실험에서는 일어나지 않았음에도 우연히 '중성미자가 반으로 줄어드는' 현상을 관측할 '오류 확률'이 0.0000000003%입니다.

'관리도'를 이용한 품질관리

일본 제조업이 세계적인 평가를 받는 가장 큰 이유는 '품질관리'에 있습니다. 그러면 정규분포가 어떻게 품질관리 향상에 활용되었는지 잠깐 살펴보도록 합시다.

관리도로 산포 정도 파악하기

미국의 데밍W. Edward Deming 박사(1900~1993)가 일본에서 통계학적 방법을 지도한 이래 일본 산업계는 생산제품의 품질을 큰 폭으로 개선해왔습니다. 그중에서도 [그림 4-6]과 같이 **품질관리(QC) 7가지 도구***라 불리는 것이 잘 알려졌습니다.

이 중에서 '문제 발견'에 도움이 되는 도구 중 하나가 관리도입니다. 관리도는 생산 공정이 안정되었는지 아닌지, 제품의 품질이 일정한지 아닌지 등을 파악하기 위한 그래프입니다.

* 저자주_ '품질관리 7가지 도구'를 정의할 때, 관리도 역시 그래프의 일종으로 보고 관리도와 그래프를 하나로 묶은 다음, 여기에 '층별'이라는 도구를 추가하기도 합니다.

그림 4-6 데밍의 품질관리(QC) 7가지 도구

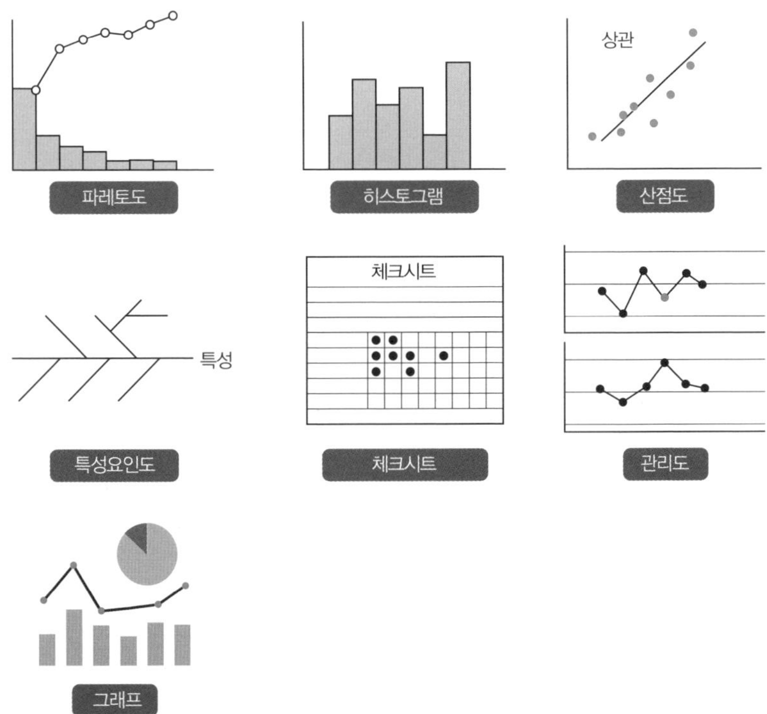

그림 4-7 $\overline{x}$ – R 관리도

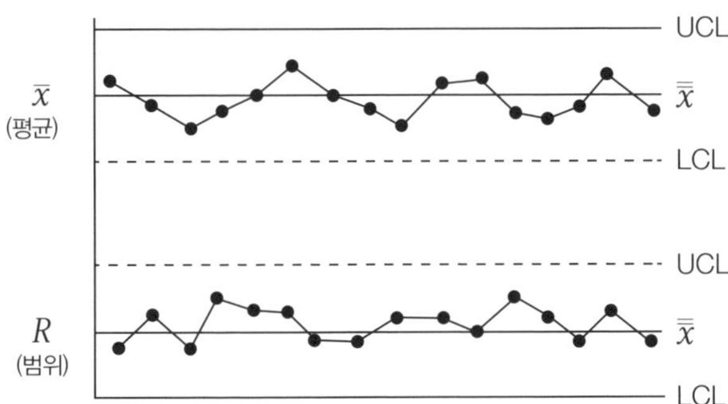

[그림 4-7]의 관리도는 꺾은선 그래프 형태입니다. 세로축의 눈금들이 조금 독특한데요, 다음 그래프를 보면 알 수 있듯이 정규분포곡선(다음 그림의 왼쪽)을 90도 회전한 것입니다.

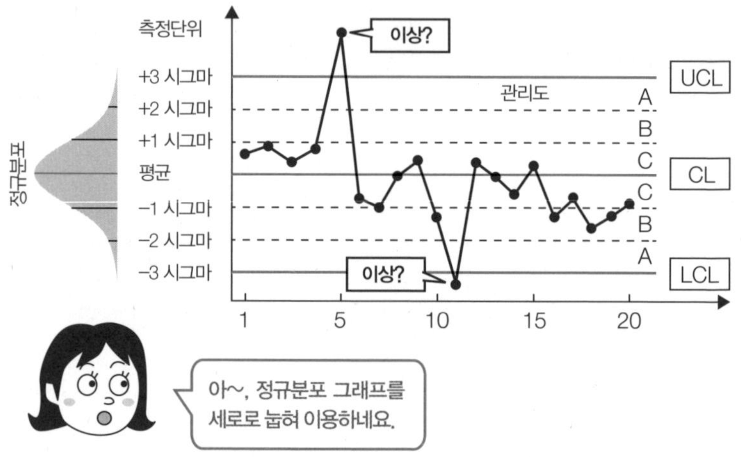

평균이 한가운데 선(CL=중심선)이고, ±1 시그마와 ±2 시그마, ±3 시그마에도 선이 그어져 있습니다. 이 **±3 시그마 선이 '한계선'**으로, UCL이 관리상한선Upper Control Limit, LCL이 관리하한선Lower Control Limit입니다. 또한, UCL~CL과 CL~LCL을 각각 3등분한 영역이 A, B, C입니다.

'원인이 있는 불량품' 빠르게 발견하기

앞에서 본 그래프의 A 범위에서 UCL보다 위쪽, 또는 LCL보다 아래쪽에 포함되는 제품이나 부품은 관리 부족으로 인한 불량품입니다. 문제는 이 불량품이 '어쩌다(우연히)' 생긴 것인지, 아니면 '(기계, 공정, 숙련도 등) 무언가의 이유' 때문에 발생한 것인지에 따라 그 대응도 달라진다는 점입니다.

아무리 엄밀한 환경이라 해도 재료나 온도 등에 따라 우연히 불량품이 발생할 수 있습니다. 이때는 검사공정에서 발견하기만 하면 됩니다. 그러나 명확한 원인이 있어서 불량품이 나왔다면 이때는 기계를 멈추고** 원인을 찾아야 합니다. 어떤 이유로 불량품이 나왔는지, 이를 '관리도'로 찾으려는 것입니다.

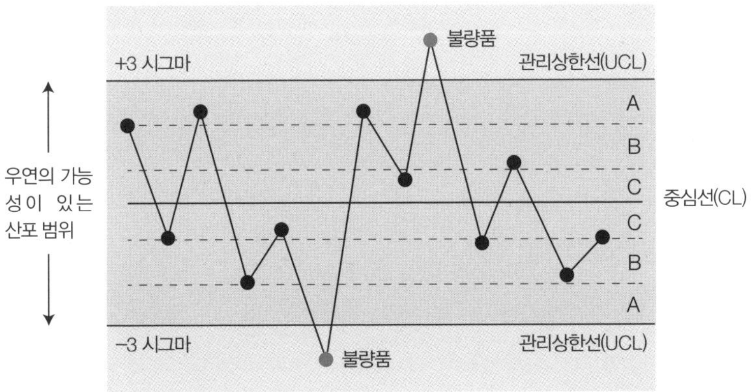

예를 들어 1년간 10만 개를 생산하는 제품에서 3개 정도의 제품이 UCL을 넘은 불량품이라 진단되어도 이는 우연히 발생했을 가능성이 있습니다. 단, 그 3개가 1주일 내에 연속하여 발견되었다면 어떨까요? 어쩌다 일어난 일이라 할 수 있을까요?

또한, 해당 불량품이 발생하기 직전 수백 개의 제품이 모두 한계선에 가까웠다고 했을 때 '이상하네, 뭔가 문제가 있어.'라고 의심하지 않는다면 대량의 불량품이 나올 가능성이 있습니다.

** **저자주_** 일본 도요타 공장에는 이상을 알리는 '안돈(Andon, 行灯)'이라 불리는 유명한 점등 장치가 있어서 무언가 이상이 발생하면 안돈을 켜고 기계를 멈춥니다. '불량품을 만들 거면 차라리 기계를 멈춘다.'는 발상이라고 합니다. 그 외에도 필자가 공장시설 안의 일정 구역 안에 들어간 적이 있는데요, 몸이 적외선을 차단하자 한 대의 기계가 멈추었습니다. 이처럼 위험을 감지하면 우선 기계를 멈춘다고 합니다.

이에 따라 일본공업규격인 JIS 규격에서는 '우연'인지 아니면 '특정 원인'이 문제인지 판단하는 기준을 다음과 같이 규정합니다. 단, 이는 어디까지나 '가이드라인'이므로 개별 상황에 따라 고려해야 합니다.

표 4-3 이상 판별 규칙(신 JIS)

1	관리한계 외	영역 A(3 시그마)를 넘음
2	연속	연속하는 9점이 중심선을 기준으로 같은 쪽이 있음
3	상승 · 하강	연속하는 6점이 증가, 또는 감소함
4	번갈아 증감	연속하는 14점이 번갈아 증감함
5	2 시그마 외 (한계선 근처)	연속하는 3점 중 2점이 영역 A(3 시그마), 또는 이를 넘는 영역에 있음(〉2 시그마)
6	1 시그마 외	연속하는 5점 중 4점이 영역 A(2 시그마), 또는 이를 넘는 영역에 있음(〉1 시그마)
7	중심선 경향	연속하는 15점이 영역 C(1 시그마)에 있음
8	연속 1 시그마 외	연속하는 8점이 영역 C(1 시그마)를 넘는 영역에 있음

※8개의 판정 기준은 어디까지나 가이드라인

엑셀로 정규분포 만들기

후반의 정규분포 응용에 들어가기 전에 정리하는 의미로 엑셀을 사용한 정규분포 만들기를 알아보겠습니다. 직접 몇 번이고 정규분포를 만들어 보며 이에 익숙해지면 정규분포의 의미도 더 깊이 이해할 수 있습니다.

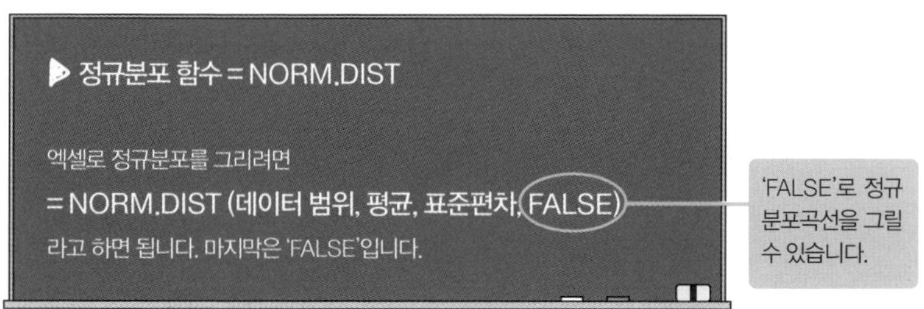

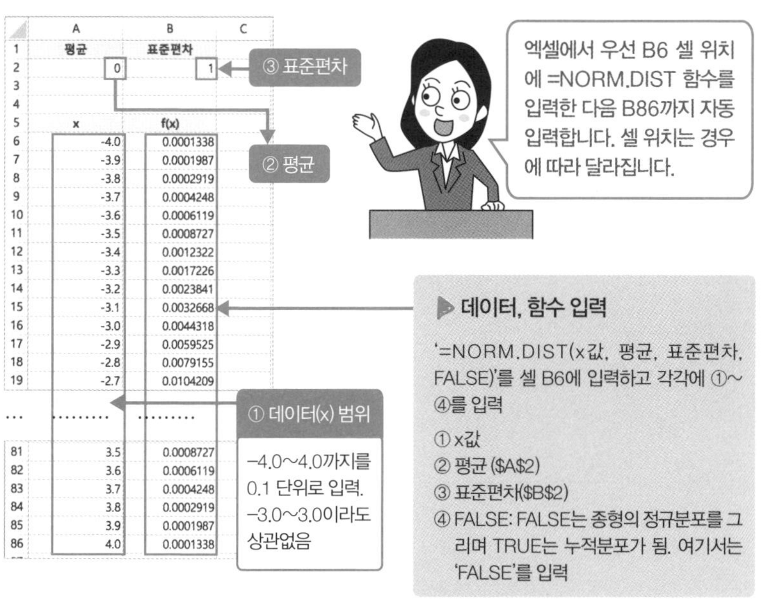

	A	B	C
1	평균	표준편차	
2	0	1	
3			
4			
5	x	f(x)	
6	-4.0	0.0001338	
7	-3.9	0.0001987	
8	-3.8	0.0002919	
9	-3.7	0.0004248	
10	-3.6	0.0006119	
11	-3.5	0.0008727	
12	-3.4	0.0012322	
13	-3.3	0.0017226	
14	-3.2	0.0023841	
15	-3.1	0.0032668	
16	-3.0	0.0044318	
17	-2.9	0.0059525	
18	-2.8	0.0079155	
19	-2.7	0.0104209	
...	....	....	
81	3.5	0.0008727	
82	3.6	0.0006119	
83	3.7	0.0004248	
84	3.8	0.0002919	
85	3.9	0.0001987	
86	4.0	0.0001338	

▶ 그래프 선택

앞의 작업에서 데이터 입력이 끝났다면 다음으로는

① 'x값'과 'NORM.DIST' 함수를 입력한 모든 셀을 선택(A6:B86)

② '삽입' → '차트'에서 '곡선이 있는 분산형'을 선택하여 작업 진행

	A	B
1	평균	표준편차
2	0	1
3		
4		
5	x	f(x)
6	-4.0	0.0001338
7	-3.9	0.0001987
8	-3.8	0.0002919
9	-3.7	0.0004248
10	-3.6	0.0006119
11	-3.5	0.0008727
12	[illegible]	[illegible]
13	-3.3	0.0017226
14	-3.2	0.0023841
15	-3.1	0.0032668
16	-3.0	0.0044318
17	-2.9	0.0059525
18	-2.8	0.0079155
19	-2.7	0.0104209
20	-2.6	0.0135830
21	-2.5	0.0175283
22	-2.4	0.0223945
23	-2.3	0.0283270
24	-2.2	0.0354746
25	-2.1	0.0439836
26	-2.0	0.0539910

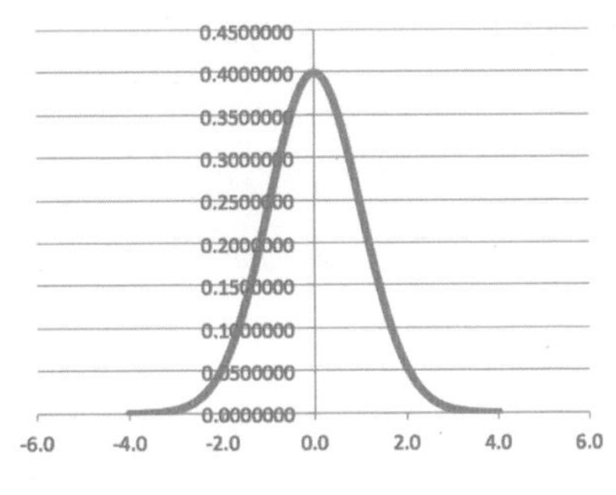

▶ 그래프 조정

위와 같은 그래프가 생깁니다만, 세로축의 눈금이 너무 세세하므로 표시를 조정합니다. 그 밖에도 세로 선을 긋는 등 다양하게 조정해 보도록 합니다.

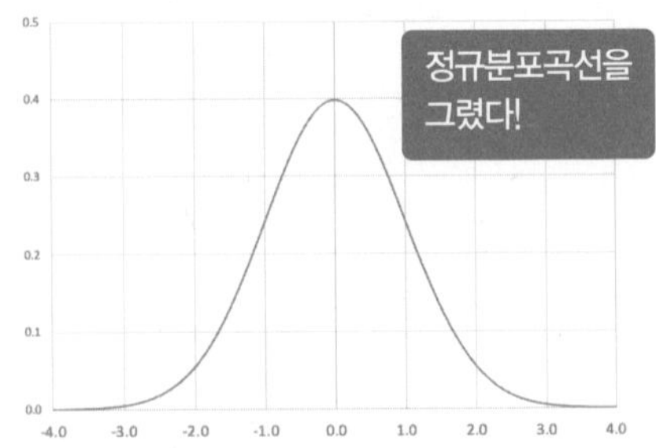

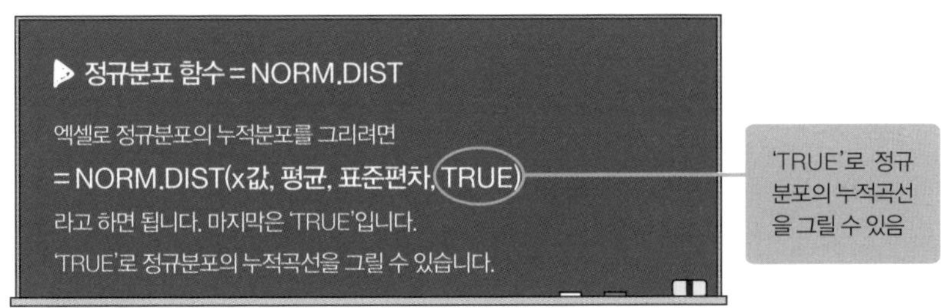

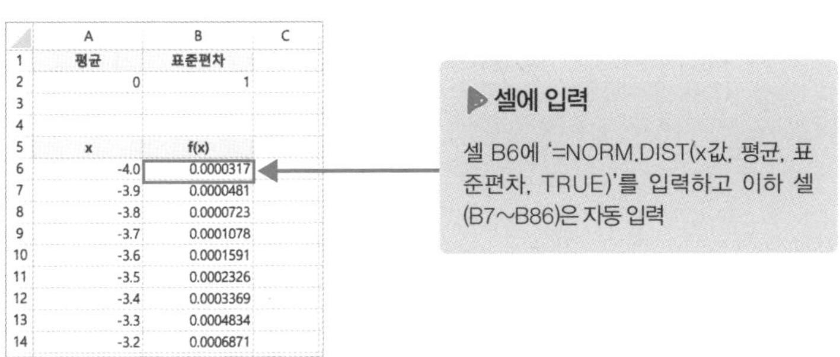

	A	B	C
1	평균	표준편차	
2	0	1	
3			
4			
5	x	f(x)	
6	-4.0	0.0000317	
7	-3.9	0.0000481	
8	-3.8	0.0000723	
9	-3.7	0.0001078	
10	-3.6	0.0001591	
11	-3.5	0.0002326	
12	-3.4	0.0003369	
13	-3.3	0.0004834	
14	-3.2	0.0006871	

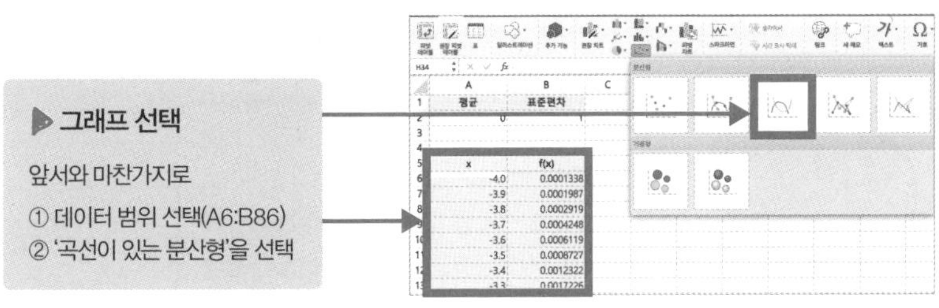

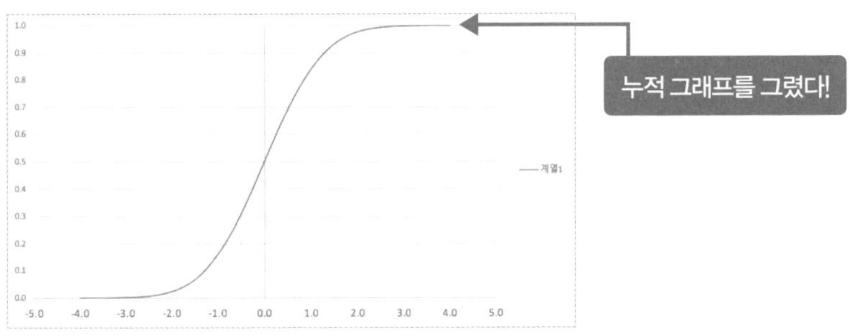

정규분포 공식

정규분포 공식은 다음과 같이 어려워 보이는 형태입니다.

$$f(x)=\frac{1}{\sqrt{2\pi}\sigma}e^{-\frac{(x-\mu)^2}{2\sigma^2}} \quad \cdots\cdots ①$$

①은 다음과 같이 쓸 수도 있습니다.

$$f(x)=\frac{1}{\sqrt{2\pi}\sigma}\exp\left(-\frac{(x-\mu)^2}{2\sigma^2}\right) \quad \cdots\cdots ①'$$

①과 ①'는 모두 똑같은 내용입니다. ①과 같이 $e^{\bullet}$라 써도 됩니다만, ● 부분이 ①처럼 복잡한 식(위첨자의 위첨자)이 되면 문자도 작아지고 무척 복잡해지므로 ①'와 같이 exp(●) 형태로 큰 괄호를 이용해 묶어도 됩니다.

정규분포 형태는 '평균'과 '표준편차'로 결정

안심하라냥. 정규분포 식을 실제로 사용할 경우는 없다냥. π(원주율)=3.14…이고 e=2.7182…로 둘 다 정해진 값이므로 결국 '**μ(평균), σ(표준편차)만으로 정규분포가 결정**'된다는 건 이 식을 보면 알 수 있을 거다냥.

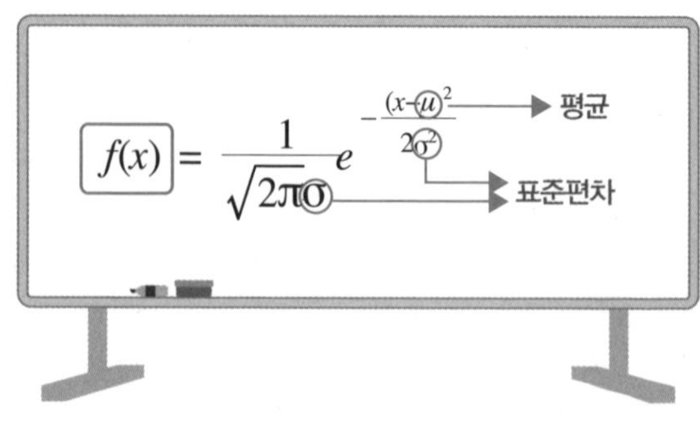

2개의 서로 다른 정규분포를 1개로?

정규분포 후반전입니다. 정규분포곡선을 사용하면 그대로는 비교하기 어려운 서로 다른 2개 데이터를 상대적으로 비교할 수 있습니다. 지금부터 살펴볼 사례는 수학과 영어 성적의 비교입니다. 일단 전체적인 모습부터 파악하도록 접근해보겠습니다.

고교생 A 군이 전국모의고사에서 수학 73점, 영어 76점을 받았습니다. 평균점수는 수학이 60점, 영어가 68점입니다. A 군의 성적은 수학과 영어 중 (득점 분포는 둘 다 정규분포를 따른다고 했을 때) **어느 쪽이 상대적으로 더 낫다**고 말할 수 있을까요?

실은 이것만으로는 판단할 수 없습니다. 또 한가지 필요한 것이 전체의 산포도를 나타내는 **표준편차**입니다. 여기서는 수학의 표준편차는 8점, 영어는 6점이며 정규분포라고 가정합니다.

	수학	영어
A 군의 성적	73점	76점
전체의 평균점수	60점	68점
표준편차	8점	6점

이를 그래프를 그리면 다음과 같습니다. 점수는 영어가 수학보다 3점 높습니다만, 상대적으로는 수학이 더 좋아 보입니다.

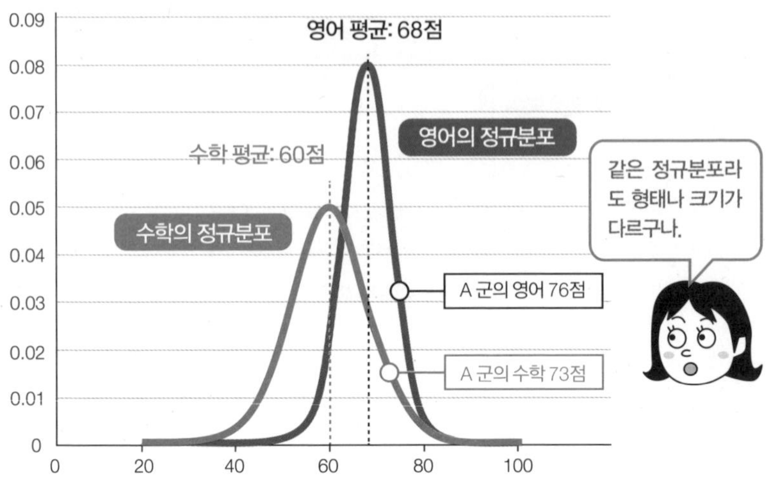

같은 형태의 그래프로 만들어보기

앞의 그래프에서 수학 73점, 영어 76점의 선과 각각의 정규분포곡선과의 교차점이 각각의 위치입니다(순위도 나타냅니다).

이 절에서는 일단 구체적인 수치계산은 하지 않고, 그래프를 조작하는 모습을 머릿속에 떠올리면서 수학과 영어라는 서로 다른 2개 과목의 그래프를 비교할 수 있음을 살펴보겠습니다. 그리고 다음 절에서 이를 수치로 확인해보겠습니다.

그러나 당장 이대로는 비교할 수 없습니다. 어떻게 하면 수학과 영어라는 서로 다른 점수 데이터의 그래프를 비교할 수 있을까요? 바로 2개 **그래프를 (한데 모아) 같은 모양으로 만들면** 됩니다.

2개 그래프를 한데 모으면 된다고 하지만, 서로 다른 곡선을 어떻게 한데 모으나요?

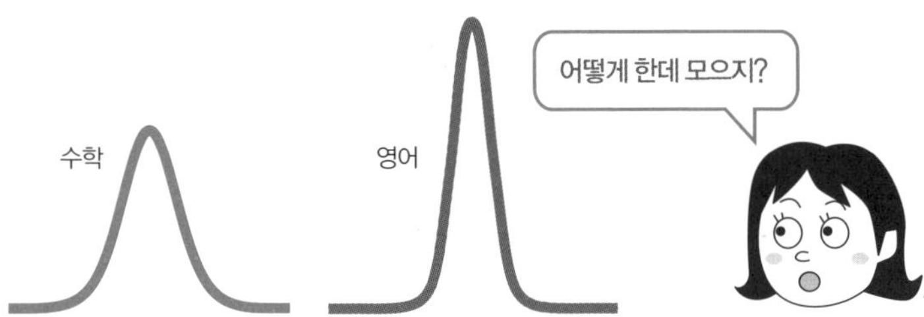

여기서는 정규분포를 전제로 한다고 했었지? 정규분포에는 무수한 패턴이 있지만 **'평균과 표준편차(혹은 분산) 2가지만 알고 있다면 해당 정규분포는 정해진다.'**라고 했었잖아.

기억하고 있어요. 분명히 ①평균이 다르면 좌우로 움직이고 ②표준편차(분산)가 커지면 데이터의 산포도가 커지므로 납작하고 옆으로 평평한 정규분포가 되거나, 또는 표준편차가 작아지면 흩어짐이 덜하므로 위로 길게 솟은 정규분포가 된다, 였죠?

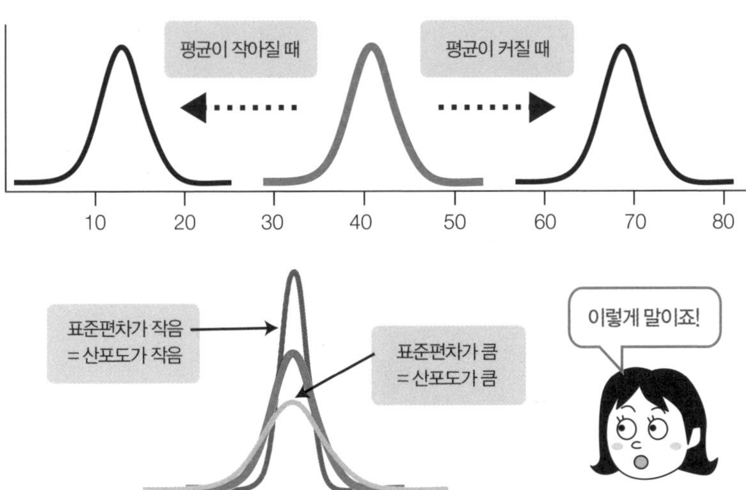

그렇지. 그렇다면 2개의 곡선을 손으로 움직이는 느낌으로 조작하면 2개의 분포곡선이 똑같아지지 않을까? 지금은 ①평균도 ②높이와 폭(표준편차)도 다르지만.

그럼 우선 '평균'을 맞춰보죠. 수학 점수 그래프의 평균을 오른쪽으로 옮겨서 영어 점수 그래프의 평균 위치에 맞췄어요. 역시 컴퓨터로 하니 간단하네요.

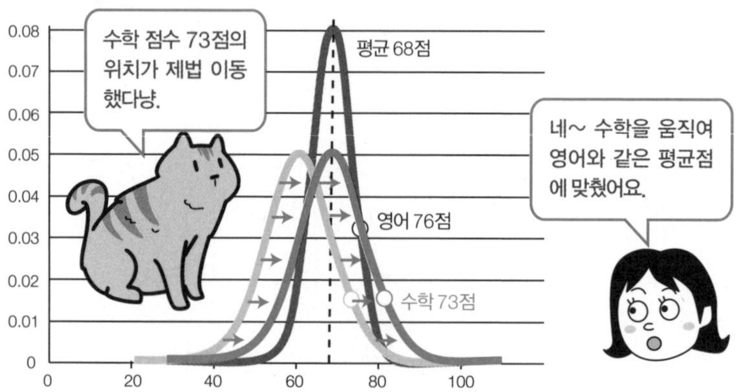

뭐, 마우스로 대충 그래프를 움직이면 되니까. ①의 평균은 끝났어. 다음으로 ②의 표준편차는 어떻게 하면 될까? 2단계로 한다는 것이 힌트야.

높이가 전혀 다르니 이를 맞춰야겠네요. 높은 쪽인 '영어' 전체를 압축하면……. 이렇게 되네요.

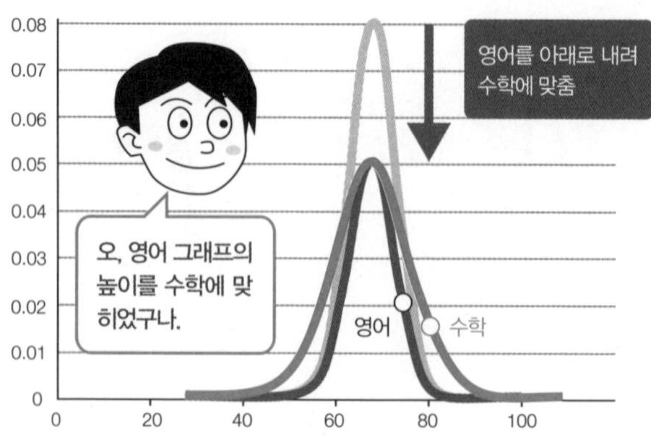

마지막으로 '폭'을 맞춰보면……. 깔끔하게 겹쳐졌네요. 손으로 대충 움직인 것치고는 거의 딱 맞는걸요. 수학이 영어보다 조금 더 오른쪽에 있어요.

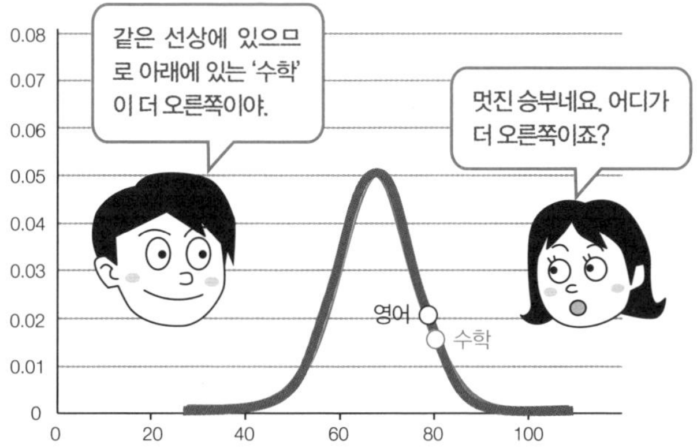

결론은 났군. 그런데 그래프가 흥미롭기는 하지만, 가능하다면 이를 '수치'로 나타내고 싶은데?

여러 곳에서 사용할 수 있는 표준정규분포

그래프를 '수치'로 나타내려면 앞에서 살펴본 그래프에서 했던 방법을 따라 하면 됩니다. 이처럼 수치로 계산하면 차이를 분명하게 나타낼 수 있습니다.

표준점수, 표준화로 '비교할 수 있는 장소' 만들기

그래프를 보면 쉽게 개념을 잡을 수 있습니다. 일단 이해하고 나면, 그 후에는 수치를 계산하는 편이 더 간단합니다. 게다가 수치라면 누구에게든 근거로 제시할 수 있어 편리합니다.

A 군의 수학·영어 점수와 평균점수와의 차이를 보면 다음과 같습니다.

- 수학: 점수 – 평균점수 = 73 – 60 = 13점
- 영어: 점수 – 평균점수 = 76 – 68 = 8점

이 점수 차를 산포도(표준편차)와 대응시키려면 다음과 같이 생각할 수 있습니다.

- 수학의 13점은 표준편차 8점에 대해 13 ÷ 8 = 1.625에 해당
- 영어의 8점은 표준편차 6점에 대해 8 ÷ 6 = 1.333에 해당

여기서 1.625나 1.333을 **표준점수**standard score 또는 **표준화점수**라고 합니다.

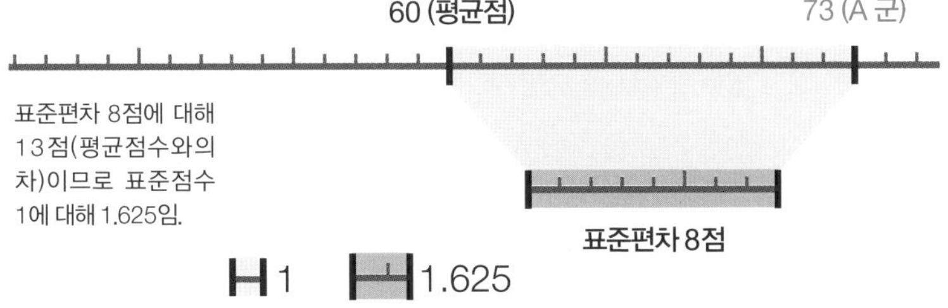

A 군 개인의 수학 및 영어 점수도, 전체의 평균점수도, 과목별 표준편차도 모두 다르므로 비교하기 어려울 듯하지만, 표준점수를 계산하면 상황은 완전히 달라집니다. 이는 '표준편차를 1로 했을 때 A 군의 수학 및 영어 성적은 각각 1.625, 1.333'으로 그 차이를 수치로 비교할 수 있기 때문입니다.

A 군의 성적뿐만 아니라 시험을 본 모든 수험생의 결과(데이터)에 대해서도 마찬가지입니다. '평균과의 차이'를 해당 과목의 표준편차로 나누면 표준점수를 계산할 수 있습니다. 이는 전원의 성적을 '표준점수 = 1'에 대한 비율로 공통화한 것으로 **표준화**라 부릅니다.

표준정규분포는 평균 = 0, 표준편차 = 1

조금 전 '표준점수 = 1'로 표준화했다고 했습니다. 그럼 '평균'은 어떻게 될까요? 원래 평균점은 과목마다 달랐습니다만, 표준점수로 분포를 만들었을 때 그 평균은 0이 됩니다.

즉, A 군의 표준점수는 1.625나 1.333과 같이 '플러스'가 되었는데, 이는 A 군의 성적이 평균점수보다 높기 때문입니다. 만약 성적이 평균점수보다 낮다면 표준점수도 '마이너스'가 됩니다. 당연한 이야기지만 이때 모두의 데이터를 모으면 '±0'이 됩니다.

따라서 각자의 성적에서 표준점수를 계산하여 표준화했을 때 이를 나타내는 분포는 **'평균 = 0, 표준편차 = 1인 정규분포'**가 됩니다. 무수히 많은 정규분포 중에서도 이러한 특별한 정규분포를 가리켜 **표준정규분포**standard normal distribution라 부릅니다.

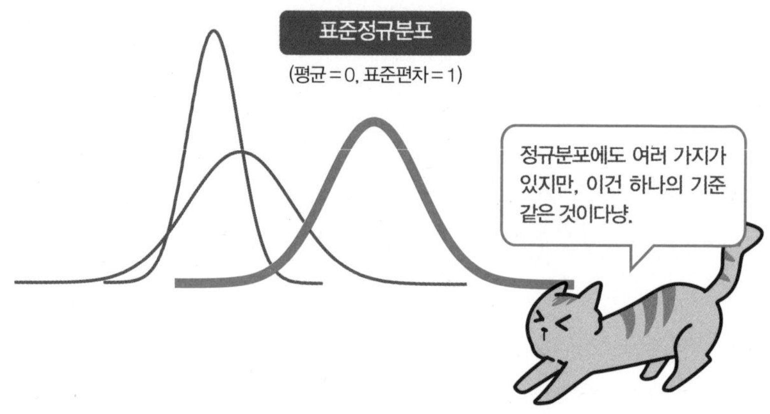

개인의 위치 알기

수학의 표준점수는 1.625, 영어는 1.333입니다. 이는 표준정규분포에서 표준편차 1(1 시그마)의 1.625배, 1.333배의 위치라는 것이므로 단순히 '수학은 1.625 시그마, 영어는 1.333 시그마의 위치'라 할 수 있습니다. 이를 통해 A 군의 수학 점수 위치를 알 수 있습니다.

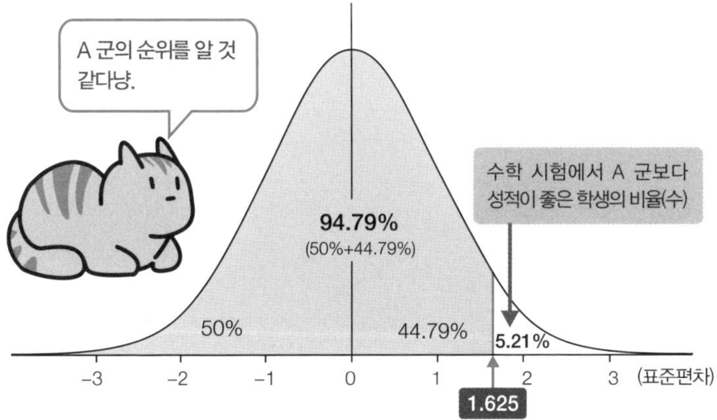

잠시만요, 선배. 이 표준정규분포 그래프에서 '표준편차 = 1.625'가 위에서 5.21% 위치라는 것을 어떻게 알 수 있는거죠? 만약 왼쪽이 94.79%라고 미리 알았다면 100% − 94.79% = 5.21%라는 식으로 계산할 수 있겠지만요.

표준정규분포표라는 게 있지. 이를 보면 표준편차 1.625의 아래 부분이 누적으로 표시되어 있지. 마침 표준정규분포표가 없어서 다음 페이지와 같이 엑셀로 만들어 보았어.

앞서 통계학 세미나에서 살펴본 '엑셀로 정규분포 만들기'라는 방법이네요. '누적'이라는 건 NORM.DIST(x값, 평균, 표준편차, TRUE) 쪽을 사용했다는 것이죠? FASLE가 아닌 TRUE를요.

그렇지. 다만, 표준편차 1.625는 이 표에 없으므로 1.62와 1.63 사이의 평균을 계산하여 '94.79%(0.9479)'라 추정했지. 그렇다는 것은 A 군 위에는 나머지인 5.21%의 학생이 있다는 뜻이고.

그림 4-7 엑셀로 표준정규분포 생성 및 확인

④셀 B3에 '=NORM.DIST($A3+B$2,E1,G1,TRUE)'라고 입력. '$'는 여기서 구별하기 쉽게 색을 칠한 것일 뿐으로, 색으로 표시되지는 않음.

① 평균 0, 표준편차 1

(0과 1을 E1 과 G1에 입력)

③ B2~K2까지는 0~0.09 입력

	A	B	C	D	E	F	G	H	I	J	K
1		**표준정규분포표**		**평균=**	**0**	**표준편차=**	**1**				
2		0	0.01	0.02	0.03	0.04	0.05	0.06	0.07	0.08	0.09
3	0	0.500000000	0.503989356	0.507978314	0.511966473	0.515953437	0.519938806	0.523922183	0.527903170	0.531881372	0.535856393
4	0.1	0.539827837	0.543795313	0.547758426	0.551716787	0.555670005	0.559617692	0.563559463	0.567494932	0.571423716	0.575345435
5	0.2	0.579259709	0.583166163	0.587064423	0.590954115	0.594834872	0.598706326	0.602568113	0.606419873	0.610261248	0.614091881
6	0.3	0.617911422	0.621719522	0.625515835	0.629300019	0.633071736	0.636830651	0.640576433	0.644308755	0.648027292	0.651731727
7	0.4	0.655421742	0.659097026	0.662757273	0.666402179	0.670031446	0.673644780	0.677241890	0.680822491	0.684386303	0.687933051
8	0.5	0.691462461	0.694974269	0.698468212	0.701944035	0.705401484	0.708840313	0.712260281	0.715661151	0.719042691	0.722404675
9	0.6	0.725746882	0.729069096	0.732371107	0.735652708	0.738913700	0.742153889	0.745373085	0.748571105	0.751747770	0.754902906
10	0.7	0.758036348	0.761147932	0.764237502	0.767304908	0.770350003	0.773372648	0.776372708	0.779350054	0.782304562	0.785236116
11	0.8	0.788144601	0.791029912	0.793891946	0.796730608	0.799545807	0.802337457	0.805105479	0.807849798	0.810570345	0.813267057
12	0.9	0.815939875	0.818588745	0.821213620	0.823814458	0.826391220	0.828943874	0.831472393	0.833976754	0.836456941	0.838912940
13	1	0.841344746	0.843752355	0.846135770	0.848494997	0.850830050	0.853140944	0.855427700	0.857690346	0.859928910	0.862143428
14	1.1	0.864333939	0.866500487	0.868643119	0.870761888	0.872856849	0.874928064	0.876975597	0.878999516	0.880999893	0.882976804
15	1.2	0.884930330	0.886860554	0.888767563	0.890651448	0.892512303	0.894350226	0.896165319	0.897957685	0.899727432	0.901474671
16	1.3	0.903199515	0.904902082	0.906582491	0.908240864	0.909877328	0.911492009	0.913085038	0.914656549	0.916206678	0.917735561
17	1.4	0.919243341	0.920730159	0.922196159	0.923641490	0.925066300	0.926470740	0.927854963	0.929219123	0.930563377	0.931887882
18	1.5	0.933192799	0.934478288	0.935744512	0.936991636	0.938219823	0.939429242	0.940620059	0.941792444	0.942946567	0.944082597
19	1.6	0.945200708	0.946301072	0.947383862	0.948449252	0.949497417	0.950528532	0.951542774	0.952540318	0.953521342	0.954486023
20	1.7	0.955434537	0.956367063	0.957283779	0.958184862	0.959070491	0.959940843	0.960796097	0.961636430	0.962462020	0.963273044
21	1.8	0.964069681	0.964852106	0.965620498	0.966375031	0.967115881	0.967843225	0.968557237	0.969258091	0.969945961	0.970621020
22	1.9	0.971283440	0.971933393	0.972571050	0.973196581	0.973810155	0.974411940	0.975002105	0.975580815	0.976148236	0.976704532
23	2	0.977249868	0.977784406	0.978308306	0.978821730	0.979324837	0.979817785	0.980300730	0.980773828	0.981237234	0.981691100
24	2.1	0.982135579	0.982570822	0.982996977	0.983414193	0.983822617	0.984222393	0.984613665	0.984996577	0.985371269	0.985737882
25	2.2	0.986096552	0.986447419	0.986790616	0.987126279	0.987454539	0.987775527	0.988089375	0.988396208	0.988696156	0.988989342
26	2.3	0.989275890	0.989555923	0.989829561	0.990096924	0.990358130	0.990613294	0.990862532	0.991105957	0.991343681	0.991575814
27	2.4	0.991802464	0.992023740	0.992239746	0.992450589	0.992656369	0.992857189	0.993053149	0.993244347	0.993430881	0.993612845
28	2.5	0.993790335	0.993963442	0.994132258	0.994296874	0.994457377	0.994613854	0.994766392	0.994915074	0.995059984	0.995201203
29	2.6	0.995338812	0.995472889	0.995603512	0.995730757	0.995854699	0.995975411	0.996092967	0.996207438	0.996318892	0.996427399
30	2.7	0.996533026	0.996635840	0.996735904	0.996833284	0.996928041	0.997020237	0.997109932	0.997197185	0.997282055	0.997364598
31	2.8	0.997444870	0.997522925	0.997598818	0.997672600	0.997744323	0.997814039	0.997881795	0.997947641	0.998011624	0.998073791
32	2.9	0.998134187	0.998192856	0.998249843	0.998305190	0.998358939	0.998411130	0.998461805	0.998511001	0.998558758	0.998605113
33	3	0.998650102	0.998693762	0.998736127	0.998777231	0.998817109	0.998855793	0.998893315	0.998929706	0.998964997	0.998999218

② 세로에 0~3(시그마)까지 0.1 단위로 입력

⑤ 마지막으로 셀 B3을 복사하여 범위 안의 셀에 붙여넣기 함. 이때 표준편차는 3.09(시그마)까지 표시했으나 그 이상 표시할 수도 있음.

1.625는 다음과 같이 찾아냄. 우선 왼쪽 열(A열)의 '1.6'에서 오른쪽으로 가면 '0.02'가 있음. 이는 1.6 뒤에 계속되는 수이므로 1.62(=1.6+0.02의 의미)가 됨. 알고 싶은 숫자는 1.625이므로 다음의 '0.03', 즉 1.63과의 중간을 찾으면 됨.

1.62 = 약 0.9474
1.63 = 약 0.9484

→ 1.625 = 약 0.9479

전국모의고사라면, 예를 들어 1만 명이 수학시험에 응시했을 때 521위 정도라 할 수 있겠네요. 영어의 표준편차는 1.333이었으므로 앞의 표에서 0.9082, 즉 90.82%이고요. 그 위에는 남은 9.18%의 사람뿐이네요. 둘 다 우수한 성적이군요.

뭐, 중요한 것은 원래라면 비교할 수 없는 '서로 다른 것' 사이를 '표준화'라는 방법을 사용하여 비교할 수 있게 되었다는 점이지.

편찻값, 지능지수도?

이거 편찻값이랑 똑같네요. '평균 = 0'이라는 점이 전혀 다르지만, 분명히 편찻값은 '한가운데 = 50점'였지만. 그래도 많이 닮았네요.

그렇지. 실제로 편찻값은 이 표준화 숫자를 조금 바꾼 것뿐이야. 우리가 시험 성적을 볼 때는 한가운데(평균점)가 50점 정도면 알기 쉽지. 그래서 A 군의 표준점수를 계산할 때처럼 다음과 같은 순서로 계산하면 돼.

① (점수 − 평균점)을 계산한 다음, 표준편차로 나눔

② 10으로 곱함

③ 평균점인 50점을 더함

$$\text{편찻값} = \frac{(\text{득점} - \text{평균})}{\text{표준편차}} \times 10 + 50$$

편찻값은 일반적인 시험이라면 20점~80점 정도의 범위에 들어가겠지만, 시험의 쉽고 어려움에 따라 100점을 넘거나 0점 이하가 될 때도 있기는 해.

정규분포와 편찻값이 서로 관계가 있는지는 몰랐어요.

정규분포에서는 표준편차라 하면 평균±1 시그마일 때 68% 정도의 범위에 들어간다고 했었지? ±1 시그마는 편찻값으로 말하면 정확히 40~60에 해당해. 그리고 편찻값 ±2 시그마는 편찻값으로는 30~70과 같지.

'능력을 수치화한다.'는 것이라면 지능지수(IQ)도 비슷한 것 같네요. 무언가 관계가 있을까요?

맞아. 편찻값은 한가운데를 50점으로 한 것인 데 비해 '지능지수'는 이를 100으로 잡은 것으로, 최고는 140 정도라고 들었어.

친구한테 듣기로는 기네스북에 세계에서 가장 '지능지수'가 높은 사람이 실렸다고 하는데, 여자라네요.

미국의 메릴린 보스 새번트Marilyn vos Savant라는 사람의 IQ가 228이라고 하니 엄청나게 높은 숫자지. 이 책 마지막 챕터인 '에필로그'에서 한 번 더 그녀의 이름을 볼 수 있을 거야.

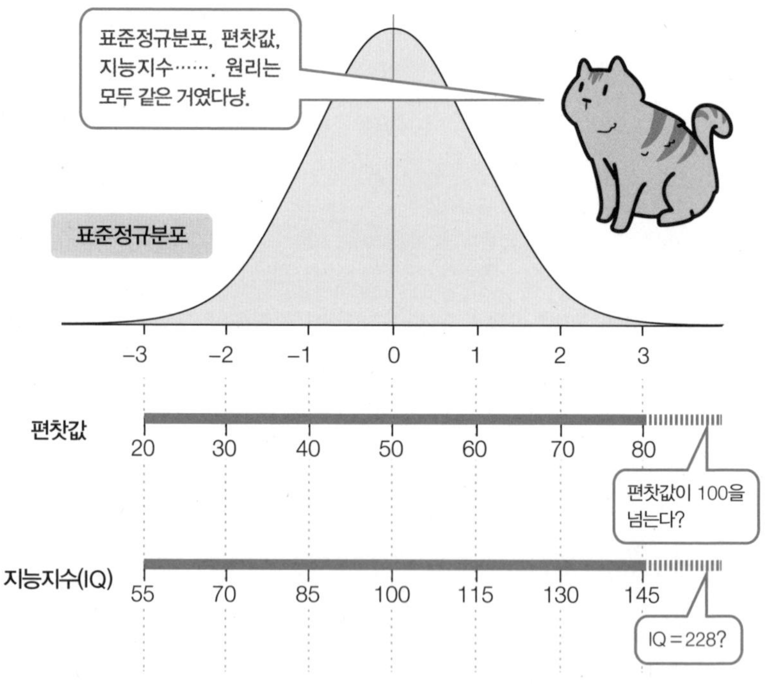

서로 다른 두 집단 비교

프롤로그에서 3가지 통계 퀴즈를 냈었습니다. 그 두 번째 퀴즈가 '서로 다른 두 사람의 성적(공헌도)을 어떻게 비교할 것인가?'였는데요, 여기서는 앞서 살펴본 정규분포를 이용하여 이를 간단하게 살펴보겠습니다.

X 사의 영업부 넘버원인 A 씨와 연구개발부 톱인 P 씨. 전문 분야가 다른 두 사람인데요, 이번에 특별히 '회사에 가장 공헌한 1명을 선정하여 스탠퍼드 대학교에 1년간 유학을 보낸다.'라는 이야기를 프롤로그에서 했습니다. 그러면 어떻게 선정하면 될까요?

억지스런 설정이긴 하지만, 조직이라면 있을 법도 한 이야기네요. 보상적인 요소도 강하다는 느낌이고요.

원래 이질적인 것을 비교하기는 어렵지만, 사고방식만으로 말하자면 앞서 4.8절과 4.9절에서 살펴본 것과 같은 방법을 사용하면 될 듯해. 즉 '편찻값'으로 비교하는 방법이지.

A 씨

P 씨

우선 영업부에서는 연간 매출액에 따른 데이터를 계산하여 다음과 같이 히스토그램을 만들었다고 하자. A 씨의 위치도 알 수 있지. 다음으로, 연구개발부에서는 연간 특허건수에 따라 마찬가지로 순위를 매기고 이를 히스토그램으로 만들었다고 하자.

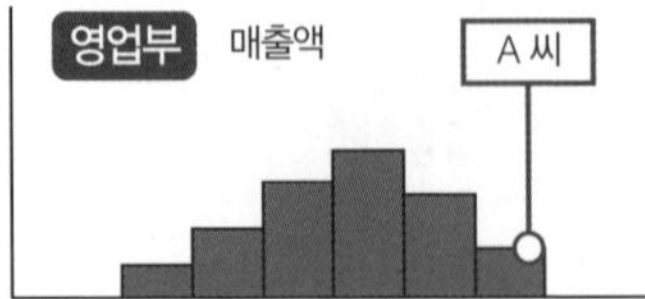

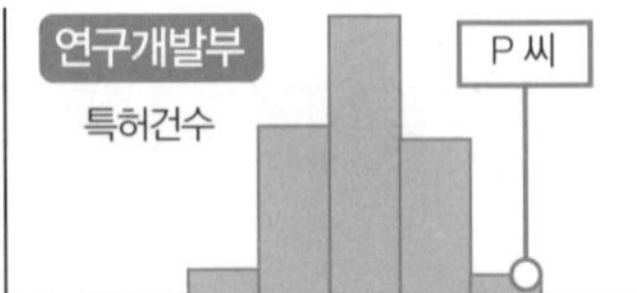

매출 금액과 특허건수로는 비교할 방법이 없어도, 정규분포곡선을 이용하여 '편찻값'으로 비교한다는 말이네요. 앞 절까지의 내용보다는 더 쉬워 보여요. 그런데 정작 중요한 정규분포곡선이 없어요.

4.8절에서 언급한 A 군의 경우는 전국모의고사다 보니 참가자(데이터)도 많고 정규분포라 가정해도 괜찮았지만, 회사 조직의 경우에는 보통 방금 살펴본 히스토그램 정도만 얻을 수 있단다.

갑자기 암초를 만난 듯한 느낌이네요. 히스토그램을 더 작은 구간으로 나눌 수도 없고요.

여기서는 복잡하게 생각하지 말고 2개의 히스토그램에 종형곡선(정규분포곡선)을 대충 겹쳐보는 거야.

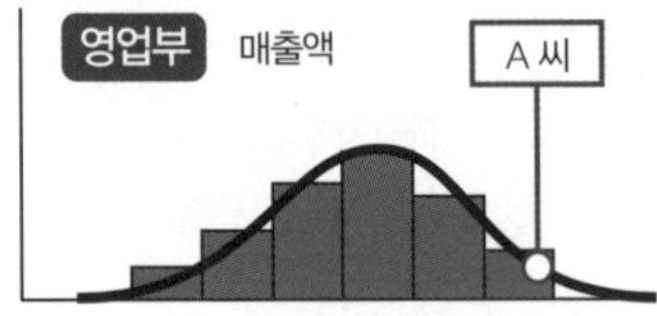

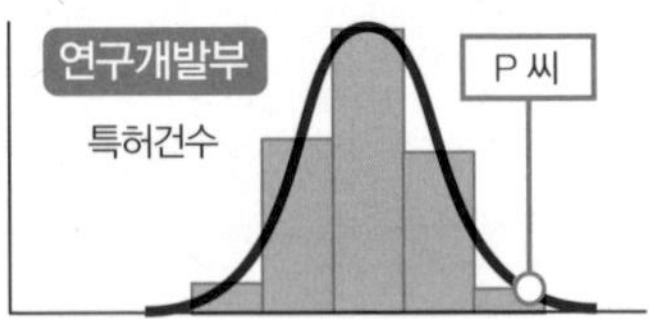

즉, 히스토그램의 형태와 비슷한 정규분포를 찾아 겹친다는 것이지. 그다음은 간단해. 4.8절에서 그래프를 겹쳐봤던 것처럼 원래 정규분포곡선은 같은 것이므로, 평행이동(평균을 맞춤)이나 높이 · 폭(표준편차)이 맞도록 그래프를 확대하거나 축소하면 2개의 정규분포곡선은 같은 형태가 돼. 여기서 탑인 두 사람의 위치를 비교하는 거지.

① 우선, 꼭대기의 높이를 맞춤

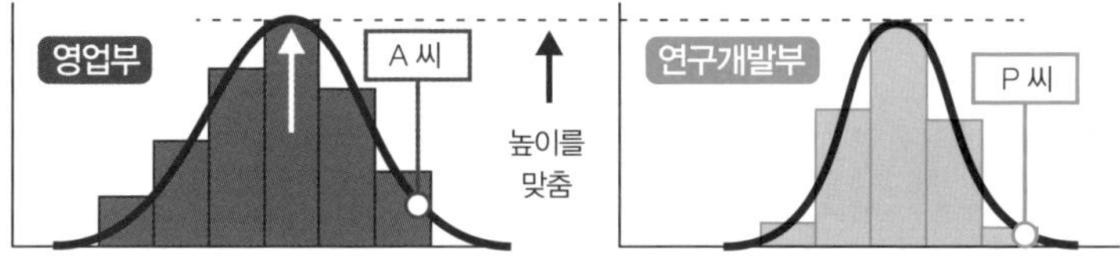

② 다음으로, 폭을 맞춤

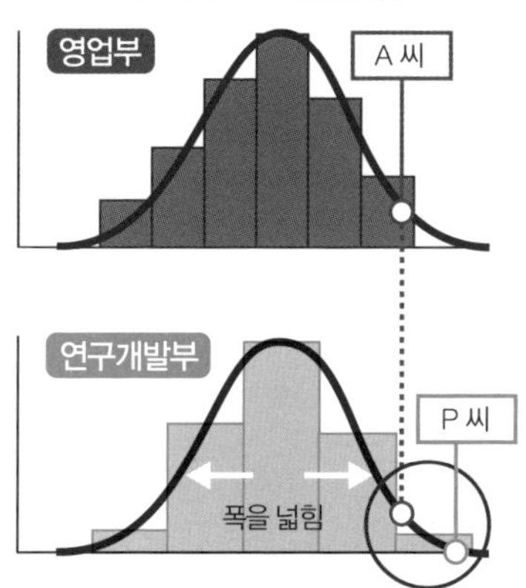

그렇게 하면 연구개발부의 P 씨가 그래프의 더 오른쪽이므로 부서는 달라도 P 씨가 조금 더 낫다는 말이네요.

꽤 억지스러운 사용 방법일 수도 있지만, 히스토그램 위에 대략적인 정규분포곡선을 겹쳐보면 서로 다른 2개의 집단을 비교할 수 있지.

물론 영업부와 연구개발부의 인적 능력은 기본적으로 거의 같으며, 각 부서 내의 업적은 자연스런 산포도를 보인다는 전제가 필요하지만 말이야.

상당히 억지스러운 전제이긴 하지만, 사고방식으로서는 이해가 가네요.

앙리 푸앵카레와 동네 빵집의 인정사정없는 다툼

정규분포를 활용한 일화 중 유명한 것으로 앙리 푸앵카레(프랑스, 1854~1912)와 빵집 이야기*가 있습니다.

푸앵카레는 1년간 한 빵집에서 빵 1kg(한 덩어리)를 산 다음 정성스레 빵 무게를 측정했다고 합니다. 물론 한두 번 1kg 이하로 측정되더라도 전혀 이상한 일은 아닙니다. 빵 만들기에도 산포도가 있기 때문입니다. 그러므로 '1kg'이라 해도 이것이 1kg를 중심으로 한 정규분포가 된다면(산포도가 크다는 것은 문제지만) 푸앵카레로서도 문제 삼지 않았을 것입니다.

그러나 1년간의 계측 결과 밝혀진 것은 빵의 평균이 1kg가 아닌 950g의 정규분포를 그린다는 것이었습니다. 다음의 파란색 정규분포와 같은 그래프였을 것입니다. 이 그래프에 따르면 원래 생각했던 분포(회색의 정규분포)보다 50g 적게 나타났습니다. 빵집은 '1kg'이라 하고는 무게 950g의 빵을 팔았던 것입니다.

* 저자주_ 이 이야기는 버트 K. 홀랜드의 『재수가 아니라 확률이다』(휘슬러, 2004)에 소개되었습니다.

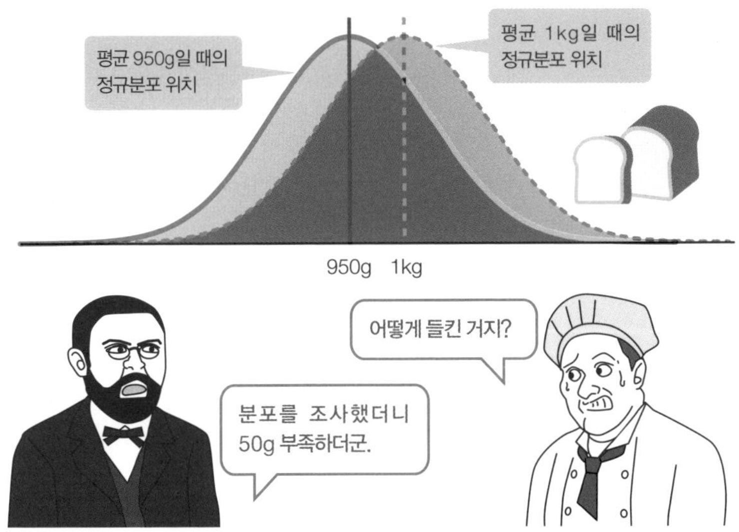

이처럼 1년간 축적된 데이터를 근거로 푸앵카레는 빵집을 고소함과 동시에, 여전히 빵집을 믿지 못했는지 추가로 1년간 빵의 무게를 계속해 측정했습니다. 그랬더니 다음과 같은 희한한 그래프가 만들어졌다고 합니다(그래프가 남아있지 않아 필자가 추측해 그려보았습니다).

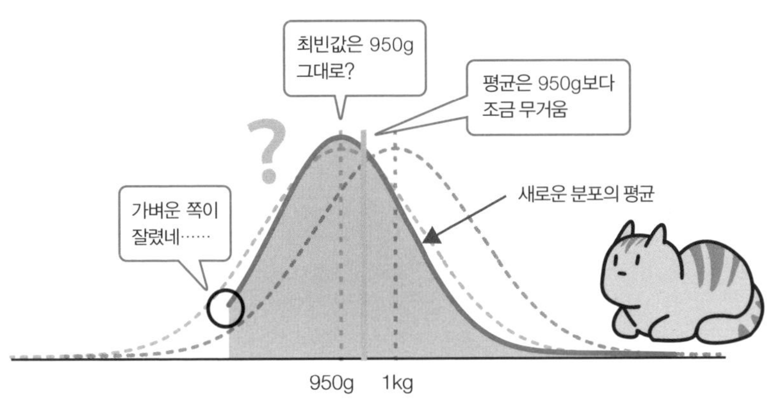

먼저 그래프가 좌우 대칭이 아니었고 최빈값은 당당하게 950g인 채로 남아있었습니다. 다만, 웬일인지 평균은 조금 무거워졌는데요. 그래프의 왼쪽 끝(가벼운 빵)을 잘라낸 듯한 모습이었을 것으로 추측할 수 있습니다. 보통 빵을 만들면 정규분포에 가까우리라 생각할 수 있으므로 이는 자연스럽지 못합니다.

왜 이런 분포가 되었을까요? 생각할 수 있는 답은 다음과 같습니다.

① 빵집은 1kg가 아닌, 양을 속인 950g의 빵을 계속 만들고 팔아왔다.

② 단, 시끄러운 푸앵카레에게는 클레임을 걸지 못하도록 조금 큰 빵을 골라 건넸다.

결국 푸앵카레는 이 '자연스럽지 못한 분포'에서 그러한 사정을 찾아내어 다시 한 번 더 빵집을 고소했다고 합니다.

푸앵카레는 "수학자란 부정확한 그림을 보면서 정확한 추론을 할 수 있는 사람이다."라는 말을 남겼습니다. 이 경우에도 1년간에 걸친 데이터 수집을 통해 만든 희한한 그래프를 보며 정확한 추론을 수행한 듯하네요.

5장

표본을 이용하여 모집단의 특징 추정하기

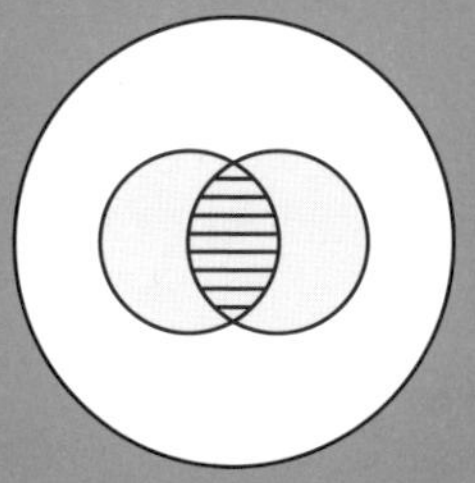

5장과 6장에서는 '추측통계학'을 살펴봅니다. 표본을 이용하여 모집단의 특성을 추측한다는 점에서는 같지만 ① 모집단의 구체적인 값을 추정하고 ② 모집단에 대한 가설의 옳고 그름을 가린다는 데 그 차이가 있습니다. ①은 5장에서, ②는 6장에서 알아봅니다.

무엇을 '추정'할까?

5장에서는 추측통계학의 2개 기둥 중 하나인 추정을 다룹니다. 추정이란 표본 데이터로부터 원래 집단의 평균, 분산 등을 추측하는 것을 말합니다.

평균과 비율(시청률) 등을 추정하는 방법

현대 통계학의 주류는 1장에서도 말했듯 **추측 통계학**입니다. 그런 의미에서, 추측 통계학을 다루는 5장의 '(통계학적) 추정'과 6장의 '가설검정'이 추측 통계학의 중심 역할이라 할 수 있습니다.

- 기술 통계학: 모든 데이터를 다루는 것이 기본
- 추측 통계학: 표본에서 원래 집단의 특징 등을 추정

그런데 표본 데이터를 이용하여 원래 집단의 성질·특징 등을 추정할 때는 도대체 무엇을 '추정'하는 것일까요? 이때의 추정이란 '원래 집단'의 평균, 분산 또는 비율 등을 일컫습니다.

평균과 분산이 중요한 이유는 이 두 가지만 알면 원래 집단에 대해 어느 정도 추측할 수 있기 때문입니다. 예를 들어 직원의 상여금 설문조사 결과를 회사 측에 제출(3.1절 참고)할 때도 평균이 중요한 참고 데이터가 되며, 분산을 알면 '(돌출 응답은 별개로 치고) 대체로 이 정도 선에 직원 절반 이상의 요구가 분포해 있구나'라는 식으로 파악할 수 있습니다.

'평균은 알겠는데, 비율은 뭐지?'라 생각할 수도 있습니다. 이는 구체

적으로는 시청률 등을 말합니다. 적은 수의 표본 데이터에서 시청률을 어떻게 계산하는지, 그 오차는 어느 정도라 봐야 하는지 등이 이에 속합니다.

이들 '추정'의 순서는 기본적으로는 '원래 집단의 평균'을 구하는 방법을 알면 모두 같다고 볼 수 있으므로 이 책에서는 ① '원래 집단의 평균'을 구하는 방법, ② 구체적인 시청률을 구하는 방법의 2가지를 설명하겠습니다.

'추정'은 추측통계학의 기둥 중 하나이므로 얼마든지 깊이 들어갈 수 있습니다. 예를 들어 정규분포와 비슷한 **t 분포**, 정규분포와 겉모습에서 차이가 나는 **카이제곱분포(χ^2 분포)** 등을 사용할 때도 있으며 이들의 논리적 배경, 나아가 이를 이해하기 위한 **자유도**[degrees of freedom] 등의 어려운 개념도 있습니다. 그러나 일단 평균과 비율 2가지를 안다면 추정 방법을 이해하기에 충분할 것입니다.

요점 이해하기

그러고 보니, 이 책에서는 아직 계산다운 계산을 한 적이 없습니다. 대략적으로라도 통계학을 이해하려면 어느 정도의 직접 계산은 훈련이나 깊은 이해에 도움이 되는 측면도 있습니다만, 필자의 경험상 계산에 집중하다 보면 정작 중요한 통계학에는 흥미를 잃을 염려가 있습니다.

단, 이 장에서는 계산식이 조금은 등장합니다. 실제로 자세히 계산하지는 않지만, '이런 계산을 통해 추정할 범위를 좁혀나가는 걸까?'라거나 '이 부분의 수치를 바꾸면 확률을 95%에서 99%로 끌어올릴 수 있을까?'라는 식으로 이해하는 것은 중요하기 때문입니다.

통계학 계산의 대부분은 덧셈과 뺄셈, 곱셈, 나눗셈의 사칙연산이면 충분하므로 엑셀로 이를 계산할 때도 특별한 통계 함수를 알아야 할 필요는 거의 없습니다. 수치를 바꾸어 다시 계산할 때도 귀찮은 부분은 엑셀에 맡기도록 하세요.

추측 통계학을 떠받치는 중심극한정리

표본 데이터에서 원래 집단의 평균을 추정하는 방법에는 어림짐작이 아닌 이를 떠받치는 사고방식, 즉 이론이 필요합니다. 이것을 중심극한정리central limit theorem라 부릅니다. 이는 원래 집단의 평균을 추정하는 추측 통계학의 근거가 되는 중요한 정리입니다.

이미 여러 번 '원래 집단'이라는 용어를 사용했습니다만, 다음 절부터는 '모집단'이라는 용어로 바꾸어 설명해야 할 필요성이 커지므로 몇몇 용어 설명부터 시작하겠습니다.

통계학 용어 정리

모집단과 표본 집단에는 각각 평균과 분산, 표준편차가 있으므로 이를 단순히 '평균'이라 하면 어느 쪽을 가리키는지 구분할 수 없습니다. 이에 먼저 용어부터 정리하겠습니다.

평균, 분산, 표준편차에도 2가지가 있다?

2장과 3장에서는 평균과 분산(또는 표준편차)이라는 용어를 구분 없이 사용했었습니다만, 생각해보면 '평균'이라 했을 때 이것이 '원래 집단의 평균'인지 아니면 '표본 데이터의 평균'인지 명확하지 않습니다.

여러분이 표본(샘플)의 평균을 염두에 두고 있어도 상대가 다른 것을 떠올릴 가능성이 있다면 어느 쪽의 의미로 사용하는지를 확인하면서 이야기를 진행하는 것이 좋습니다. 이를 위해서도 정확한 통계학 용어나 개념을 구분 지어 사용하며 상대와 의사소통해야 합니다. 그러면 기본적인 통계학 용어를 정리해봅시다.

지금까지 몇 번이나 '원래 집단'이라 불렀습니다만, 이는 보통 모집단이라 합니다. 그리고 이 모집단에서 샘플을 통해 수집한 데이터를 표본이라 부릅니다.

모집단에는 해당 데이터의 평균, 분산, 표준편차가 있습니다. 여기에 각각 '모'를 붙여 모평균, 모분산, 모표준편차로 부릅니다. 아무런 설명 없이 '평균, 분산, 표준편차'라 한다면 이는 '모집단의 평균, 분산, 표준편차'를 가리킵니다.

그리고 표본에도 '표본'이라는 접두사를 붙여 '**표본평균, 표본분산, 불편분산, 표본표준편차**'라 하여 모집단과 구별합니다. 덧붙여 이처럼 **표본을 이용하여 계산한** 표본평균, 표본분산, 불편분산, 표본평균편차를 **통계량**이라 부릅니다. 통계량이라는 용어는 자주 사용합니다만, 모집단의 값은 통계량이라 부르지 않습니다. 여기까지가 용어를 구별해서 사용하는 방법입니다.

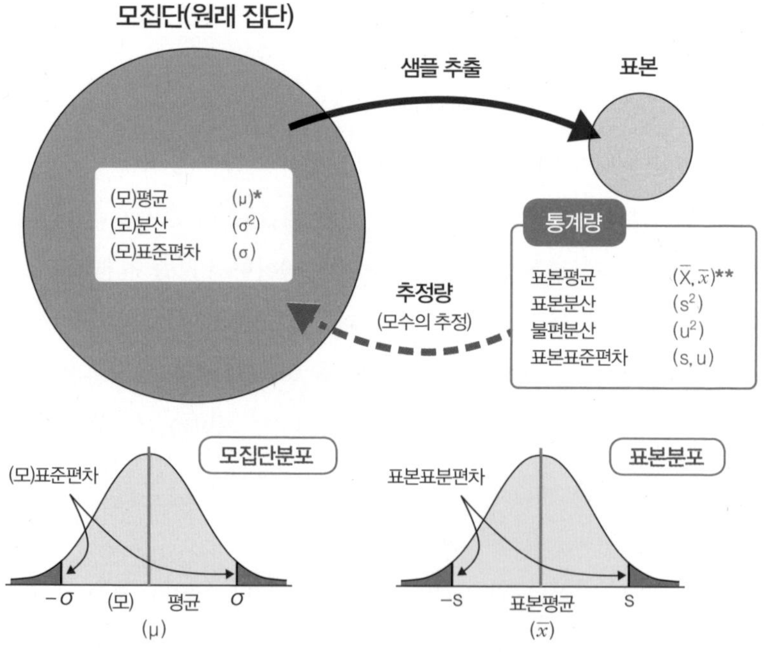

* **저자주_** 모집단 쪽의 모평균 기호로는 μ(뮤: m에 해당), 모분산에는 σ^2(시그마: s에 해당), 모표분편차에는 σ 등의 그리스 문자를 사용합니다. 모집단에서 추출한 샘플의 표본평균에는 $\bar{X}$, $\bar{x}$, 표본분산에는 s^2 등의 영문자(알파벳)로 표기하여 구별합니다.

** **역자주_** '엑스바'라고 읽습니다.

선배, 저 방금 이상한 용어를 발견했어요! '불편분산'이라는 수상한 용어에요. 모집단 쪽에는 '모'를 붙여 '모평균, 모분산'이라 한다는 것은 쉽게 이해했어요. 표본 쪽도 '표본평균, 표본분산'까지는 괜찮은데 '불편분산'이라는 것이 있네요. 그런데 왜 '표본분산'으로는 안 되는 거죠?

갑자기 핵심을 찌르는 질문이군. 그건 불편분산만 계산이 조금 다르기 때문이지.

네? 모분산과 표본분산의 계산 방법이 다른가요? 예를 들어 모집단에서 가져온 3개의 샘플 데이터가 9, 10, 11일 때 평균 = 10이잖아요. 분산의 계산은 평균을 알면 (편차)^{2}를 계산하고, 그 (편차)^{2}의 합을 데이터 수 3으로 나누는 다음과 같은 계산이면 되죠?

$$\text{평균} = \frac{9+10+11}{③} = 10 \longleftarrow \text{평균}$$

(③ ← 데이터 개수)

$$\text{분산} = \frac{(\text{데이터 ①}-\text{평균})^2 + (\text{데이터 ②}-\text{평균})^2 + (\text{데이터③}-\text{평균})^2}{\text{데이터 개수}}$$

$$= \frac{(9-10)^2+(10-10)^2+(11-10)^2}{③} = \frac{1+0+1}{3} = \frac{2}{3}$$

(③ ← 데이터 개수, 분산 ↗ $\frac{2}{3}$)

그렇지. 지금까지는 정답이었지만 불편분산의 경우에는 마지막을 '데이터 개수'로 나누는 대신 **'데이터 개수 – 1'로 나누는** 거야. 이것이 불편분산이지. 표본분산은 보통의 분산(모분산)과 마찬가지로 '데이터 개수'로 나누어. 이게 다른 점이지. 각 데이터를 x_1, x_2, …, x_n이라 하고(데이터 개수는 n개) 평균을 $\bar{x}$라 하면 다음과 같아.

$$\text{표본분산} = \frac{(x_1-x)^2+(x_2-x)^2+(x_3-x)^2+\cdots\cdots+(x_n-x)^2}{n}$$

$$\text{불편분산} = \frac{(x_1-x)^2+(x_2-x)^2+(x_3-x)^2+\cdots\cdots+(x_n-x)^2}{n-1}$$

이해하기 어려워요. 왜 불편분산은 '데이터 개수–1'로 나누는 거죠?

우리의 목적은 '표본의 평균, 표본의 분산'을 아는 것이 아니라 어디까지나 그 **표본의 평균 등으로부터 모집단의 평균, 분산, 표준편차 등을 추정**하는 거야.
실은 '표본분산'(데이터 개수 n으로 나눔)을 이용하여 모분산을 추정하면 '조금 작은 값'이 나온다는 것을 알고 있었지. 하지만 '데이터 개수−1'인 불편분산을 사용하여 추정하면 모분산과 일치한다는 거야. 불편분산이 모분산과 일치한다는 것은 수학적으로 증명은 되지만 무척 어려운 내용이야. 혹시 알고 싶다면 인터넷이나 전문서적 등을 조사해보렴.
한편 **모집단의 특징을 추정하기 위한 표본 데이터를 '추정값'**이라 불러. 이런 의미에서 표본평균이나 불편분산은 추정값이 되지만, 표본분산은 추정값이라 할 수 없어.

그렇군요. '표본을 이용하여 모집단의 특징을 조사하고 추리'한다고 한다면 불편분산이 큰 의미를 가지게 되네요.
한 가지 궁금한 점이 있는데요. 표본표준편차라는 것은 표본분산으로 계산하나요, 아니면 불편분산으로 계산하나요?

그건 사용하는 사람이나 문헌에 따라 다를 수 있으므로*** 어느 쪽 의미인지는 사용하는 사람이나 장면 등 '문맥을 통해 읽어내는' 수밖에 없다고 생각해.

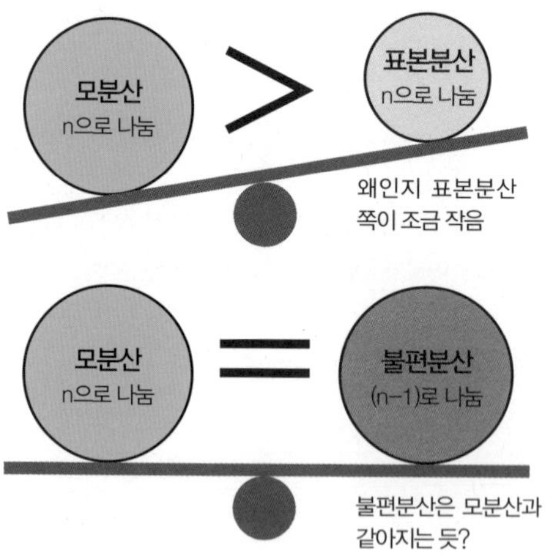

*** 저자주_ 이 책에서는 표본분산으로 계산한 표준편차를 '표본표준편차', 불편분산으로 계산한 표준편차를 '불편표준편차'라 나누어 부르겠습니다.

'점추정'은 맞을 수도 있다?

백문이 불여일견이니 바로 모집단의 평균을 추정해봅시다. 어떻게 하면 원래 모집단의 평균이나 분산 등을 표본 데이터로부터 알 수 있을까요? 그 첫걸음은 점추정point estimation입니다.

점심 식대의 평균 금액 구하기

현재 모든 직장인이 점심 식대로 쓰는 평균 금액을 알고 싶다고 합시다. 직장인 모두의 데이터를 모으기는 어려우므로 대신 몇 명의 표본을 사용하여 생각해봅시다.

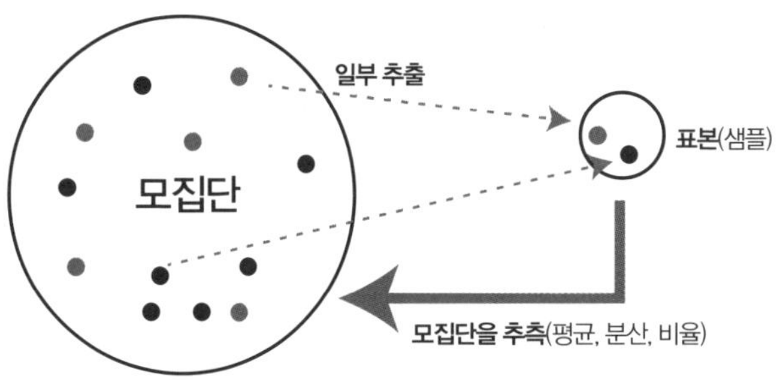

먼저 무작위추출* 방법으로 직장인 4명의 점심 식대를 조사했더니**

* 저자주_ 무작위추출은 랜덤 샘플링이라고도 불리며 한쪽으로 치우치지 않는 표본을 추출하는 방법의 하나입니다. 사람의 자의성을 배제하고 모집단에서 확률적으로 표본을 선택합니다.

** 저자주_ 물론 4명과 같은 작은 표본은 있을 수 없습니다만, 여기서는 어디까지나 간단하게 설명하고자 극히 적은 수의 표본을 대신 사용했습니다.

각각 4,500원, 6,500원, 7,000원, 10,000원으로 나타났으며 평균은 딱 7,000원이었습니다.

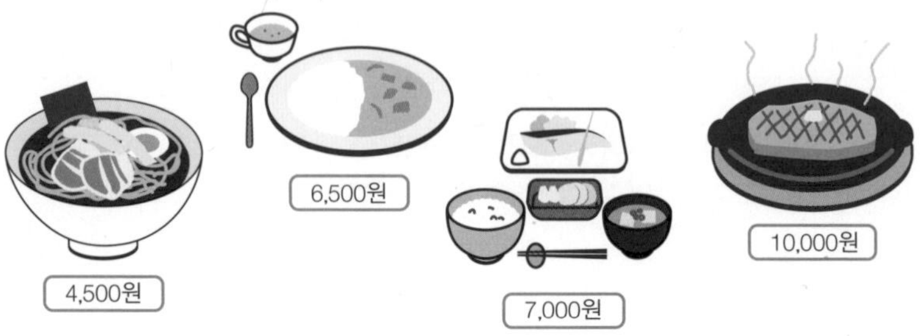

점추정은 정말로 '맞을 수도 있다'?

겨우 4명의 데이터로 '직장인 전체의 모습'을 추측한다는 건 무모한 이야기일 수 있습니다. 그럼에도 데이터가 4개뿐이라면 이를 기준으로 생각할 수밖에 없습니다.

한 가지 방법은 '4명의 평균 금액은 전체 평균 금액(7,000원)과 정확히 일치'한다고 생각해버리는 것입니다. 이러한 간단한 추정 방법을 점추정이라 부릅니다.

단, 모집단이 정규분포라는 것을 알고 있다면 점추정에도 그 나름의 설명이 가능합니다만, 모집단의 분포를 전혀 알 수 없다면 점추정은 매우 어렵습니다. 아무리 백문이 불여일견이라 해도 이는 조금 준비 부족인 듯합니다.

점추정과 달리 일정한 폭과 구간을 추정하는 방법이 있습니다. 이러한 추정 방법을 구간추정이라 부릅니다. **구간추정**을 하려면 '중심극한정리' 등의 준비가 필요합니다.

'평균값의 평균' 분포와 중심극한정리

점추정과 같이 '표본의 표본평균=모집단의 평균'이 되는 경우는 찾아보기 어렵습니다. 그러면 다른 방법은 없을까요? 그 해결의 열쇠를 쥔 것이 '중심극한정리'입니다.

표본평균은 매번 다름

지금 A 씨가 과수원에서 사과 10개를 받아왔습니다. 바로 10개의 무게를 재고 평균을 계산한 결과 300g이었습니다.

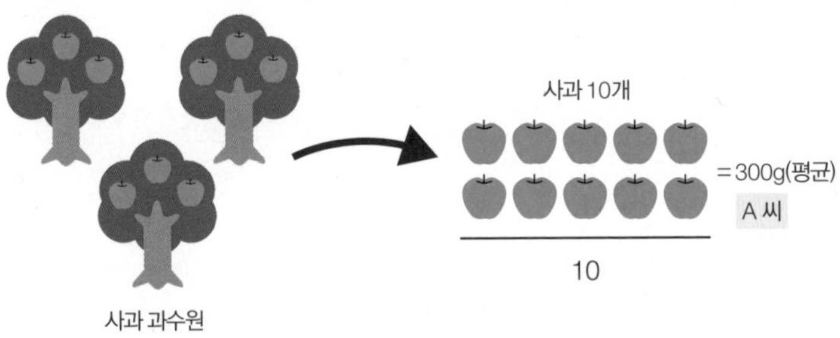

다음으로 B 씨가 마찬가지로 10개를 받았는데, 그 평균은 300g이 아니라 320g일 수도 있습니다. 그 밖에도 C 씨의 평균은 290g, D 씨는 280g과 같은 식으로, 당연히 사과 10개의 무게 평균은 그때그때 다를 것입니다.

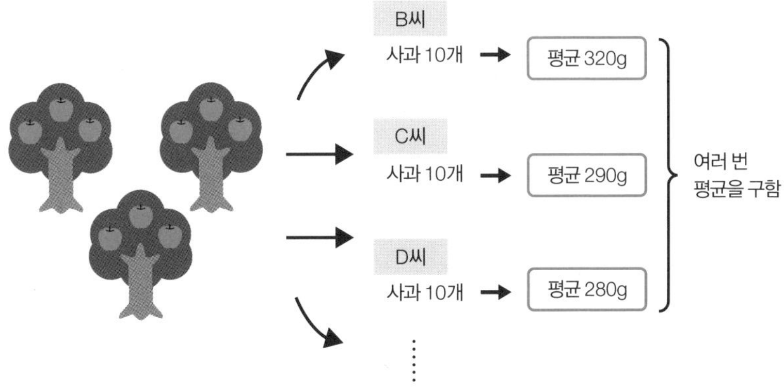

이처럼 여러 번에 걸쳐 10개씩 평균을 구하더라도 표본이 달라지면 그 표본평균도 달라집니다. 아마 그 '평균의 분포'는 다음과 같은 히스토그램이 될 것입니다. 이는 지금까지 봐온 **'개별 데이터의 분포'**가 아닌 **'평균의 분포'**를 나타낸 것이라는 점에 주의해주세요.

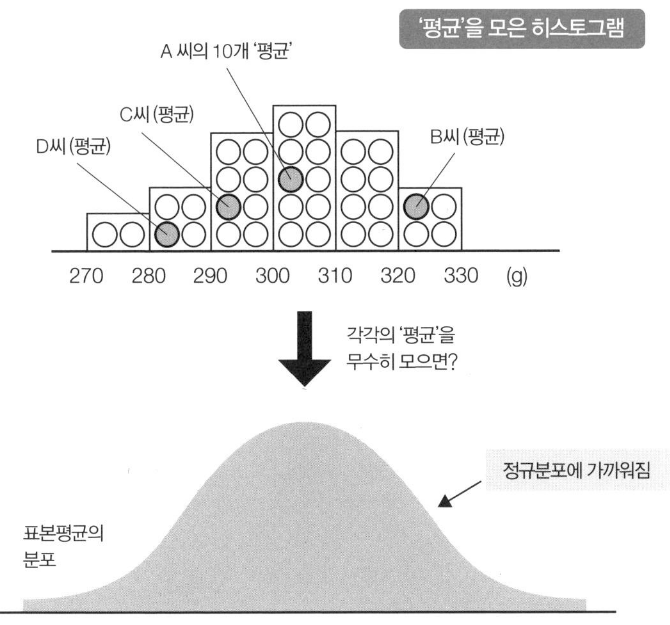

만약 이 '10개의 평균' 개수가 더욱 늘어나서 일정 이상의 횟수가 되면, 특정 형태의 확률분포에 가까워질 것이라 예상할 수 있습니다(실제로는 정규분포에 가까워진다고 알려졌습니다).

표본평균의 분포

앞에서의 결과는 A 씨나 B 씨 등의 '표본평균'을 무수히 모아 그 분포를 조사한 것이므로 '표본평균의 분포'라고 부릅니다. 표본평균은 앞서 5.2절에서 $\overline{X}$(엑스바)로 나타냈으므로 '표본평균 $\overline{X}$의 분포'라고도 합니다.

이 표본평균 $\overline{X}$의 분포에서 알려진 것은 다음과 같습니다.

① 표본평균 $\overline{X}$의 분포 평균은 모집단의 평균(μ)과 일치한다.

② 표본평균 $\overline{X}$의 분포 분산은 $\frac{\sigma^2}{n}$ (표준편차는 $\frac{\sigma}{\sqrt{n}}$)가 된다(σ는 모집단의 표준편차).

③ 모집단의 분포가 어떠하든 표본 수 n이 커질수록 표본평균 $\overline{X}$의 분포는 정규분포에 가까워진다.

이를 **중심극한정리**라 하는데, 추측통계학 중에서도 매우 큰 역할을 하는 정리입니다. ①, ②, ③에서 표본평균의 분포는 다음과 같이 파란색으로 표시한 그래프가 됩니다.

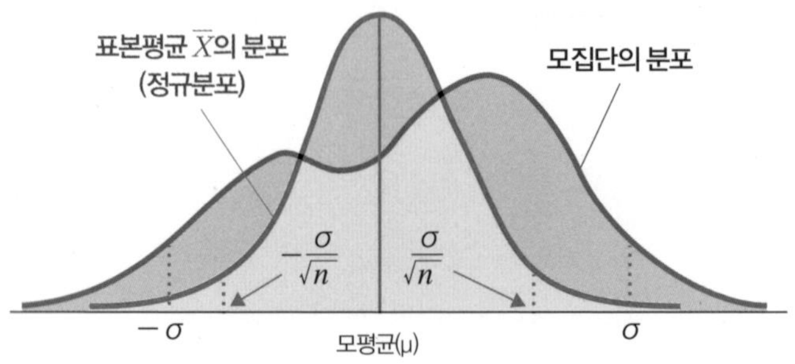

①에서 2개의 분포 평균은 일치하고 ②에서 표준편차(분산)는 다르므로 2개의 그래프 모양은 달라집니다. ③에서 예를 들어 모집단이 찌그러진 형태의 분포라 하더라도 '표본평균 $\overline{X}$의 분포'는 정규분포입니다.

또한, ②를 통해 **표본평균 $\overline{X}$의 분포의 표준편차를 모르더라도 모집단의 표준편차를 알면 $\frac{\sigma}{\sqrt{n}}$을 대신 사용할 수 있다**는 것을 알 수 있습니다.

구간으로 나타내는 '구간추정'

모집단의 평균 등을 '00원~00원 사이'처럼 구간으로 나타낸 '구간추정'이란 어떠한 사고방식일까요? 이 절에서는 구간추정으로 모평균을 구하는 방법을 살펴봅니다.

중심극한정리의 변형 버전 사용하기

점추정에서는 '7,000원'과 같이 하나의 점을 통해 결정했습니다만, '95% 확률로 5,500원~8,000원'과 같은 형태로 일정 확률과 구간으로 추정하는 방법이 구간추정입니다. 평균의 **구간추정**에서는 기본 아이디어로 앞서 살펴본 5.4절의 '중심극한정리'에서 본 사고방식을 이용합니다.

단, 중심극한정리의 경우 '③ 모집단의 분포가 어떠하든~'이라고 했으나, 만약 이 모집단이 정규분포임을 알고 있다면 '표본 n의 개수는 상관없다(즉, 표본 수가 적어도 됨)'라는 더 편리한 성질이 있습니다. 여기서는 이를 사용해보겠습니다. 그러면 앞서와 마찬가지로 4명의 예를 이용해 설명을 계속하되 앞서 말한 '모집단이 정규분포'라는 성질을 이용하여 ① 의 모집단 평균(직장인의 점심 식대 평균 금액)을 구해보겠습니다.

점심 식대의 표준분포 그리기

지금까지 정규분포라 하면 2 시그마(2 표준편차), 3 시그마(3 표준편차)와 같이 시그마로 생각하는 것을 우선했습니다. 그렇지만 '2 시그마=95.45%'와 같이 시그마 쪽을 정수로 나타내면 % 쪽은 소수점이 되어 사용하기 불편했습니다. 그래서 '95%, 99% 확률'과 같은 식의 표현을 채택하는 경우가 (특히 비즈니스 관련에서) 많아졌습니다.

- 95% → 1.96 시그마
- 99% → 2.58 시그마

여기서 앞 절의 ①에 따라 점심 식대에 관해 '표본평균의 분포'의 평균(한가운데 파란 선)은 모평균과 일치하며, ②에 의해 표본의 표준편차로는 $\frac{\sigma}{\sqrt{n}}$을 대신 쓸 수 있으므로 다음과 같은 그래프가 됩니다.

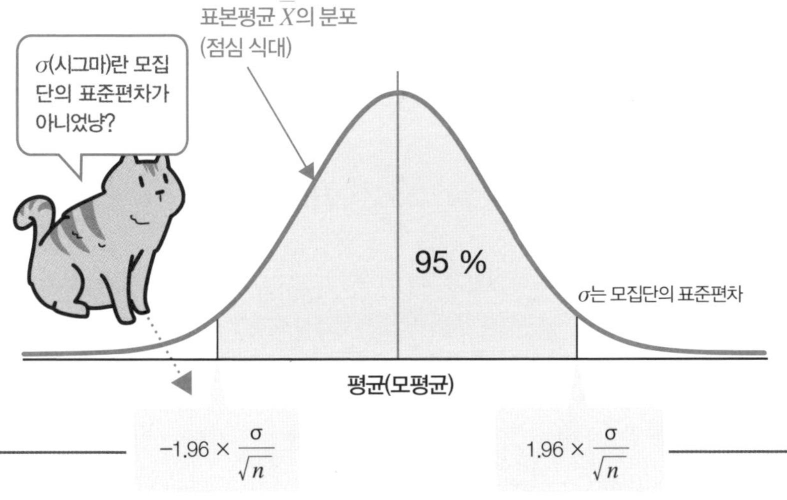

앞에서 고양이가 눈치챈 것처럼 '모집단의 표준편차'를 아직 모르므로 변칙이긴 하지만 **모집단의 표준편차가 4,000원임을 알고 있다고 가정합**니다. 그래프에서 4명의 점심 식대 평균(7,000원)이 95% 확률로 이 구간에 들어간다고 하면 앞의 그래프에서 다음과 같이 구할 수 있습니다.

$$\textbf{모평균} - 1.96 \times \frac{\text{표준편차}}{\sqrt{\text{데이터 개수}}} \leqq \text{표본평균} \leqq \textbf{모평균} + 1.96 \times \frac{\text{표준편차}}{\sqrt{\text{데이터 개수}}}$$

(신뢰도는 95%일 때 1.96, 99%일 때 2.58을 대입)

앞의 식에서 구하려는 것은 **모평균**입니다. 여기서

$$●●● \leqq \textbf{모평균} \leqq ●●●$$

와 같은 형태이므로 앞의 식을 다음과 같이 (1), (2)로 나누어봅니다.

$$\begin{cases} \textbf{모평균} - 1.96 \times \dfrac{\text{표준편차}}{\sqrt{\text{데이터 개수}}} \leqq \text{표본평균} & \cdots\cdots (1) \\ \text{표본평균} \leqq \textbf{모평균} + 1.96 \times \dfrac{\text{표준편차}}{\sqrt{\text{데이터 개수}}} & \cdots\cdots (2) \end{cases}$$

(1), (2)는 각각 이항하면 다음과 같습니다.

$$\begin{cases} \textbf{모평균} \leqq \text{표본평균} + 1.96 \times \dfrac{\text{표준편차}}{\sqrt{\text{데이터 개수}}} & \cdots\cdots (3) \\ \textbf{모평균} \geqq \text{표본평균} - 1.96 \times \dfrac{\text{표준편차}}{\sqrt{\text{데이터 개수}}} & \cdots\cdots (4) \end{cases}$$

이때 (3), (4)에서 다음 식을 얻을 수 있습니다.

$$\text{표본평균} - 1.96 \times \frac{\text{표준편차}}{\sqrt{\text{데이터 개수}}} \leqq \textbf{모평균} \leqq \text{표본평균} + 1.96 \times \frac{\text{표준편차}}{\sqrt{\text{데이터 개수}}}$$

여기서 표본평균 = 7,000원, 표준편차(모표준편차) = 4,000원, 데이터 개수 = 4(명)를 넣어 계산하면 다음과 같습니다.

$$7000 - 1.96 \times \frac{4000}{\sqrt{4}} \leqq \textbf{모평균} \leqq 7000 + 1.96 \times \frac{4000}{\sqrt{4}}$$

복잡하므로 나누어서 계산하겠습니다.

$$모평균 \geqq 7000 - 1.96 \times \frac{4000}{\sqrt{4}}$$

$$= 7000 - 1.96 \times 2000 = 7000 - 392 = \mathbf{3{,}080원}$$

$$모평균 \leqq 7000 + 1.96 \times \frac{4000}{\sqrt{4}}$$

$$= 7000 + 1.96 \times 2000 = 7000 + 392 = \mathbf{10{,}920원}$$

$$3{,}080원 \leqq \mathbf{모평균} \leqq 10{,}920원$$

이렇게 하여 '직장인 전체(모집단)의 점심 식대 평균은 '95% 확률로 3,080원~10,920원 사이에 있을 것이다.'라고 추측할 수 있습니다.

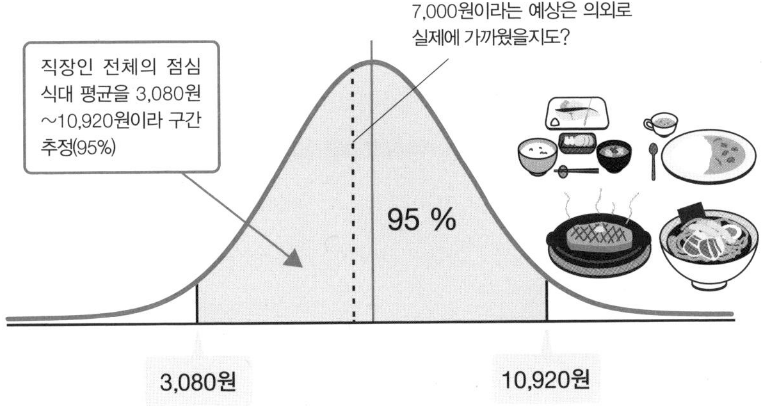

여기서 사용한 가정은 '모집단은 정규분포'라는 것과 '모집단의 표준편차를 사전에 알고 있다.'라는 것의 2가지입니다.

표본 수가 많아지면 어떻게 달라질까?

앞서 5.6절에서는 4명의 점심 식대 데이터만으로 계산했습니다. 이를 40명, 400명으로 늘려가면 그 구간추정은 어떻게 달라질까요?

모집단이 정규분포라는 것을 알고, 게다가 모집단의 표준편차도 알고 있을 때는 앞서 살펴본 식을 이용하여 '모평균의 구간추정'이 가능하다는 것이었지. 다시 한번 식을 써둘게. 참고로 1.96은 95% 확률로 '00원~00원'이라 할 때의 수치야.

$$\text{표본평균} - 1.96 \times \frac{\text{표준편차}}{\sqrt{\text{데이터 개수}}} \leqq \textbf{모평균} \leqq \text{표본평균} + 1.96 \times \frac{\text{표준편차}}{\sqrt{\text{데이터 개수}}}$$

구간추정에서는 도움이 되지만, 외우기는 쉽지 않은 식이네요. 쉽게 외우는 방법이라도 있나요?

식을 외우지 않아도 그래프의 95% 범위이므로 그래프를 떠올리면 돼. 이 σ(시그마)를 $\sqrt{\text{데이터 개수}}$로 나눈 것뿐이야.

그렇구나. 식을 외우지 않아도 이 그래프를 떠올리면 알 수 있겠네요.

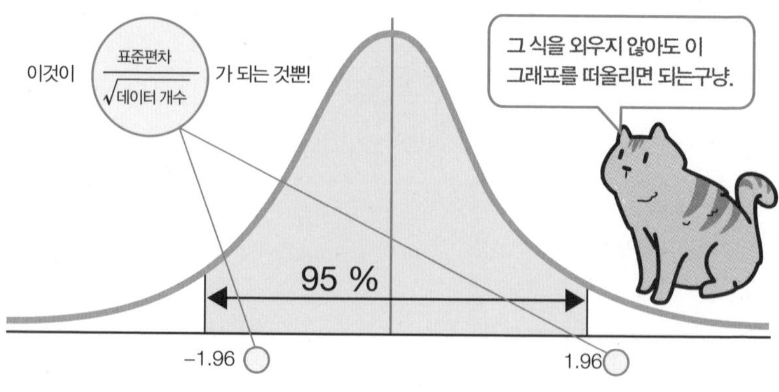

예제

직장인 전체의 점심 식대의 평균을 추정하고자 합니다. 4명, 40명, 400명에게 각각 물어본 결과 평균 금액은 이전과 마찬가지로 7,000원이고 모집단(정규분포라 가정)의 표준편차도 지금까지와 마찬가지로 4,000원으로 변함이 없습니다. 전체 점심의 평균 금액을 95%의 확률로 구간 추정했을 때 4명, 40명, 400명에서는 각각 어떻게 달라질까요?

달라진 것은 표본의 개수뿐으로, 그 외는 바뀐 것이 없네요. 엑셀로 계산해보면 다음과 같아요.

	A	B	C	D	E	F	G	H	I	J	K
1	■ 95% 신뢰구간일 때										
2	4명일 때		구간		40명일 때		구간		400명일 때		구간
3	표본평균	7000	3080		표본평균	7000	5760		표본평균	7000	6608
4	(모)표준편차	4000	~		(모)표준편차	4000	~		(모)표준편차	4000	~
5	데이터 개수	4	10920		데이터 개수	40	8240		데이터 개수	400	7392

한눈에 들어오지 않으므로 보기 쉽게 엑셀에서 추출해보면 다음과 같고요.

- 4명일 때: 3,080원~10,920원(참고)
- 40명일 때: 5,760원~8,240원
- 400명일 때: 6,608원~7,392원

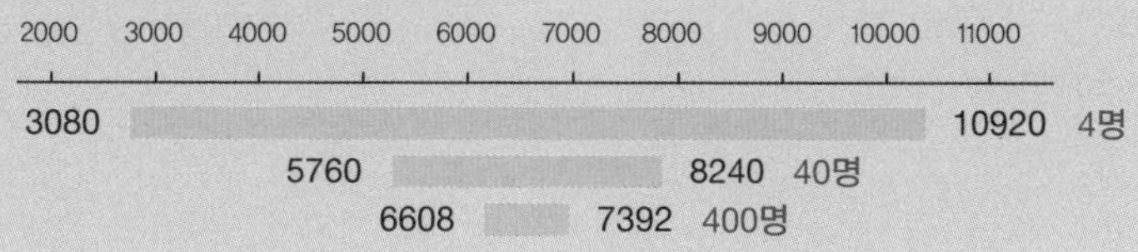

역시 표본 수가 늘어나면 구간도 좁아지는 것을 볼 수 있어. 식을 보면

- $1.96 \times \frac{\text{표준편차}}{\sqrt{\text{데이터 개수}}}$ ← 분모가 커짐 = 0에 가까워짐
- 표본평균 − 0 ≦ 모평균 ≦ 표본평균 + 0 → 모평균 ≒ 표본평균

표본 수가 늘어나면 늘어날수록 분수 부분은 0에 가까워지지. 즉 '표본평균 ≒ 모평균'이라는 뜻이야.

그렇구나. 표본 수가 늘어나면 모평균에 가까워진다는 것은 감각적으로는 알았는데, 식을 봐도 이를 알 수 있네요.

99% 신뢰도일 때의 구간추정

95% 확률로 '원래 모집단의 평균은 특정 범위에 있다.'를 추정할 수 있었습니다. 이번에는 확률을 99%로 올려봅시다.

하는 김에 99%도 계산해보죠. 조금씩 다른 패턴을 경험하다 보면 자신감으로 이어질 테니까요.

그렇지. 95%에서 99%로 구간추정 확률을 끌어올리려면 식 안에 있는 1.96배(95%일 때)를 2.58배(99%일 때)로 변경하기만 하면 되지. 그래프로 확인해보렴.

$$\text{표본평균} - 2.58 \times \frac{\text{표준편차}}{\sqrt{\text{데이터 개수}}} \leq \text{모평균} \leq \text{표본평균} + 2.58 \times \frac{\text{표준편차}}{\sqrt{\text{데이터 개수}}}$$

이곳이 달라짐 이곳이 달라짐

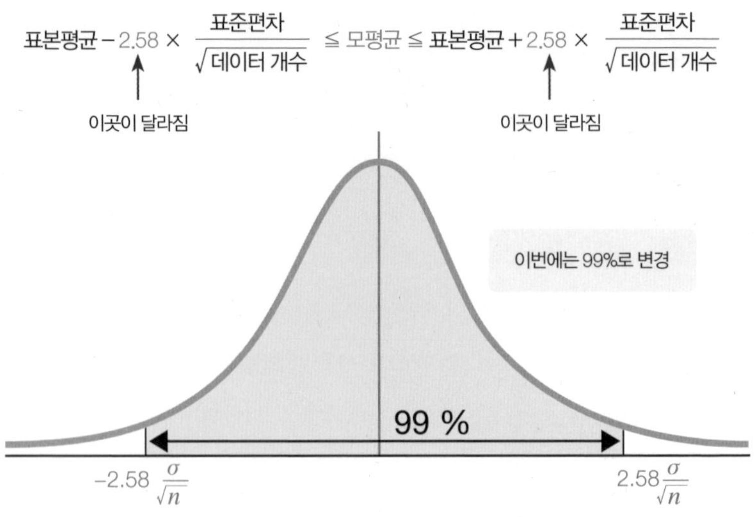

예제

직장인 전체의 점심 식대 평균을 추정하고자 합니다. 4명, 40명, 400명의 3 패턴으로 조사했을 때 평균은 마찬가지로 7,000원이고, 모집단(정규분포라 함)의 표준편차도 4,000원으로 마찬가지라 합니다. 99% 확률의 구간추정을 구하세요.

조건은 지금까지와 모두 같고, 95% 확률을 99%로 변경한 것뿐입니다. 계산식은 다음과 같습니다.

$$\text{표본평균} - 2.58 \times \frac{\text{표준편차}}{\sqrt{\text{데이터 개수}}} \leqq \textbf{모평균} \leqq \text{표본평균} + 2.58 \times \frac{\text{표준편차}}{\sqrt{\text{데이터 개수}}}$$

여기서 대입할 것은 다음과 같은 값입니다.

- **표분평균 = 7,000원**
- **모집단의 표준편차 = 4,000원**
- **데이터 개수(표본 수) = 4명, 40명, 400명의 3 패턴**

계산은 엑셀에 맡기겠습니다. 그러면 다음과 같은 계산 결과를 얻을 수 있습니다.

	A	B	C	D	E	F	G	H	I	J	K
1	■ 99% 신뢰구간일 때										
2	4명일 때		구간		40명일 때		구간		400명일 때		구간
3	표본평균	7000	1840		표본평균	7000	5368		표본평균	7000	6484
4	(모)표준편차	4000	~		(모)표준편차	4000	~		(모)표준편차	4000	~
5	데이터 개수	4	12160		데이터 개수	40	8632		데이터 개수	400	7516

앞 절의 95%일 때와 비교하면 다음과 같습니다.

	(95% 확률)	→	(99% 확률)
4명일 때	3,080원~10,920원	→	1,840원~12,160원
40명일 때	5,760원~8,240원	→	5,368원~8,632원
400명일 때	6,608원~7,392원	→	6,484원~7,516원

표본 인원 수가 4명, 40명, 400명으로 늘어날수록 같은 95%, 99% 확률이라도 구간은 좁아지고, 이와는 반대로 95%에서 99%로 높아지면 구간은 넓어집니다. 이러한 95%나 99% 확률을 이미 언급한 대로 신뢰도라 하며 이때의 구간은 신뢰구간이라고도 부릅니다(다음 그림 참조).

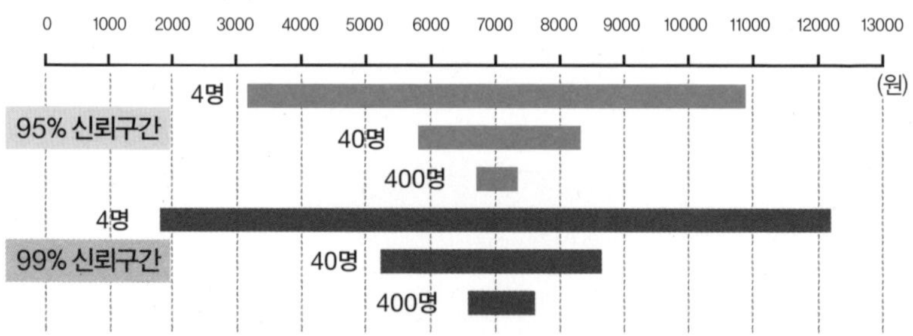

다음 그림을 살펴보겠습니다. 앞에서는 4명의 데이터(4,500원, 6,500원, 7,000원, 10,000원)를 얻었습니다만, 다시 4명의 데이터(예를 들어 4,300원, 6,000원, 8,600원, 9,200원), 또다시 4명의 데이터(5,000원, 7,700원, 8,000원, 10,500원)과 같이 몇 번이고 조사하면 각각의 95%(혹은 99%) 신뢰구간을 조사할 수 있습니다.

이처럼 많은 표본의 평균을 얻어보면 구간추정에 의한 여러 개의 신뢰구간 중 95% 정도는 그 안에 '모집단의 평균(μ)을 포함한다.'고 생각할 수 있습니다만, 5% 정도는 '모집단의 평균'을 벗어날 수도 있음을 예상할 수 있습니다.

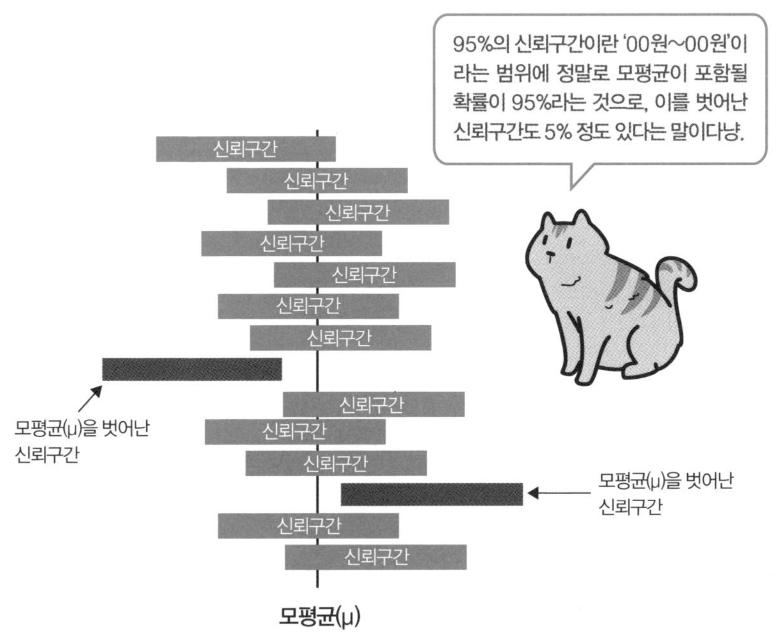

t 분포, χ^2 분포

정규분포 이외에도 추정에 사용하는 분포가 있습니다. 이것이 t 분포, χ^2 분포입니다. 언제 사용하는 것인지 간단히 알아보겠습니다.

지금까지 표본 데이터의 평균에서 모집단의 평균을 추정하는 방법을 살펴보았습니다. 표본 수가 적어도 모집단이 정규분포이고 그 표준편차(모표준편차)를 안다면 '표본평균 분포'를 이용하여 '95% 확률로 00~00까지의 범위에 있다.'라는 범위추정이 가능합니다(5%의 빗나갈 가능성은 있습니다).

t 분포의 등장

그러나 여기에는 '표준편차(모표준편차)를 알고 있다.'는 대전제가 있습니다. 그렇다면 '모평균을 모르는데 어떻게 모표준편차를 알 수 있지?'라는 궁금증이 생길 것입니다. 원래라면 모평균을 구한 다음, 이 모평균에서 모분산, 그리고 모표준편차를 계산하기 때문입니다.

그러면 (일반적인 대부분의 경우가 그렇듯) 모평균을 모를 때는 어떻게 할까요? 이때는 '모집단이 정규분포'임을 안다면 't 분포'라는 정규분포와 많이 닮은 분포를 이용할 수 있습니다. t 분포는 다음과 같은 분포를 나타내는데, 데이터 30개까지는 정규분포에 비해 분포도가 조금 평평하며 30개가 넘어가면 정규분포와 거의 같아집니다.

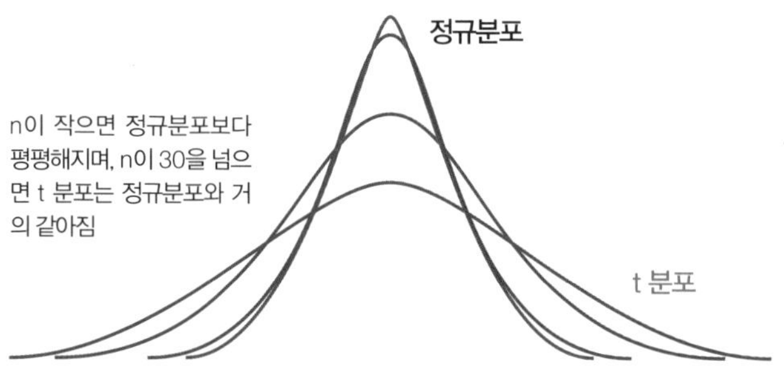

이 책에서는 t 분포에 대해 자세히 다루지 않습니다만, 지금까지와 같이 모표준편차를 모르거나 또한 표본 수가 비교적 적더라도 모집단이 정규분포를 따를 때는 이 모평균을 추정할 경우(신뢰구간), t 분포가 추정에 사용됩니다. 방법은 지금까지와 거의 같습니다.

χ^2 분포를 '모분산 추정'에 사용

지금까지는 '모평균을 추정하는' 것만 생각했습니다만, 추정하는 것이 모평균뿐만은 아닙니다. 그 밖에도 모분산을 추정할 때 사용하는 것이 χ^2 분포(카이제곱분포)라 불리는 것입니다. 정규분포나 t 분포는 좌우 대칭 분포를 그리지만 χ^2 분포는 멱분포와 비슷한 모양을 그립니다. 이 책에서는 t 분포나 χ^2 분포 등을 자세히 다루지는 않습니다만, 대략의 흐름은 지금까지와 마찬가지입니다.

그러면 다음으로 모비율의 하나인 '시청률'에 대해 구체적으로 살펴보겠습니다.

시청률 등은 어떻게 추정할까?

표본에서 모평균을 추정하는 방법에 대해서는 대략 그 순서를 이해했다고 생각하므로 다음으로 모비율에 도전해보겠습니다. 구체적인 주제로는 시청률을 생각해봅시다.

TV 방송업계에서는 시청률 전쟁이 치열하다 보니 1%의 시청률 차이로 울고 웃는다고 합니다. 예를 들어 일본의 총가구 수(5,100만 가구)를 기준으로 살펴보면 1%의 차이일 때 51만 가구만큼의 차이가 발생하므로 TV 광고주에게는 그 영향이 결코 적지 않습니다.

그러나 이러한 시청률은 사실 일본 수도권(1,800만 가구)에서도 900가구를 대상으로 한 추정치에 지나지 않습니다. 1,800만 가구 중 900가구, 이때 시청률은 어느 정도의 정밀도(오차)를 가질까요? 이러한 시청률을 살펴보면 설문조사에서 필요한 응답 수도 파악할 수 있습니다.

조사에 의한 시청률 10%일 때의 오차는?

시청률은 다음 식*으로 구할 수 있습니다(95%의 구간추정). 여기서

---

* 저자주_ 이 식의 제곱근 부분은 원래 다음과 같은 형태입니다.

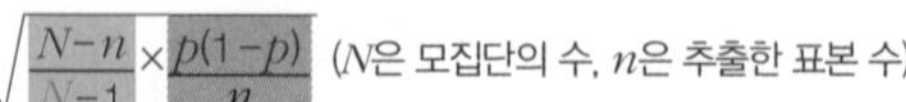

$$\sqrt{\frac{N-n}{N-1} \times \frac{p(1-p)}{n}}$$ (N은 모집단의 수, n은 추출한 표본 수)

모집단이 100,000, 표본 수가 100일 경우 왼쪽의 파란색 분수 부분은 1에 가까워지므로, 보통은 왼쪽의 파란 텍스트 부분을 무시하고 오른쪽의 회색 분수 부분만을 이용합니다.

p는 조사에 의한 시청률, n은 추출 가구 수(건수)입니다.

$$p-1.96\times\sqrt{\frac{p(1-p)}{n}} \leqq \textbf{시청률} \leqq p+1.96\times\sqrt{\frac{p(1-p)}{n}}$$

또한, 시청률의 오차(표본오차)는 앞의 식에서 p를 뺀 부분입니다.

$$-1.96\times\sqrt{\frac{p(1-p)}{n}} \leqq \textbf{표본오차} \leqq +1.96\times\sqrt{\frac{p(1-p)}{n}}$$

여기서 조사한 가구 수가 (수도권의) 900가구라 할 때 n = 900입니다. 조사에 의한 시청률이 10%, 15%, 20%일 때 이 식에 대입하여 엑셀로 계산하면 다음과 같습니다.

	A	B	C	D	E	F
1	■ 시청률 계산					
2	900세대일 때		조사 시청률		구간추정	
3	n=	900				
4	p=	0.1	10%	8.04	~	11.96
5	p=	0.15	15%	12.67	~	17.33
6	p=	0.2	20%	17.39	~	22.61
7						
8	600세대일 때		조사 시청률		구간추정	
9	n=	600				
10	p=	0.1	10%	7.60	~	12.40
11	p=	0.15	15%	12.14	~	17.86
12	p=	0.2	20%	16.80	~	23.20

이렇게 보면 900가구를 대상으로 조사한 시청률이 10%일 때 신뢰도 95%의 실제 시청률(모집단)의 신뢰구간은 8.04~11.96%가 됩니다. 900가구 대상으로 샘플 조사한 시청률 10%와 비교하면 ±2 포인트보다 조금 작다는 것을 알 수 있습니다.

덧붙여 일본의 경우 2016년 10월까지는 관동지역 600가구가 조사대상이었으므로 그 경우와도 비교해보았습니다. 마찬가지로 조사 시청률이 10%라면 신뢰도 95%의 신뢰구간은 7.60~12.4%이므로 0.4포인트 정도가 개선되었음을 볼 수 있습니다.

13%와 15%에서는 역전의 가능성도?

그런데 900가구의 시청률에서 A 방송국의 프로그램 X가 15%의 시청률, B 방송국의 경쟁 프로그램 Y가 13%라면 신뢰구간과 함께 고려했을 때 현실적으로는 역전일지도 모릅니다.

15%와 13%를 계산해보면 95% 확률로 시청률은 다음 그림의 범위에 있다는 것을 알 수 있습니다. 이렇게 보면 겹치는 부분은 의외로 크므로, 조사 시청률이 2포인트 차이(15%−13%)라 해도 실제로는 '오차 내 범위'임을 그림에서 읽을 수 있습니다.

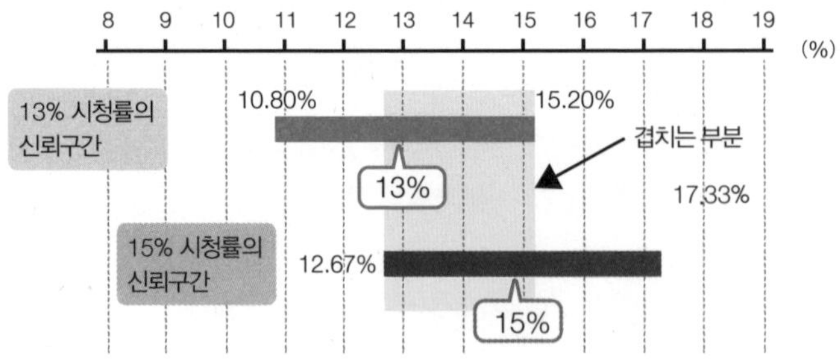

오차는 무엇으로 결정될까?

그런데, 조사 시청률에 나오는 식을 보면 다음과 같은 부분이 있습니다.

$$\sqrt{\frac{\bullet\bullet\bullet}{n}}$$

n은 조사 가구 수이므로 n이 900이 아니라 그 100배인 9만 가구라 하면 이 $\sqrt{\ }$ 부분을 밖으로 뺐을 때는 10배가 됩니다. 예를 들어 9만 가구를 대상으로 할 때 조사 시청률이 10%라면 신뢰구간은 '9.80%~10.20%'로 순식간에 오차가 줄어듭니다. 이렇게 되면 거의 오차가 없다고 해도 좋을 숫자입니다.

	A	B	C	D	E	F
1	■ 시청률 계산					
2	90000세대일 때		조사 시청률	구간추정		
3	n=	90000				
4	p=	0.1	10%	9.80	~	10.20
5	p=	0.15	15%	14.77	~	15.23
6	p=	0.2	20%	19.74	~	20.26

설문조사 응답 수는 얼마가 적당할까?

설문조사를 실시할 때 가장 신경이 쓰이는 부분은 '응답 수에 따른 신뢰도는 어느 정도나 될까?'에 관한 내용일 것입니다. 이를 알려면 시청률의 '표본오차'를 이용합니다.

비율인가, 실수인가?

우선은 시청률 문제부터 시작해 봅시다.

예제

지금 X 국가에는 1,000만 가구가 있으며 1,000가구를 대상으로 시청률을 조사합니다. Y 국가는 6,000만 가구가 있으며 1,200가구를 대상으로 시청률을 조사합니다. 이 중 어느 쪽이 오차가 더 작을까요?

X 국가에서는 1,000만 가구에 대해 1,000가구(1만 가구당 1가구), Y 국가에서는 6,000만 가구에 대해 1,200가구(5만 가구당 1가구)이므로 감각적으로는 X국 쪽이 오차가 작을 듯합니다. 그러나 실제 계산해 보면 Y 국가 쪽의 오차가 더 작습니다. 왜 그럴까요?

시청률 이야기이므로 여기서도 5.9절 도입부에서 살펴본 표본오차를 봐주세요. 이 식을 보면 조사한 가구 수(n)와 그 시청률(p)만 변합니다.

$$-1.96\times\sqrt{\frac{p(1-p)}{n}} \leqq \textbf{표본오차} \leqq +1.96\times\sqrt{\frac{p(1-p)}{n}}$$

즉, 뉴질랜드의 133만 가구나 일본의 5,100만 가구, 또는 중국의 2억 7,700만 가구와 같은 각 국가의 총가구 수와는 관계없이 **오차는 '조사한 가구 수'의 크기에 따라 결정되는 것**입니다.

응답률이 아닌 응답 수로 결정

이는 시청률에만 한정되지 않습니다. 설문조사의 응답 수도 마찬가지입니다. 즉, 대상이 되는 모집단과의 비율은 거의 관계가 없다는 뜻입니다.

일본의 경우 약 400만 사의 법인이 있다고 했을 때, 400 사 정도로부터의 응답만 있다면 그 모집단이 400만 사든 30만 사든 관계없습니다. 설문조사의 설문 선택지에서 15%의 지지를 얻었을 때(조사 시청률 15%에 해당) 그 오차는 400 사의 응답(조사 시청률의 900가구에 해당)에 의해 정해집니다. 덧붙여 선택지에서 10%의 지지를 얻었을 때 그 오차는 ±3 포인트가 조금 안 되며 800 사의 응답일 때는 ±2 포인트 정도입니다(다음 그림 참고).

	A	B	C	D	E	F
1	■ 설문조사 오차 계산					
2	400 응답일 때		시청률		구간추정	
3	n=	400				
4	p=	0.1	10%	7.06	~	12.94
5	p=	0.15	15%	11.50	~	18.50
6	p=	0.2	20%	16.08	~	23.92
7						
8	800 응답일 때		시청률		구간추정	
9	n=	800				
10	p=	0.1	10%	7.92	~	12.08
11	p=	0.15	15%	12.53	~	17.47
12	p=	0.2	20%	17.23	~	22.77

수식을 보면 머리가 아프다는 사람도 있겠지만, 흥미를 가지고 살펴본다면 이처럼 생각지 못한 점을 발견할 수도 있습니다.

이전에 필자는 거의 매달 데이터 월간지에서 설문조사를 실시하고 대체로 350~800개 회사의 응답을 얻었습니다. 당시 '겨우 이 정도 응답으로 분석해도 큰 오차는 발생하지 않는 것일까?'라고 의문을 가진 적이 있었습니다. 어느 정도 응답 수가 있어야 일정 수준 이상의 신빙성을 가질 수 있는지 몰랐기 때문입니다. 만약 당시 이런 지식이 있었다면 그런 불안감 없이 더욱 자신감 있게 경향을 분석할 수 있었을 것입니다.

스튜던트 t 분포

t 분포는 영국의 윌리엄 실리 고셋William Sealy Gosset(1876~1937)이 1908년에 발표한 것입니다.

고셋은 기네스맥주 사에 근무했었는데, 당시 그 회사에서는 비밀유지를 위해 사원의 논문 공표를 금지했습니다. 이에 고셋은 '스튜던트'라는 필명으로 논문을 투고했는데, 이 논문의 중요성을 알아본 영국의 통계학자 로널드 A. 피셔에 의해 스튜던트 t 분포라 불리게 되었습니다.

고셋

통계를 할 때는 모든 데이터를 모으는 것이 가장 바람직할지 모르겠으나 현실적으로는 불가능합니다. 따라서 차선책으로 가능한 한 많은 표본(샘플)을 모으고자 합니다. 이는 '표본 데이터가 많으면 많을수록 원래의 모든 데이터(모집단)에 가까워질 것이다.'라고 예상하기 때문입니다. 20개의 데이터보다는 500개의 데이터, 500개의 데이터보다는 2만 개의 데이터 쪽이 신뢰도가 더 높아집니다.

19세기 말, 영국의 통계학자 칼 피어슨Karl Pearson(1857~1936)도 표본 데이터를 대량으로 모으는 것이 분석에 꼭 필요하다고 생각했습니다. 그러나 기네스 사에 재직하던 시절 피어슨의 연구실에 다녔던 고셋의 생각은 조금 달랐습니다. 그로서는 적은 표본으로 과학적인 추측을 하는 것에 관심이 있었습니다.

그래서 생각해낸 것이 t 분포입니다. t 분포는 다음 그림과 같이 정규분포에 가까운 곡선이지만 조금 다릅니다. 즉, 표본 수가 적을 때는 정규분포 대신 t 분포를 활용하고 표본 수가 일정 수준까지 높아지면 t 분포에서든 정규분포에서든 실제로 그리 차이가 없다고 하는, 적은 데이터에도 사용할 수 있는 **확률분포곡선**이었던 것입니다.

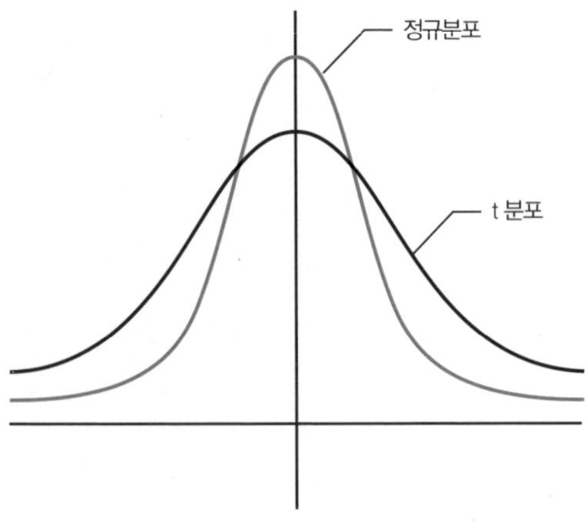

두 개 그래프를 비교해보면 대략 30개 정도의 표본 수에서 정규분포와 t 분포가 거의 같아지다가 그 후 표본 수가 많아질수록 일치하기 시작합니다.*

그러나 앞서 이야기한 것처럼 고셋이 생각한 '적은 표본으로도 가능한 한 정확한 추측을 하는 방법'에 대해 당시 피어슨은 '가능한 한 많은 데이터를 모으는 것이야말로 중요'하다고 생각했으므로 두 사람의 방향은 일치하지 않았고 피어슨은 고셋의 생각이나 논문을 높게 평가하지는

* **역자주_** 자유도(n−1)가 30이 넘으면 대개 표준정규분포와 유사해진다고 합니다.

않은 듯합니다.

다만 (스튜던트라는 저자명으로) 고셋이 쓴 논문의 우수함에 주목한 사람이 피어슨의 경쟁상대였던 피셔라는 사실은 얄궂은 운명의 장난이랄까요?

마지막으로 피셔의 말을 소개하도록 하겠습니다.

"이 검정(스튜던트의 t 검정을 말함)의 다양한 응용에 관한 설명과 그 검정에 사용한 표는 『Statistical Methods for Research Workers』(Oliver & Boyd, 1925)에서 볼 수 있다. 그 창시자는 'Student'라는 필명을 사용하여 익명으로 이를 발표하기는 했으나, 전문 수학자가 아닌 한 사람의 젊은 과학 연구자였음에도 고전적 오차론에 대해서 이토록 혁명적인 정밀화를 이루어냈다는 사실에서 그의 탁월한 능력을 볼 수 있다."

Note

6장

가설을 세우고 올바른 가설인지 확률로 판단하기

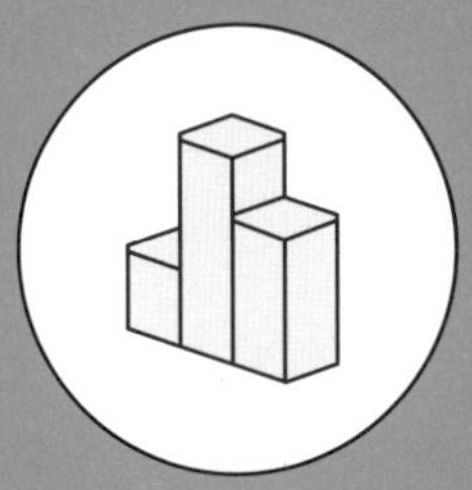

추측 통계학의 두 번째 기둥은 '가설검정'입니다. 사고방식과 논리가 독특하여 이해하기 어려운 면이 있으므로 6장에서는 계산은 자제하고 대신 원리와 사고방식을 중심으로 진행하겠습니다.
가설검정의 사고방식을 몸에 익히는 것과 검정 누락에 의한 오류가 서로 트레이드오프trade-off되는 등, 일상의 행동에도 도움이 될 만한 내용이 많습니다.

가설검정은 홍차부인으로부터 시작되었다?

프롤로그에서 소개한 '밀크티 맛 구분하기'를 계속 이어가겠습니다. 홍차를 먼저 넣은 다음 우유를 부었는지, 아니면 우유를 먼저 붓고 홍차를 넣었는지를 맛으로 구분할 수 있다는 귀부인의 이야기입니다.

홍차가 먼저일까, 우유가 먼저일까? 원문 확인하기

통계학에서 이 홍차부인의 일화는 매우 유명합니다. 이뿐만 아니라 통계학의 **가설검정**을 알아볼 때도 좋은 예이므로 한 번 더 홍차부인 이야기를 살펴보겠습니다.

'홍차부인에게 맛의 차이를 구별하는 능력이 정말 있는지' 여부가 중요한 듯 보이지만, 사실 중요한 점은 이것이 아닙니다. 물론 '어느 쪽 밀크티가 맛있는지'는 개인의 취향에 따를 일입니다..

문제는 **'이 부인이 말하는 내용이 진실인지 거짓인지, 이를 객관적으로 판단하려면 어떻게 해야 할지 그 방법을 생각한다.'**는 점입니다.

중요한 내용은 항상 원전을 확인해봅시다. 거기에는 다음과 같이 적혀 있습니다.

"어떤 부인은 우유가 든 홍차를 맛보면 우유와 홍차 중 무엇을 먼저 찻잔에 넣었는지 구별할 수 있다고 주장한다. 이때 그 주장을 시험할 수 있는 실험 계획 문제를 생각한다고 하자. 이를 위해 실험의 한계와 특성을 연구할 목적으로 가장 먼저 간단한 형식의 실험을 가정한다. 이들 한계와 특성 중에는 실험을 적절하게 수행했을 때 실험 방법에 대해 본질적인 것도 있는가 하면, 본질적이지 않고 보조적인 것도 있다."

『The Design of Experiments』, 로널드 A. 피셔

II

THE PRINCIPLES OF EXPERIMENTATION, ILLUSTRATED BY A PSYCHO-PHYSICAL EXPERIMENT

5. Statement of Experiment

A LADY declares that by tasting a cup of tea made with milk she can discriminate whether the milk or the tea infusion was first added to the cup. We will consider the problem of designing an experiment by means of which this assertion can be tested. For this purpose let us first lay down a simple form of experiment with a view to studying its limitations and its characteristics, both those which appear to be essential to the experimental method, when well developed, and those which are not essential but auxiliary.

Our experiment consists in mixing eight cups of tea, four in one way and four in the other, and presenting

제1막: 연속해서 맞힐 수 있을까?

그러면 몇 가지 방법을 생각해봅시다. 먼저 필자 나름의 상식적인 안 2가지를 소개하고, 세 번째로 피셔 자신은 어떠한 접근 방식을 취했는지를 소개하겠습니다.

가장 먼저 떠오르는 첫 번째 방법은 '이것은 홍차를 먼저 넣은 것. 이것은 우유를 먼저 넣은 것'처럼 **이 부인이 몇 잔이나 연속해서 맞힐 것인가로 판정**하는 것입니다. 이때 아무렇게나 답하더라도 정답률은 1/2, 즉 50%에 달합니다. 그러므로 홍차 한 잔이나 두 잔(1/4)을 맞혔다 해도 이것만으로는 판정할 수 없습니다. 만약 3잔 연속 맞힌다면 다음과 같이 될 것입니다.

• 1/2×1/2×1/2 = 1/8(12.5%)

하지만 여전히 10% 이상의 (우연히 맞힐) 가능성도 남아 있습니다. 그러나 4잔 연속이면 6.25%, 5잔 연속이면 3%대와 같이 5% 이하로 차츰 떨어집니다. 여기까지 오면 '아무렇게나 답해서 우연히 전부 맞힐 확률이 5% 이하라는 건 극히 드문 일일 텐데 신기하네. 정말로 맛을 구별할 수 있는 게 아닐까?'라며 부인의 이야기를 믿는 사람도 나올 것입니다.

• **4잔 연속 맞힐 경우:** 1/2×1/2×1/2×1/2 = 1/16 (6.25%)
• **5잔 연속 맞힐 경우:** 1/2×1/2×1/2×1/2×1/2 = 1/32 (3.125%)

사실 '홍차를 먼저 넣었는지, 우유를 먼저 넣었는지'에 따른 밀크티의 맛을 구별할 수 있다는 주장은 바로 믿기는 어려운 이야기입니다만, 믿을 수밖에 없는 무언가를 부인에게서 느낀다면 '구별할 수 있다'는 설로 의견이 기울어질 수도 있습니다.

이럴 때는 일단 반대의 가설을 만들어봅니다. 즉 '부인의 말은 거짓으로, 구별할 수 없다.'라고 먼저 가정하는 것입니다. 그럼에도 몇 잔씩 연이어 계속 맞힌다면 이는 '부인은 구별할 수 없다.'라고 전제한 가설 그 자체가 틀린 것이며 '부인은 정말로 구별하는 것이 맞는다.'라는 결론으로 귀결된다는 논리입니다.

여기서 어느 정도의 확률일 때를 가리켜 '희박한', '신기한' 일이라고 설정할 수 있는지에 관한 특별한 '과학적인 기준'은 없습니다. 이는 인간의 감각이나 그때그때 상황에 따라 다릅니다. 만약 그 기준이 '5% 이하'라면 홍차부인의 예에서는 '우연히 맞힐' 가능성이 5% 이하가 되는 '5잔 연속(3.125%)'으로 맞혔을 때부터 이를 인정하게 됩니다.

이는 생각해보면 앞면·뒷면이 나올 확률이 1/2인 동전을 던졌을 때 '계속해서 앞이 나오는 동전은 사기 동전이다.'라고 전제하는 것과 같은 이치입니다.

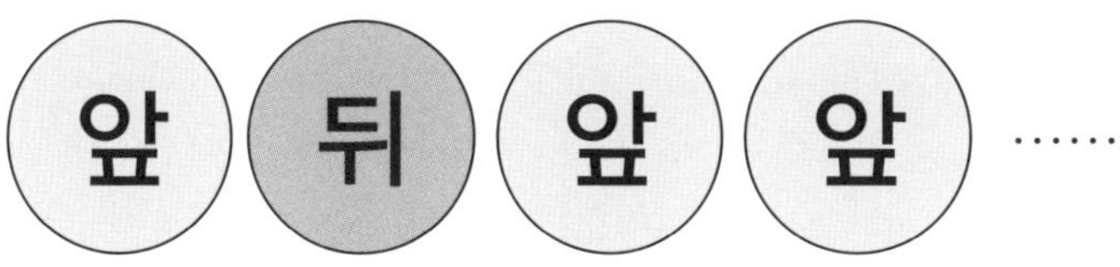

제2막: 10번 중 9번 이상 맞힌다면?

'연속해서 맞히는' 것 외에 실력을 측정할 다른 방법은 없을까요? 원숭이도 나무에서 떨어질 때가 있는 것처럼, 정말로 맛을 구별하는 능력이 있음에도 하필 감기 등으로 감각이 무뎌져 한 번 정도는 틀릴 때도 있을 것입니다.

그러므로 '1번이라도 실패하면 끝'이라는 방식보다는 '10번의 미각 테스트 중 X번 이상 맞히면 진짜'라고 설정하는 방법은 어떨까요? 이 방법이라면 '5번 연속해서 우연히 맞힌' 사람보다 더 뛰어난 실력이라고 판정할 수 있을 듯합니다. 예를 들어 10잔의 홍차 중에서 부인이 맞히는 횟수(0번~10번)를 세어 그 확률을 판정하는 방법입니다.

이것도 동전을 던질 때와 마찬가지입니다. 10번 던져 앞면이 1번도 안 나올(0번) 확률은 0.10%*, 1번 나올 확률은 0.98%, 2번 나올 확률은 4.39%과 같이 나타납니다. 홍차 맞히기 예에서 '5잔 연속 맞힐' 확률에 해당하는 '5% 이하'를 기준으로 한다면 8~10번 연속 나올 확률은 5.47%로 5%를 약간 넘습니다. 따라서 이 방식으로 보면 10번 중 최소 9번 이상 맞히지 못하면 '5% 이내'의 신기한 경우에 해당하지 못한다는, 제법 높은 기준이 성립됩니다(9번 이상은 1.08%).

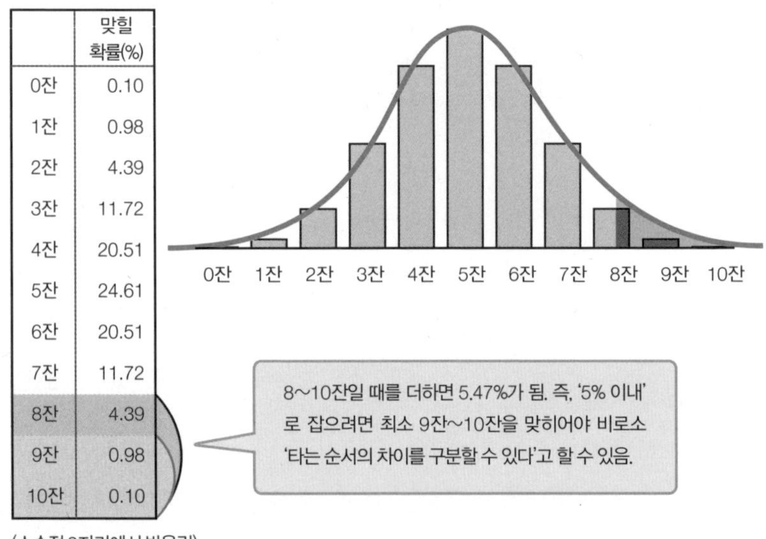

	맞힐 확률(%)
0잔	0.10
1잔	0.98
2잔	4.39
3잔	11.72
4잔	20.51
5잔	24.61
6잔	20.51
7잔	11.72
8잔	4.39
9잔	0.98
10잔	0.10

(소수점 3자리에서 반올림)

결국 부인이 홍차 10잔에 대해 9잔 이상의 정답을 맞히지 못하면 '어느쪽을 먼저 넣었는지 알 수 있다.'라는 주장이 진실이라고 인정할 수 없습니다. 부인이 적당히 아무렇게나 말해서 그렇게 되려면 그야말로 엄청난 '우연'이 필요할 것입니다.

* 저자주_ 정확히는 0번일 때 0.09765625%, 1번일 때는 0.9765625%가 됩니다.

판정 기준은 미리 세워두기

덧붙여, 선을 그을 때 예를 들어 '많이 맞히면 인정한다.'와 같은 애매한 결정 방법을 채택하면 사람에 따라 인정하는 기준선이 달라지므로 피해야 합니다. 이런 경우에는 예를 들어 실험이 끝난 뒤 상대에게 '10번 중 6번 맞았으므로 절반 이상 맞히었으니 많이 맞힌 것으로 인정하자.'라는 식으로 억지를 부릴 수 있기 때문입니다. 그러므로 처음부터 어느 정도의 확률을 '옳고 그름의 확률 선'으로 정할 것인지 명확하게 수치로 정해두어야 합니다.

통계학에서는 '5% 이내'를 하나의 선 긋기 기준으로 삼곤 합니다만, 의학이나 약학 등 엄밀성이 중요한 업계나 업무에서는 그에 맞추어 비율이 달라질 수 있습니다. 어디까지나 사람이 정한 선에 지나지 않으므로 절대적인 것은 아니기 때문입니다. 또한, 10번 중 10번 다 맞았다고 해도 정말로 '맛을 구별하는' 것인지 아닌지는 결국 신만이 알겠지요(6.5절 참조).

피셔 자신도 『The Design of Experiments』에서 '어떻게 선택하더라도 우연의 일치에 의해 일어나는 효과를 모두 제거할 수는 없다.'라며 '100만 번 중 1번 일어나는 사건은, (그러한 사건이 우리 눈 앞에서 일어난다는 것 자체가 얼마나 놀라운 것이든간에) 고유의 빈도보다 적지도 많지도 않은 빈도로 분명히 일어난다.'라고 말합니다.

제3막 - 피셔의 방법은 어땠을까?

마지막으로 이 문제를 제기한 피셔 자신의 방법은 어떤 것이었을까요? 홍차를 먼저 넣은 것 4잔, 우유를 먼저 넣은 것 4잔 등 총 8잔을 준비하고 이를 무작위로 아무렇게나 나열한 뒤 그 순서대로 부인에게 제공합니다. 부인에게는 8잔의 밀크티를 맛보게 하되 그중 4잔은 홍차를 먼저 넣은 것이고 나머지 4잔은 우유를 먼저 넣은 것이라는 것을 사전에 설명하고, 8잔의 밀크티 잔을 만든 방법에 따라 2종류로 구분토록 하는 것이었습니다.

2그룹으로 나눌 수 있을까?

8잔의 홍차에서 4잔을 골라내는 방법은 처음에는 8가지, 다음은 7가지, 6가지, 5가지가 되므로 다음과 같이 계산할 수 있습니다.

- $8 \times 7 \times 6 \times 5 = 1{,}680$가지

단, 그 4잔의 나열 순서는 관계가 없으므로(4잔의 나열 방법은 $4 \times 3 \times 2 \times 1 = 24$가지) 이를 제외하면 다음과 같습니다.

- $1680 \div 24 = 70$가지

이 70가지 중에서 1가지를 정확하게 골라내면 된다고 생각한 듯합니다(이는 1.4%에 해당). 참고로 실제 부인이 올바르게 골라냈는지 여부는 따로 언급하지 않았습니다.

그러면 다음 6.2절에서는 가설검정의 흐름과 그 독특한 논리를 살펴봅시다.

가설검정이란?

가설검정의 대략적인 사고방식은 다음과 같습니다. 먼저 특정 가설을 세우고, 해당 가설이 옳다고 가정한 뒤 '확률적으로는 거의 일어나지 않을 일'이 일어나면 그 가설을 부정하고 반대의 가설을 채택하는 것입니다.

최초의 가설 부정하기

가설검정은 통계학 중에서도 가장 어렵다는 말을 듣곤 합니다. 아마도 일종의 독특한 논리를 다루기 때문인 듯합니다. 익숙해지지 않으면 이해하기 어렵다는 말도 틀린 것은 아니지만, 앞서 살펴본 '홍차부인' 이야기가 거의 가설검정 사례라 말할 수 있으므로 사실은 어려운 이야기가 아닙니다. 그럼 가설검정의 대략적인 내용을 이해해봅시다.

가설검정이란 가설 X가 올바르다고 가정했을 때, 확률적으로 일어날 수 없는 아주 희귀한 일이 일어난다면 가설 X 자체가 잘못되었을 가능성이 크다는 것으로, 최초의 가설 X를 부정하고 남은 가설 Y를 채택한다는 원리입니다.

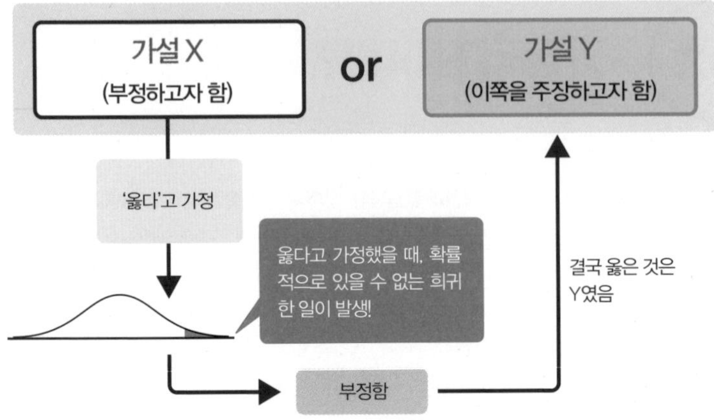

단, 가설 X나 가설 Y와 같이 표현해도 추상적이므로 홍차부인과 같은 구체적 예를 들어보겠습니다.

예를 들어 동전 앞면이 나올지 뒷면이 나올지에 따라 돈을 거는 도박판이 있다고 합시다. 일반적으로 동전 던지기에서 **앞면·뒷면이 나올 확률은 각각 1/2**이라 생각할 수 있습니다.

여기서 도박 딜러가 "전 '뒷면'에 계속 걸겠습니다. 제가 이길 확률은 1/2에 지나지 않아요. 누군가 '앞면'에 걸 사람 없나요? 1번에 1,000원입니다. 그럼 좋습니다. '앞면'에 걸어서 이긴 분께는 3배인 3,000원을 드리죠. 어때요, 한번 걸어보실래요?"라고 제안합니다.

드디어 도박이 시작되자, 어째서인지 뒷면만 3번 연속으로 나오는 바람에 딜러 혼자 계속 이기게 되고 모두가 수상하다고 생각했습니다.

'극히 희귀한 일이 일어남'을 나타내는 방법

여러분도 수상하다고 생각하겠지만, 이를 어떻게 증명하면 될까요? 딜러에게 "이거 사기 동전 아닌가요?"라고 직접 물어본다고 해도 "손님, 실례되는 말씀이네요. 동전 던지기에서 앞면·뒷면이 나올 확률이 1/2이라 해도 반드시 '앞·뒤·앞·뒤……'와 같이 깔끔하게 나오는 게 아니랍니다. 저같이 평생 동전 던지기를 해보면 알겠지만, 3번 정도 뒷면이 연속으로 나오는 것은 우연으로 치지도 않아요."라며 반론을 당할 것입니다.

이 딜러의 말은 틀린 말이 아닙니다. 그러나 사기 동전인지 어떤지는 전혀 다른 이야기입니다. 그러니 방향을 바꾸어 공격해봅시다.

우선 여러분은 '이것은 사기 동전이야!'라고 의심하므로 이를 검증하고 싶을 것입니다. 이때 검증하고자 하는 생각 자체를 **대립가설**이라 부릅니다. 왜 '대립'이라는 이름이 붙었는지는 조금 후에 알게 됩니다.

다음으로, 여러분의 생각(대립가설)에 대해 딜러는 "아뇨, 정상적인 동전입니다."라고 주장합니다. 여러분으로서는 가능하면 부정하고 싶은 가설입니다. 이 부정하고 싶은 주장을 **귀무가설** 또는 **영가설**이라 합니다. '귀무'란 '쓸모없음, 무로 돌아감'이라는 의미이므로 '처음부터 쓸모없음을 확인하고자 검증하는 가설'이라 할 수 있습니다.

- **주장하고 싶은 가설 = 대립가설**
- **기각하고 싶은 가설 = 귀무가설(영가설)**

이때 '올바른 동전, 사기 동전'의 2가지 선택지밖에 없으므로 '사기 동전'이라는 설은 '올바른 동전(귀무가설)'의 반대이므로 대립가설이라 부르는 것입니다. 귀무가설, 대립가설이라는 용어 자체가 일반적으로 널리 사용되는 말은 아니지만 이처럼 결코 어려운 내용을 가리키는 것은 아닙니다.

그런데 이 절 제목은 '극히 희귀한 일이 일어남'이라 되어 있습니다. 이는 '희귀한 일 = 확률적으로 낮은 것'으로 연결되므로 결국 '객관적인 확률(숫자)로 나타내면 결론이 난다.'는 것을 알 수 있습니다.

유의수준과 기각역, 그리고 위험률

여기서 중요한 점은 결국 **'지극히 희귀한, 드문' 경우의 기준을 구체적인 수치(확률)**로 사전에 정해두는 것입니다. 그렇지 않으면 '현저할 때는……'이라든가 '드문 경우에는……'과 같이 애매한 표현이 되므로, 어디까지가 현저하고 어디부터가 현저하지 않은지를 가리키는 범위가 명확하지 않습니다.* 홍차부인 예에서도 8번 이상 맞힐 확률이 5.47%였습니다. 처음부터 '5% 이하'라 정해두었으므로 '8번'이 아닌 '9번 이상'이 기준점이 되었지만, 만약 이렇게 숫자로 정해두지 않았다면 '8번도 5.47%에 해당하니 괜찮다.'라며 인정해버렸을지도 모릅니다.

또한, 이해관계가 서로 얽히는 경우가 많으므로 더욱이 수치로 표시하고 관리해야 합니다. 그렇게 결정한 수치(확률)보다 작은 확률의 일이

* 저자주_ 회사나 아파트 방재단체 등에서 긴급 상황 매뉴얼을 작성할 때를 생각해봅시다. '큰 지진일 때는 윗사람이 각 부서에 적절한 지시를 수행하고……'와 같은 애매한 표현으로는 긴급 시 행동강령이 제각각이 됩니다. 또한 '진도 6 이상'이라 적혀 있어도 명확한 기준이 없다면 통일된 행동을 취하기 어렵습니다. 예를 들어 '기상청 발표로 본사 소재지(서울시 서대문구)가 진도 6 이상이라면 ○○으로 모이세요.'와 같이 명확하게 나타내야 합니다.

발생했을 때 더는 '우연'이라 할 수 없고 무언가의 필연적인 의미가 있을 것이라고 선을 그은 기준(확률)을 **유의수준**significance level이라 부릅니다.

그리고 이 유의수준에 포함되면 '가설이 옳다고 가정했을 때 부자연스럽게 드문 일이 일어났다.'라고 보고 '최초의 가설(귀무가설)'을 버립니다. 이를 통계학에서는 기각이라 부르며, 이 기준선보다 희귀한 방향(지극히 드문 영역)을 **기각역**이라 합니다.

기각역, 즉 유의수준은 일반적으로 5%로 설정할 때가 흔하며(반대로 말하면 95% 안에 들어가면 '드물다고 할 수 없음'이라 판단) 경우에 따라서는 1%일 때도 있습니다. 그러나 5%든 1%든 잘못을 저지를 위험성이 있으므로 이를 **위험률**이라고도 부릅니다.

이처럼 통계학은 수치를 이용한 합리적인 판단 기준을 정하고 있습니다만, 항상 5%(혹은 1%) 비율로 빗나갈 위험도 있음을 명심해야 합니다.

03 단측검정? 양측검정?

검정으로 95%라고 정했을 때 기각역을 어디로 정할지 설정하는 방법은 2가지입니다. 기각할 수 있는지 아닌지는 그 설정 자체에 따라 달라질 수 있습니다.

무척 유리한 단측검정

선배, 궁금한 점이 있는데요. 지금까지는 정규분포곡선이 있어서 '95%'일 때는 반드시 한가운데 95%의 넓은 면적(확률)이 있고 **그 범위에서 벗어난 것이 양끝에 있다**는 인식이었어요. 그런데 홍차부인 때의 히스토그램을 보면 오른쪽만 기각역이라고 되어 있네요.

눈치챘구나. 가설검정에서 기각역을 정하는 방법에는 정규분포의 양쪽 끝에 설정하는 **양측검정**two-sided test과 한쪽 끝에만 설정하는 **단측검정**one-sided test의 두 가지가 있단다.

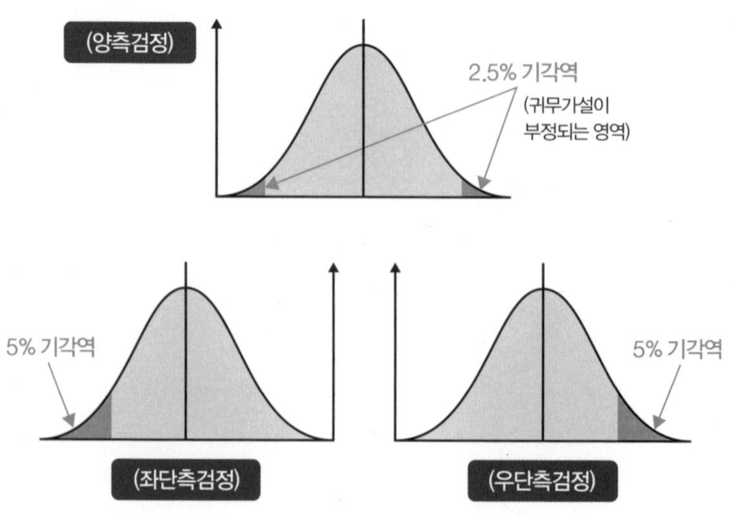

단측검정이라고 하나요? 그런데 홍차부인의 단측검정을 보면, 귀무가설의 기각이라는 점에서는 양측검정보다 유리한 것이 아닐지, 즉 대립가설이 채택되기 더 쉬워 보이는데요. 착각일까요?

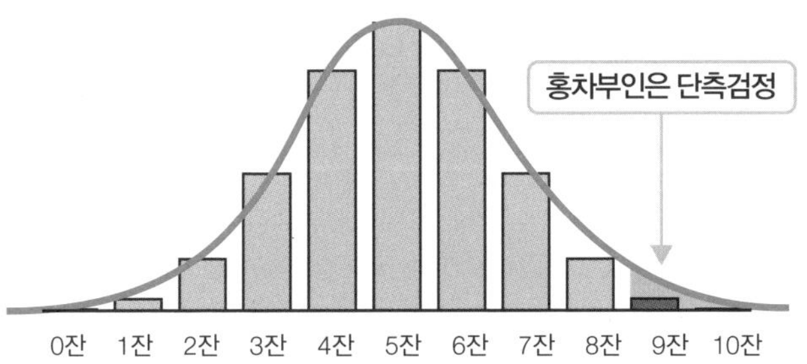

맞아. 똑똑한걸? 같은 '5% 기각역'이라 해도 단측검정일 때는 '5%' 안에 들면 귀무가설을 기각할 수 있지만, 양측검정을 사용할 때는 2.5%씩의 좁은 공간에 들어가지 않으면 기각되지 않으므로 그만큼 불리하지.

가령 귀무가설 판정에서 오른쪽에서 3.5%의 위치에 있을 경우, 양측검정이라면 2.5% 안에 들어가지 않으므로 귀무가설은 기각되지 않고 대립가설도 채택되지 않지. 그렇지만 5%의 단측검정을 채택하면 다른 이야기가 되지. 만약 3.5% 위치라면 귀무가설은 기각되고, 그 결과 원하는 대로 대립가설이 채택되는 거고. 단측검정은 양측검정에 비해 그 엄격함이 반으로 줄어드는 만큼 상당히 중요한 부분이란다.

그건 좀 치사하달까, 한쪽 편만 드는 것처럼 느껴진달까? 통계학의 공정함이라는 문제가 걸려 있지 않나요?

물론 양측검정인가 단측검정인가를 마음대로 고를 수는 없어. 어느 쪽을 선택할 것인지는 귀무가설을 세운 방법과 조건에 따라 결정되거든.

신약 개발 사례로 살펴보기

예를 들어 새로운 약을 개발할 때는 2종류의 경우를 생각할 수 있지. 첫 번째는 종래의 약보다도 효과가 큰 경우란다. 이때 '신약 X쪽이 종래 약 Y보다도 효과가 좋다.'라는 '우월성'만을 설명하면 되므로 단측(우측)만 검정하면 되지.

그렇구나. 홍차부인의 경우도 '전부 빗나감'을 검증할 필요는 없다는 것이네요.

홍차부인의 경우는 그렇지. 한편 또 하나의 경우는 '비열성 시험'이라 불리는 약 시험이야. 실제로 이미 잘 듣는 약이 있지만, 이번 신약은 부작용이 더 적다는 장점이 있으므로 종래 약보다 효과가 더 좋을 필요는 없고 크게 떨어지지만 않으면 된다(비열성)는 경우지. 이러한 비열성 시험에서는 효과가 더 떨어지지 않는지를 함께 고려하여 양측검정을 하는 편이 좋아.

양측검정, 단측검정 중에 무엇을 채택할지 판단하기란 제법 어렵네요.

가설검정 순서

가설검정의 사고방식을 이해했다면 그다음은 가설검정의 순서에 따라 진행하면 됩니다. 이에 마지막으로 그 순서를 정리해보겠습니다.

가설검정의 사고방식이나 논리 등에 일단 익숙해지면 그 뒤에는 다음과 같은 순서에 따라 검정을 진행하면 결론을 얻을 수 있습니다. 여기서는 대략적으로 흐름만을 살펴봅니다.

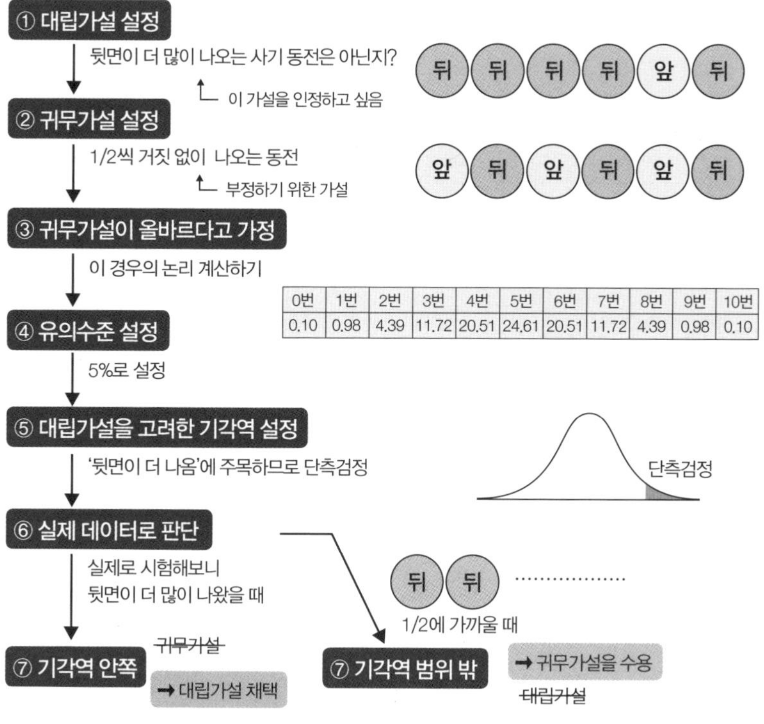

0번	1번	2번	3번	4번	5번	6번	7번	8번	9번	10번
0.10	0.98	4.39	11.72	20.51	24.61	20.51	11.72	4.39	0.98	0.10

검정에서 조심해야 할 두 가지 실수

검정에서의 판정은 결코 완전무결한 것이 아닙니다. '5% 유의수준'이란 뒤집어 말하면 '5%의 위험률'이란 것으로, 최대 5%의 실수를 각오해야 한다는 뜻입니다. 이때 조심해야 할 실수로 다음과 같은 두 가지를 꼽을 수 있습니다.

참이지만 틀릴 경우

가설검정은 이미 이야기한 것처럼 완전무결한 것이 아니라 '항상 빗나갈 위험성을 숨기고 있는' 것입니다. 제대로 된 진짜 동전인지, 아니면 가짜 사기 동전인지 등을 판단할 때도 무한히 계속 던질 수 있다면 결국 '진짜'와 '가짜'를 구분할 수 있겠지요.

그러나 홍차부인 이야기 등에서 알 수 있듯이 실행 가능한 횟수에는 한계가 있으며 해당 범위에서 판단해야 합니다. 이때 '귀무가설이 올바르다고 했을 때 (5% 이하 등의) 아주 드문 일이 일어났다.'라고 하여 귀무가설을 기각하고 대립가설을 채택했는데 '사실은 귀무가설이 옳았다.'라는 경우도 있을 것입니다. 이처럼 '귀무가설이 옳았음에도 올바르지 않다며 기각'하는, 즉 옳은(진짜) 것임에도 올바르지 않다고 잘못 판단할 경우를 **제1종 오류**type I error 또는 **알파(α) 오류**라 부릅니다.

제1종 오류에 관해서는 건물 보안을 떠올리면 쉽게 이해할 수 있습니다. 여기 '가짜는 절대로 통과할 수 없는' 완전무결한 건물보안을 만들고자 본인의 얼굴 사진과 아주 닮은 사람만 통과할 수 있는 시스템을 완성했다고 합시다.

이 경우에는 예를 들어 '본인'이라도 감기에 걸렸거나 살이 찌거나 하면 '당신은 본인이 아닙니다!'라고 거절당해 건물 안에 들어갈 수 없을(즉, 완전무결이 아닐) 가능성이 있습니다. 이는 보안이 지나치게 엄중해서 일어난 오류입니다.

제1종 오류가 일어나면 본인임에도 수상하다고 여겨지게 되므로 무죄임에도 범인 취급을 받는 등 여러 가지 고역을 치를지도 모릅니다.

거짓이지만 통과될 경우

반대의 경우도 있습니다. 귀무가설이 올바르지 않았음에도 기각하지 못한 경우입니다. 즉, **거짓인 것을 참이라고 잘못 판단**한 것으로 이를 **제2종 오류**type II error 또는 **베타(β) 오류**라 합니다.

이는 첩보영화의 보안 관련 사례 등을 떠올리면 쉽게 이해될 것입니다. 최근에는 지문뿐 아니라 홍채인증에 대해서도 다른 사람의 홍채를 콘택트렌즈로 만든 후 이를 눈에 넣어 교묘하게 보안을 뚫는 모습을 종종 봅니다. **가짜가 진짜인 듯한 얼굴을 하고는 그대로 통과**하는 것입니다.

제2종 오류도 보안 측면에서 생각하면 곤란합니다. 여기서는 사건의 진짜 범인을 보고도 그냥 넘어가는 것과 마찬가지입니다.

유의수준 설정의 양면성

통계학 검정에서는 유의수준을 '5%', '1%' 등의 형태로 설정하고, 해당 영역에 포함되면 귀무가설을 버리고 대립가설을 채용합니다. 이때 5%의 유의수준에서 버려진 귀무가설은 실은 올바른 것이었을 수도 있습니다.

즉, 사실은 사기 동전이 아니라 진짜 동전이었음에도 검정하는 순간에 한해 우연히 '10번 중 9번'씩이나 '뒷면'만 나와버렸고, 이를 수상하게 여겨 '사기'로 판단했을 가능성이 '5%'나 된다는 뜻입니다.

유의수준은 다른 말로 '위험률'이라고도 불리는 데서 알 수 있듯이 '참이지만 참이지 않다.'라고 판단 미스를 범할 가능성을 나타냅니다. 이 제1종 오류를 줄이려면 유의수준(위험률)을 너무 엄격하지 않게 잡으면 되겠지만, 이번에는 '사기 동전을 사기라 인정하는 것'이 어려워져 손쉽게 통과해버릴 수 있습니다.

여기서 말하고자 하는 것은 유의수준 설정은 트레이드오프trade-off 관계에 있다는 사실입니다. '저쪽을 올리면 이쪽이 내려간다.'라는 것이죠. 2가지 오류를 동시에 줄일 수는 없습니다. 다만 이들의 관계가 트레이드오프인 이상, 완전한 해결책을 찾기보다는 각각의 상황에 맞는 유의수준을 정하는 방향으로 결정해야 합니다.

에필로그

'사람의 직감'은 의외로 믿을 수 없다?

마지막으로 '사람의 직감을 이용한 답'과 '확률적인(논리적인) 답' 사이에는 의외로 큰 차이가 있다는 것을 몇 가지 사례를 통해 알아보고자 합니다. 이를 살펴보면 확률 · 통계적인 사고가 얼마나 필요한지 절실히 느낄 것입니다.

상품은 어디 있을까? 맞힐 확률은 1/2?

미국의 인기 TV 게임쇼를 계기로 미국 전역에서 화제가 된 것이 '몬티 홀 문제(Monty Hall problem)'라는 퍼즐입니다. 이는 '직감적 이해'와 '확률적 사고' 간의 싸움이라는 흥미로운 문제를 제기합니다.

어디에 자동차를 숨겼을까?

몬티 홀이란 미국의 인기 게임쇼 방송 'Let's make a deal'의 유명한 사회자 이름입니다. 이 프로그램은 1963년부터 1991년까지 방송되었는데 27년간 4,500편을 제작했다고 합니다.

이 프로그램에는 시청자가 1명 참가합니다. 시청자 앞에는 3개의 문 A, B, C가 있는데, 그중 하나의 문 뒤에는 상품으로 자동차 1대가 준비되어 있으며 나머지 문 뒤에는 각각 염소(꽝)가 숨겨져 있습니다.

이 게임의 참가자 이름을 S라고 합시다. S 씨는 A~C 중 하나를 선택하고 그 뒤에 자동차가 있다면 상품으로 이를 받게 됩니다. 선택지는 3개입니다. 여기서 참가자 S 씨가 'A'라고 대답했다면 사회자 몬티는 남은 B 또는 C 중 하나를 열어 그곳에 자동차가 없다는 것(염소가 등장)을 알려줍니다. 여기서는 B를 열었다고 하겠습니다. 물론 몬티 자신은 자동차가 어느 문 뒤에 있는지를 알고 있습니다.

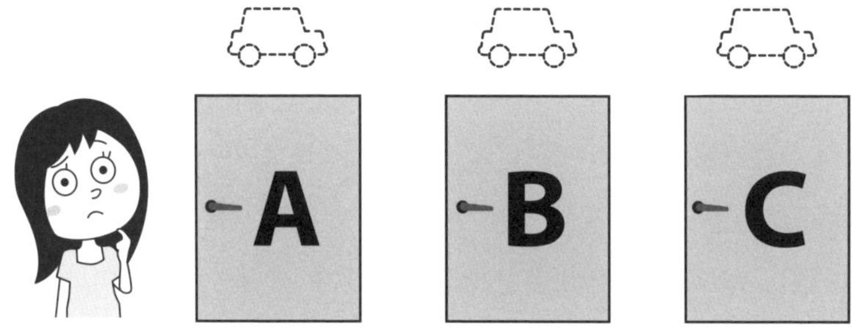

참가자가 'A'라고 말하고 몬티가 'B'를 열었으므로 상품은 'A' 또는 'C' 중 한 곳에 숨겨져 있음을 알 수 있습니다. 선택지는 2개가 되었습니다.

선택지를 바꿔도 OK!

여기서부터가 이 게임쇼의 독특한 점입니다. 몬티는 참가자 S 씨에게 다음과 같이 제안합니다.

"S 씨, 여기서 당신에게 한 번의 기회를 드리도록 하겠습니다. 지금이라면 'C로 변경'해도 상관없습니다. 물론 'A 그대로'라도 OK입니다. 자, 어느 쪽을 선택하시겠습니까?"

여러분이라면 어떻게 판단하시겠습니까? 최초에 3개의 문이 있었고 그중 1개가 꽝이라는 것을 알았습니다. 상품은 남은 2개 중 한 곳에 있습니다. 2 선택 문제이므로 A 그대로 가더라도, C로 변경하더라도 맞을 확률은 변하지 않는다고 생각될 것입니다. 물론, 심경의 변화로 C로 변경해도 확률로 따져 보면 같은 것이 아닐까요?

프로그램 이름인 'Let's make a deal', 즉 '거래하자!'라는 말은 이런 의미였던 것입니다.

IQ 228 보유자의 주장

여기서 메릴린 보스 새번트Marilyn vos Savant*라는 한 사람의 여성이 등장하면서 한순간에 미국 전체를 끌어들인 대논쟁으로 발전합니다. 메릴린 새번트는 4장 정규분포에서 '세계에서 가장 높은 지능지수(228)를 가진 사람'으로 소개한 여성입니다. 그녀의 칼럼 '메릴린에게 물어보세요(Ask Marilyn)'는 350개의 신문에 실리며 총 3,600만 명의 독자 수를 자랑하는 유명인이 되었습니다. 그리고 1990년 9월, 그녀의 칼럼에 게재된 것이 다음과 같은 글이었습니다.

"몬티 홀 문제에서 문을 바꾸면 맞을 확률은 2배가 됩니다."

이에 관해 수학자들을 포함한 많은 이로부터 '메릴린, 당신이 틀렸어요.'라는 충고가 그녀에게 쇄도했다고 합니다. 그러면 어느 쪽이 맞았을까요?

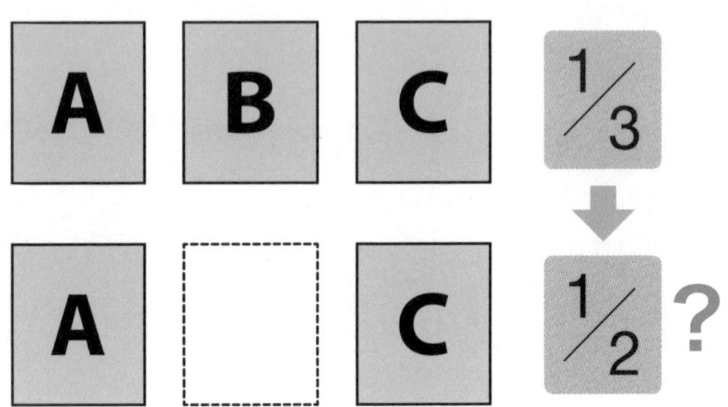

* 저자주_ 몬티 홀 문제(몬티 홀 딜레마)에 관해 당사자인 메릴린은 자신의 저서 『The Power of Logical Thinking』(St. Martin's Press, 1997)에서 편지 내용 등을 공개하며 자세히 설명합니다. 여러 수학자로부터 메릴린에 대한 격한 반론이 제기되며 욕을 먹던 와중에 더욱 흥미를 끈 것은 미국 육군연구소의 어느 박사로부터 받은 '만약 그 수학자들이 모두 틀렸다면 이 나라는 중대한 문제를 안고 있는 것이다.'라며 빈정거리는 편지였습니다.

다시 게임쇼로 되돌아가봅시다. 사회자인 몬티가 B 문을 열고 'B에는 염소밖에 없다(꽝).'라고 밝힌 단계에서 자동차는 A 또는 C 문 뒤에 있다는 것이 결정됩니다. 처음에는 3 선택지로 시작했지만, 이를 통해 2 선택지가 되었습니다.

즉 '확률 1/3에서 새로운 정보를 얻어 확률 1/2'이 된 것뿐으로, 변경하든 하지 않든 같은 확률이라 생각할 수 있습니다. 그렇다면 메릴린이 말한 '변경하면 맞을 확률은 2배가 된다.'라는 말은 틀린 듯 보이므로 '이처럼 간단한 문제도 풀지 못하는가?'라며 메릴린에 대한 평가가 급락하게 되었습니다. 그러나 메릴린도 양보하지 않는 바람에 결론은 나지 않았습니다. 결국, 어떤 수학자가 컴퓨터를 이용해 시뮬레이션을 돌려본 결과 '선택지를 변경하면 맞을 확률은 2배가 된다.'라는 것이 증명되었다고 합니다.

극단적인 사례로 살펴보니 납득!

메릴린의 말이 맞았으므로 논쟁은 이것으로 일단락이긴 하지만, 커다란 논쟁으로 발전했음에도 결국 컴퓨터의 판정으로 결론이 났다는 것은 이해가 잘 되지 않습니다. "정답은 컴퓨터가 알고 있다."라는 말만으로는 여전히 깜깜한 암흑 속을 헤매는 느낌입니다. 어떻게 이해해야 할까요?

조금 정리해보자. 참가자 S씨는 문 A를 선택했으므로 A가 맞을 확률은 1/3이야. 남은 B, C 문도 1/3씩의 확률이므로 S씨가 선택하지 않은 B와 C는 합쳐서 2/3 확률이 되지. 다음으로, 사회자 몬티는 미리 '꽝'이라 알고 있던 'B' 문을 여는 거지. 이 순간 B와 C를 합쳐 2/3였던 확률이 모두 C의 확률(2/3)로 이동한다고 생각하면 다음과 같아.

• A : C = 1/3 : 2/3 = 1 : 2

즉 '변경하면 맞을 확률은 2배가 된다.'라는 논리가 되는 거야.

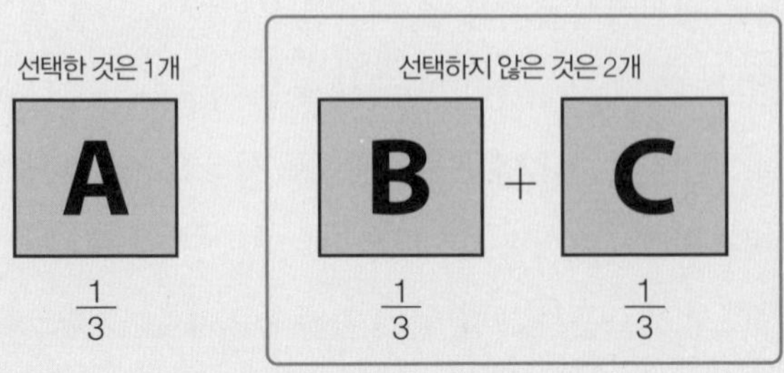

이해가 잘 안 되는데요? 어째서 B가 꽝이라고 아는 순간 B와 C 2개의 확률 중 C에만 확률이 더해지게 되나요?

이해가 잘 안 될 때는 '극단적인 사례를 생각'해보면 되지. 지금 문이 3개가 아니라 100개가 있고 상품인 자동차는 1개의 문 뒤에 있다고 해보자. S 씨가 1번을 선택했을 때 그 1번이 맞을 확률은 겨우 1/100이지. S씨가 고르지 않은 '99개의 문' 어딘가에 '당첨'이 있을 확률은 99/100. 즉 99배의 확률 차이가 있는 것이고.

그렇군요. 조금은 이해하기 시작한 듯해요. 계속해주세요.

응. 여기서 S씨가 선택하지 않은 99개의 문을 차례대로 열면서 상품이 없다는 것을 확인해나가는 과정에서 98개까지 여는 거야. 그러면 S씨가 선택한 1개와, 사회자가 일부러 열지 않은 마지막 1개를 합쳐서 2개가 되었을 때 남은 2개는 '2 선택'이므로 같은 확률일까, 아니면 S씨가 선택한 1개와 남은 1개는 99배의 차이가 있는 것일까?

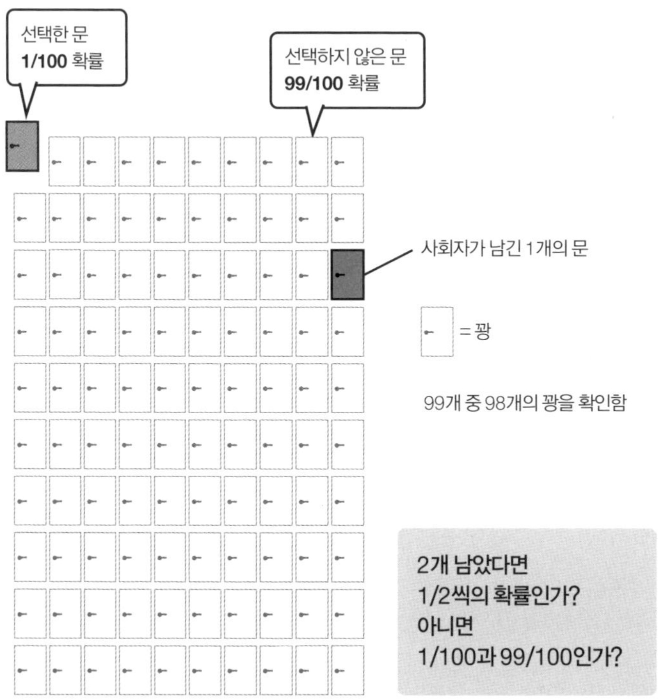

과연 그렇군요. '극단적인 발상'이 훌륭하다는 것을 알겠어요.

그렇다면 더욱 극단적인 예를 들어볼까? 1만 장의 카드 중에서 1장만 '당첨'이 있는데, S씨는 1장만 골랐어. S씨가 당첨될 확률은 1/10,000, 그리고 남은 9,999장 중에 당첨이 있을 확률은 9,999/10,000이지. 그리고 사회자가 '꽝'이라 알고 있는 9,998장을 뒤집어 1장만 남았어. 그럼, S씨가 고른 1장과 뒤집지 않은 1장의 당첨 확률은 각각 1/2씩일까?

이제 확실히 알겠어요. '변경하면 맞을 확률은 2배가 된다.'라는 거네요. 문이 3개뿐이라서 오해했었네요.

직감적으로 '옳다'라고 생각하는 해답과 논리적인 귀결에서의 '해답(정답)' 사이에는 간격이 있다는 전형적인 예의 하나로 알려졌지.

죄수의 역설

이 몬티 홀 문제와 아주 비슷한 것으로 '죄수 3명의 역설'이 있습니다.

어느 날, 3명의 죄수(X, Y, Z) 중 1명만 사면이 결정되었으나 3명 중 누구인가는 알려지지 않았습니다. 그렇지만 교도관은 누가 사면될지를 아는 듯합니다.

여기서 죄수 X는 머리를 써서 "3명 중 1명의 확률이라면 적어도 나 이외의 Y, Z 중 1명은 사면이 안 된다고 생각해도 되겠군요. 그렇다면 '그 사면되지 않는 자'의 이름을 1명이라도 좋으니 가르쳐줘도 되는 것 아닌가요?"라고 요청했습니다. 교도관도 "그렇군."이라며 "Y는 사면되지 않아."라고 대답했습니다.

그러자 X는 "간수에게 묻기 전까지 나의 사면 확률은 1/3이었지만, Y가 아니라는 것을 알았으므로 나의 사면 확률은 1/2까지 올라갔어!"라며 기뻐했습니다. 죄수 X는 과연 사면되었을까요?

난치병의 양성반응을 어떻게 판단해야 할까?

직감적으로 옳다고 생각했던 답이 틀린 또 하나의 사례를 소개하겠습니다. 이것도 확률과 통계의 세계에서는 자주 접하는 화제입니다만, 일상적으로도 접할 수 있는 듯합니다.

항상 활발했던 A 씨가 침울해 있기에 이유를 물어보자 다음과 같은 대답이 돌아왔습니다. "정밀 건강진단을 받았어. 그랬더니 '포이즌'이라는 이름의, 1만 명 중 1명밖에 증상이 나타나지 않는다는 난치병 검사 결과에서 양성반응이 나왔어. 이 검사약으로 '포이즌'을 발견할 정밀도는 99%씩이나 된다고 하던데……."라는 대답이 돌아왔습니다.

더 자세히 물어보니 난치병 '포이즌'에 걸리지 않았음에도 양성반응이 나오는 것은 단 1%라고 합니다. A씨가 '포이즌' 환자일 확률은 어느 정도라 생각하면 될까요? 인구 5,000만이라 가정하고 생각해보세요.

그림을 그려 살펴보기

실제로 A 씨가 포이즌 환자인지는 아직 모릅니다. 단, 검사에서 '양성'일 경우 어느 정도의 확률로 실제 걸리는 것인지를 냉정하게 수치로 생각해보겠습니다.

먼저 다음과 같은 대략적인 그림을 그려보았습니다. 색을 칠한 부분이 난치병 포이즌에 실제 걸린 사람입니다. 그중 ①의 사람에게 양성반응이 나옵니다. 정밀도가 99%라서 ②에도 1% 있으므로 ②에 속한 사람은 판정에서 빠졌다는 것을 알 수 있습니다.

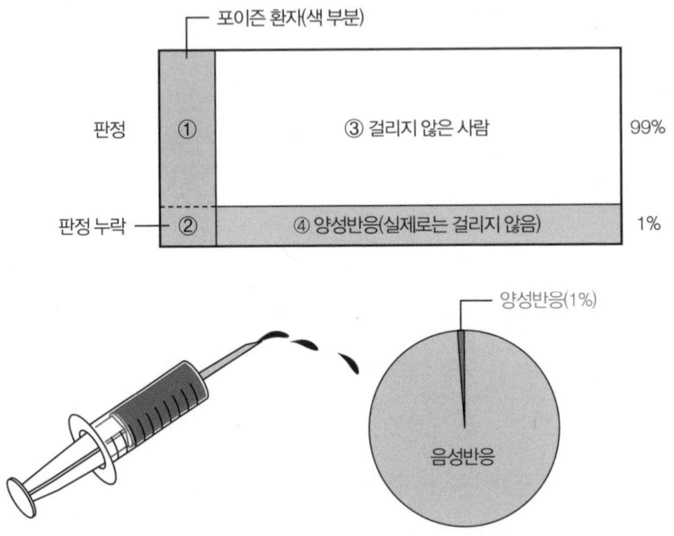

오른쪽 ③과 ④는 포이즌에 걸리지 않은 사람을 나타내는데, ④는 실수로 양성반응이 나올 수 있는 사람입니다. 이것도 1%의 판정 오류가 난 것이므로 ③이 99%, ④가 1%입니다. 이를 원그래프로 나타내면 포이즌에 걸리지 않았음에도 양성인 사람은 거의 없는 듯합니다.

A 씨에게 양성반응이 나왔으므로 양성반응(①+④) 중 A씨가 정말로 포이즌에 걸린 확률(①에 포함된 1명일 확률)을 생각해봅시다. 어떻게 하면 될까요?

실제 사람 수로 계산하기

①~④까지의 사람 수를 각각 계산해보겠습니다. 먼저 ①과 ②, 즉 실제로 포이즌에 걸린 사람의 수는 '1만 명 중 1명'이므로 다음과 같이 계산할 수 있습니다.

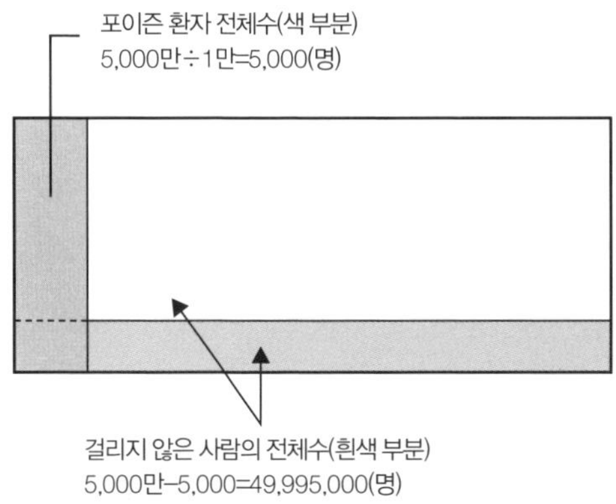

$$①+②=5{,}000\text{만}\times\frac{1}{10000}=5{,}000\text{명}$$

그리고 ①은 5,000만의 99%이므로

$$①=5{,}000\text{명}\times 0.99=4{,}950\text{명}\cdots\cdots\cdots\cdots(1)$$

그리고 ③+④는 5,000만명에서 ①과 ②를 뺀 것이므로

$$③+④=5{,}000\text{만}-5{,}000\text{명}=49{,}995{,}000\text{명}$$

④는 이 49,995,000명 중 실수로 양성반응이 나온 사람의 비율이 1%이므로

$$④=49{,}995{,}000\text{명}\times 0.01=499{,}950\text{명}\cdots\cdots\cdots\cdots(2)$$

계산이 제법 복잡했습니다만, 양성반응은 (1)+(2)명으로 그중 실제로 포이즌에 걸린 사람은 (1)입니다. 따라서 그 비율은 다음과 같습니다.

$$\frac{4,950}{499,950+4,950} \times 100 = 0.980392156(\%)$$

계산 결과를 보면 양성반응이라도 실제로 포이즌에 걸릴 확률은 1% 이하로 낮다는 것을 알 수 있습니다. 물론 재검사를 받아야만 하겠지만, 사람의 감각과 현실 사이의 간극이 큰 사례 중 하나라 할 수 있습니다. 다음과 같이 그림을 그려보면 그 낮은 수치를 실감할 수 있습니다.

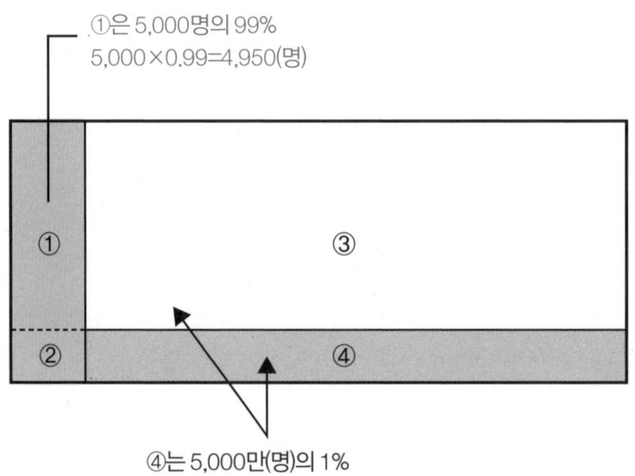

$$\frac{①}{④+①} = \frac{4,950}{499,950+4,950} = \boxed{0.00980}$$ **1%도 안 되는 확률**

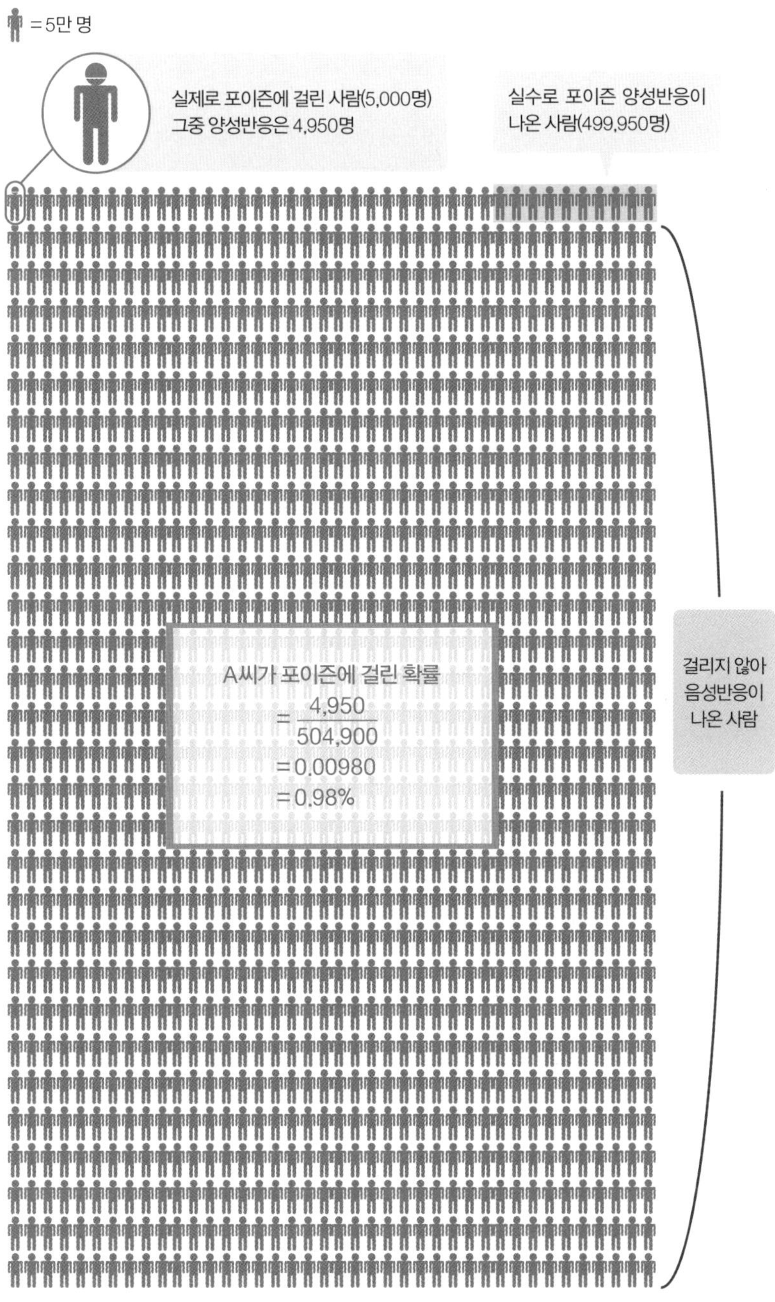
= 5만 명
실제로 포이즌에 걸린 사람(5,000명)
그중 양성반응은 4,950명
실수로 포이즌 양성반응이
나온 사람(499,950명)
A씨가 포이즌에 걸린 확률
= 4,950 / 504,900
= 0.00980
= 0.98%
걸리지 않아
음성반응이
나온 사람

정말로 괜찮을까?

건강진단 결과가 나오는 날이면 '재검사' 판정을 받은 사람은 고개를 숙이기도 하고 '폴립 의심'이라 적힌 것을 보며 새파래지기도 합니다. 사실 그렇게 걱정하지 않아도 될 것이라 믿고 싶지만 정말로 그럴까요? 조금 전 '포이즌' 이야기를 보니 다소 안심하더라도 괜찮은 듯합니다만.

결국 조금 긴장하기는 했지만, 재검사를 받아보면 괜찮다는 것이네요. 우리 아버지는 '재검사 따위 난 안 가!'라고 말하곤 하는데, 지금의 이야기대로라면 그리 걱정하지 않아도 괜찮을 듯도 싶어요. 선배 덕분에 조금은 안심했어요.

잠깐. 안심하기는 아직 이른 것이 아닐까? 포이즌이라는 병은 '1만 명 중 1명 비율로 걸린다.'라는 조건이었지만, 만약 이것이 100명 중 1명 걸리는 '백인병'이라는 병이고 그 검사약의 정밀도 역시 99%라고 한다면 어떻게 할래?

즉, '백인병'에 실제 걸리는 사람의 99%에 대해서는 제대로 '양성'이라고 올바르게 판정하지만, 걸리지 않은 1%에 대해서도 '양성'이라는 잘못된 판정을 한다는 것이죠? 그리 큰 차이는 없지 않나요?

정말로 그럴까? 5,000만 명으로는 계산이 복잡하니 100만 명으로 계산해보자꾸나.

- (걸린 환자) 100만 명×0.01 = 1만 명
- (걸린 환자의 양성반응) 1만 명×0.99 = **9,900명** …… (1)
- (걸리지 않은 환자) 100만 명×0.99 = 99만 명
- (걸리지 않은 환자의 양성반응) 99만 명×0.01 = **9,900명** …… (2)

즉, (1)은 바르게 판정한 양성반응자, (2)는 잘못 판정한 양성반응자로 둘 다 9,900명씩 같아. 그렇다는 것은 양성이라 판정했을 때 틀리게 판정할 가능성이 있기는 하지만 '백인병'에 걸린 확률은 50%, 즉 '반반'이라는 것이지.

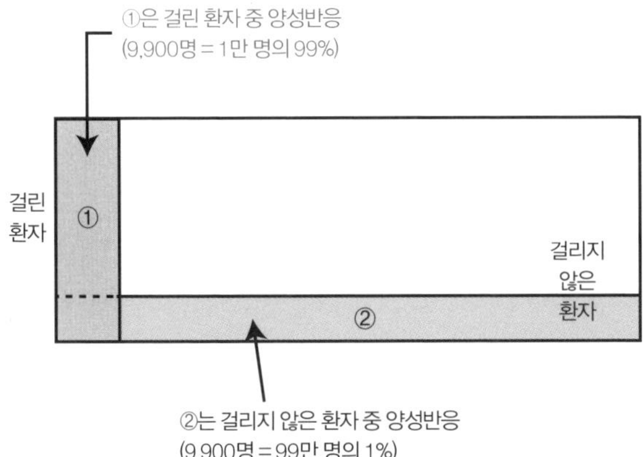

예? 정말요? 그건 100만 명으로 간략화해서 계산했기 때문 아닌가요? 5,000만 명으로 계산하면 '역시 1% 정도'라고 나오지 않나요?

물론 마찬가지야. 5,000만 명일 경우에는 이렇게 되지.

- (걸린 환자) 5,000만 명×0.01 = 50만 명
- (걸린 환자의 양성반응) 50만 명×0.99 = **495,000명** …… (1)
- (걸리지 않은 환자) 5,000만 명×0.99 = 4,950만 명
- (걸리지 않은 환자의 양성반응) 4,950만 명×0.01 = **495,000명** …… (2)

따라서 (1)과 (2)는 마찬가지로 495,000명씩이므로 '양성반응'이 나오면 반반의 확률이 되는 거지.
어느 쪽이든 이 병에 걸린 사람 중에 '양성'이 나올 확률과, 검사에서 '양성'이 나온 사람이 정말로 그 병에 걸렸을 것이라 여겨지는 확률은 서로 다르므로 혼동해서는 안 된다는 이야기지.

아버지에게 재검사 꼭 받으라고 말해야겠어요.

요코즈나가 '평균 이하' 체중?

'평균'만 구해봐도 우리의 상식을 깨기에 충분한 재미있는 사실을 종종 발견할 수 있습니다.

일본의 천하장사격인 요코즈나*를 예로 들어 보겠습니다. 일본 씨름인 스모에서는 직감적으로 무거운 쪽이 유리하리라 생각되지만, 신기하게도 2016년 말까지 3명의 요코즈나(하쿠호, 하루마후지, 하쿠류) 모두 등록 스모 선수의 평균 체중보다 가볍다는 것이 밝혀졌습니다. 2017년에 키세노사토가 요코즈나가 되고 비로소 평균 체중보다 무거운 요코즈나가 탄생했다고들 합니다만, 40번 우승한 하쿠호조차도 평균 체중 이하였습니다.

왜 스모와 같이 힘을 이용한 승부에서도 '평균 이하'인 요코즈나가 나오는 것일까요? 아마도 스피드, 기술의 정교함 등으로 가벼운 체중을 보완하는 듯한데요, 이렇게 본다면 기업도 사람도 여러 가지 싸움 방식이나 승부 방식이 가능하겠지요.

* 역자주_ 요코즈나란 일본의 스모 선수 서열 중 가장 높은 지위를 가리킵니다.

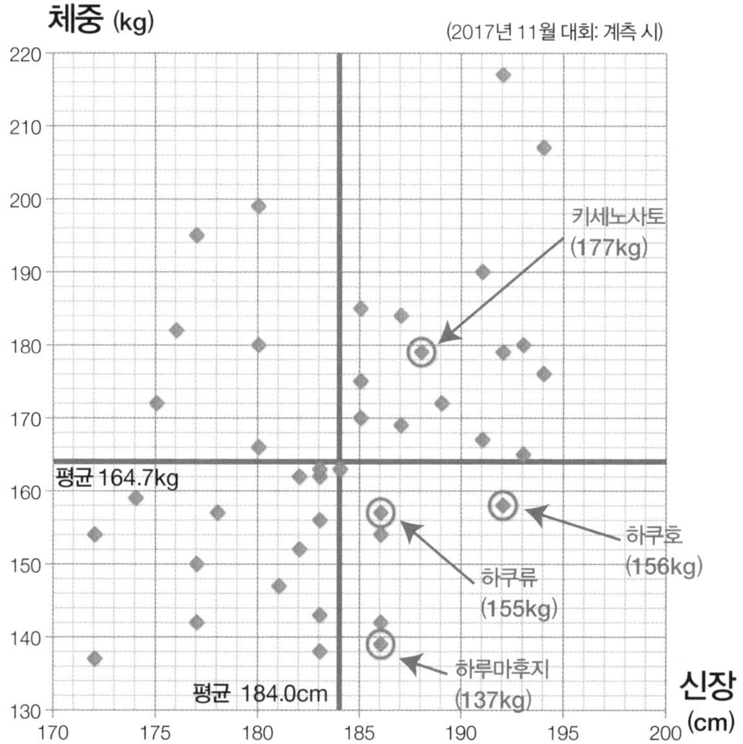

(출처) 일본스모협회 홈페이지의 '선수 데이터' 활용

찾아보기